쿠바,
춤추는 악어

쿠바,
춤추는 악어

김수우 산문집

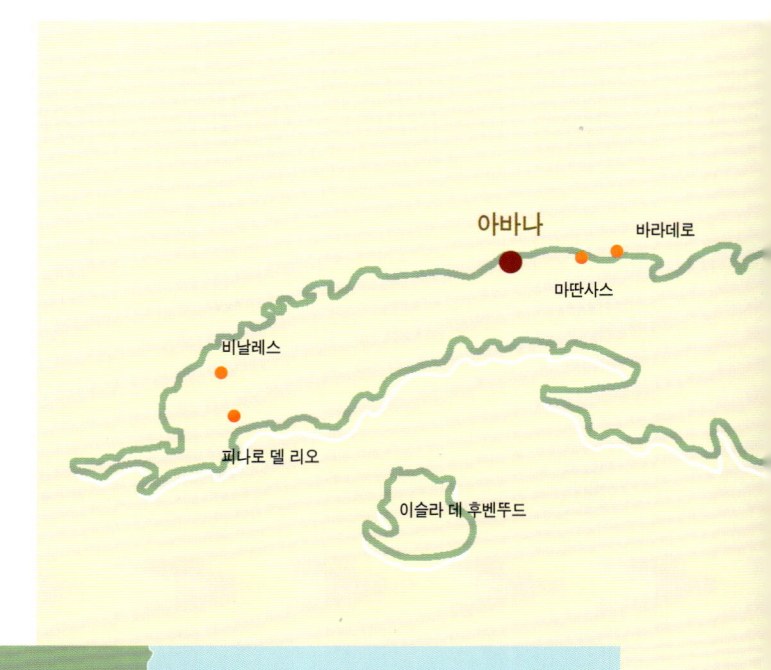

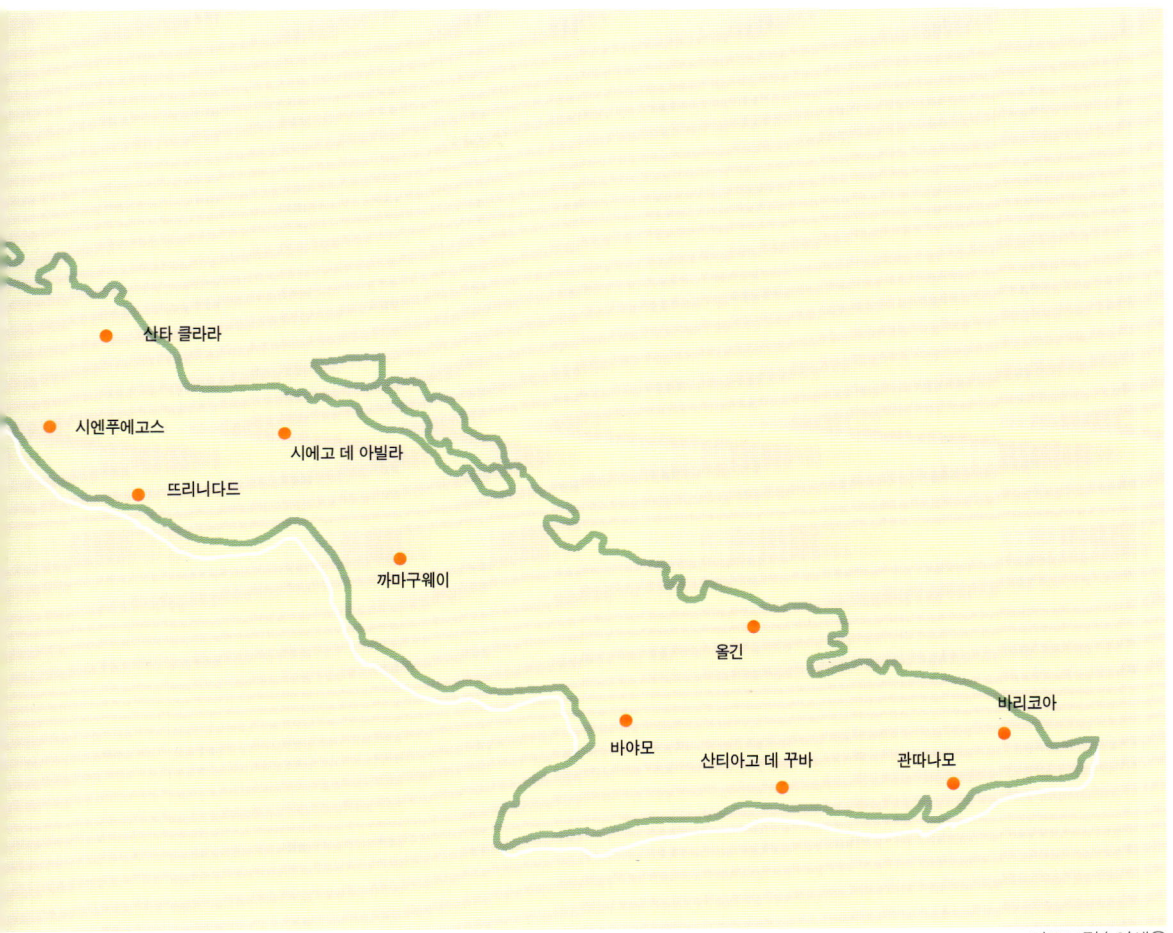

지도그림/ 이세윤

책을 엮으며

    2015년 8월 14일 아바나의 하늘에 다시 성조기가 휘날렸다. 뜨거운 두근거림. 워싱턴의 하늘에도 7월 20일, 먼저 쿠바의 국기가 펄럭였다. 61년 국교 단절 후 54년만이다. 불과 145km 정도라는 두 나라의 거리는 그동안 얼마나 멀었던 걸까. 이로써 양국의 국교정상화는 공식 마무리되었고 세계는 새로운 역사를 맞았다. 인권과 민주주의 등 관계 복원에는 많은 논의가 남았지만 설레는 눈빛과 가슴들, 그 출렁임이 그대로 밀물진다.

    내 속에 오래 갇혔던 질문들이 곰팡이꽃을 피울 무렵 나는 상상 속에 묻어두었던 쿠바행 비행기를 탔다. 누구도 제 것을 손해보지 않으려는 사회, 빈익빈 부익부의 자본주의 일상은 힌두의 카스트제도 만큼이나 잔인하고 고단했다. 무수한 격차에 갇힌 관계는 헝클어진 실꾸리 같았다. 쿠바의 혼종문화가 궁금했다. 어우러지면서 서로 살아있고 동시에 새로움을 창조하는 그 '함께 사는 법'을 엿보고 싶었다. 2013년 10월 아바나에 도착했고 다음해 3월에 돌아왔고, 4월에 세월호가 침몰되었다. 이듬해가 되도록 팽목항 물거품은 사그라들지 않았다. 아니, 사그라들 수가 없었다. 2015년 1월 다시 쿠바행 비행기를 탔다. 그리고 한 달 후에 돌아왔다.

    두 차례에 걸쳐 쿠바에 머문 시간. 나의 관찰은 목마름으로 판 웅덩이에 괸 물빛 같이 흐리다. 배고픔으로 구운 작은 밀가루빵 같이 소소하다. 정리해내긴 턱없이 부족할 뿐더러 혼란스럽기까지 하다. 하지만 유쾌하면서도 절실한 어떤 목소리들이 가을햇빛 속 포플러처럼 찰랑거렸다. 그 음성들은 새롭고 강렬하고 선량하다. 온몸 찌릿한 열정과 어떤 쓰라림, 고뇌와 동시에 더없이 소중한 생이 다시 내게로 걸어오는 것 같다.

처음부터 숙제는 공존이었다. 푸른 노트처럼 열리는 대서양과 카리브해, 퇴락한 건물들의 낡은 품위, 시간과 가난과 음악과 춤이 함께 스며드는 거리, 진한 커피와 모히또와 살사, 그것들은 모두 시였다. 낡은 은유의 세계, 잊힌 감성을 돌아오게 하는 도시들, 그 모든 거리에서 사람들은 키스를 했다. 그리고 아프리카의 주술이 남아있는 언덕 사이로 또한 실개천 같은 한인들의 역사가 흐르고 있었다. 고마웠다. 한 마디로 쿠바는 인문의 보고寶庫였다!

이 책에 담긴 에세이와 사진, 정보들은 쿠바에 관한 이야기가 아닐 수 있다. 우리 자신의 이야기이다. 어쩌면 이 책은 새로운 변화 이전의 쿠바에 관한 마지막 보고서가 될지 모른다. 내가 첫 번째 쿠바에서 돌아온 후 미국은 화해의 손을 내밀었고, 두 번째 돌아온 후에는 국교를 회복, 경제봉쇄를 풀고자하기 때문이다. 골동품차들이 사라지기 전에 쿠바를 다녀와야 한다는 말이 지금 전세계에 유행이라고 한다. 공존은 더 길고 깊은 숙제가 되었다.

가난 속에서도 그들을 춤추게 하고 노래하게 하던 그 감수성이 물질주의를 넘어설 수 있을까. 흔쾌한 목소리로 이웃정신을 자랑하던 그들의 자긍심을 믿을 수 있을까. 쿠바의 숙제는 우리 모두의 숙제이기도 하다. 아직 공부할 게 너무 많은데 일찍 엮게 되어 민망하다. 계속 쿠바의 변화와 그 공존을 따라가보겠노라는 약속으로 부끄러움을 대신할 밖에.

이천십오년 십일월 백년어서원에서

김수우 두손

차례

008 　책을 엮으며

019 　프롤로그

제1부 호세 마르티의 별을 보다

027 　인류가 조국일지니
037 　혁명의 열쇠, 7월 26일
045 　자유의 요람, 산티아고 데 꾸바
055 　자전거 도시 바야모
065 　시에라 마에스트라 게릴라 사령부
077 　아름다운 동쪽, 올긴과 히바라
085 　'새로운 인간'을 꿈꾼 체
095 　아바나의 혁명박물관, 혁명광장
105 　'누군가'를 믿는 그 빛나는 '누군가들'
113 　자긍심 강한 마리아 훌리아

제2부 모순의 유쾌한 중심

121 　아바나 비에하의 햇살
129 　말레콘의 돌림노래
137 　공존하는 모순들
143 　유쾌한 질주, 골동품차들
147 　호세 마르티 문화원과 마르티의 시세계

159	주눅들지 않는 삶들
167	의자가 된 요새의 대포들
171	책, 또 하나의 뺄셈
177	세계적 공원묘지 콜론
185	'어린 왕자'를 좋아했던 숙녀, 로렌사
191	'고마워요'를 가르쳐 준 리디세

제3부 쿠바의 얼굴

203	혼종문화와 아프로쿠바노
209	문화횡단 그리고 바로크 미학
217	공존의 씨앗, 감수성
225	〈아메리카의 집〉과 쿠바의 문화정책
233	세 개의 시편에서 읽는 아프로쿠바노
245	산테리아 종교에 담긴 아프로쿠바노
251	까예홍 아멜에서 만나는 아프로쿠바노
257	거리미술에 담긴 혼종문화
265	카르페 디엠
271	릴리아의 가족들

제4부 아름다운 배회

283	쿠바의 문, 쿠바의 유혹
291	기다릴 줄 아는 사람들
297	'사이'를 보다

305	뜨리니다드와 시엔푸에고스
311	마딴사스와 한인후손들
325	비날레스의 흙냄새
331	불편의 편리를 배우다
337	헤밍웨이와 아바나, 그리고 꼬히마르
345	꼬히마르에 사는 엑토르 프랑세스
349	시간의 기적을 사랑하는 마리아 테레사
361	도난에 관한 두 개의 경험

제5부 공존이라는 자유

371	흔들의자의 철학
375	자긍심을 배우는 아이들
385	쿠바는 빨래 중
391	이웃이라는 선물
397	쿠바의 숙제
409	소중한 전쟁들
415	아무 것도 아니면 아무 것도 아닌 대로
419	그리고, 그러나, 그러므로
425	낡은 화분에서 자라는 자유
433	부축하는 삶들

| 443 | 에필로그 |
| 446 | 참고도서 |

"만사가 그렇게 무無로부터 나오는 게 아냐.
꿈을 꾸는 사람은 뭔가를 보았기 때문이야.
한 번은 내가 큰 나무를 꿈꾸었는데, 그래서 생각해보니
내가 노예숙소 문 앞에 있는 나무를 바라보고 있었더라고."

― 에스테반 몬테호

프롤로그

별, 그들의 서정과 서사

쿠바는 내게 별을 보여주었다. 시인의 별이었다. 호세 마르티 시인의 별. 이 별은 '궁극적인 평등'을 꿈꾸는 사랑의 별이었다. 동시에 고뇌의 별이었고, 신념의 별이었고 그리고 혁명의 별이었다. 피델이 달아주었다는, 체 게바라의 베레모에 달린 별이기도 하다. 이 별은 멀리서 외롭게, 아름답게, 고결하게 반짝인다.

우리에게 별이 있는가? 단순한 질문이지만 우리 사회에 어려운 질문으로 떠돈 지 오래가 아닐까. 별은 보편적 심성을 비추는 자연적 상징물이다. 문명이 전개되면서 별은 여러 상징체계와 동시에 철학적 의미를 가지기 시작했다. 밤하늘을 밝히는 신성함 때문에 별은 고대부터 숭배되어 왔고, 무엇보다 근원적인 자연성 또는 영성을 찾아가는 감성의 수원지로 읽혔다.

호세 마르티의 별은 이상과 신념, 곧 비전을 말한다. vision은 보이지 않는 것을 보는 기술이다. 또한 보는 것에 대한 능력·꿰뚫어보는 힘·마음의 시력·환상 등으로 번역되기도 한다. 때때로 삶의 철학·사상·가치관·의지의 뜻으로도 쓰인다. 하여 비전은 자신의 정체성과도 연관을 맺는다. 자신이 누구이고, 어디로 가고 있으며, 무엇이 자신을 인도하는지를 깨닫는 것은 그의 비전에 달려 있다. 지각의 대상을 마음으로 이해하는 것, 현실에 나타나지 않는 것을 형태로 감지해내는 힘이 비전인 것이다.

나는 온몸으로 물냄새를 찾는 한 마리 늙은 폐어 같았다. 3억 6천만 년 전부터 존재, 살아 있는 화석이라고 불리는 肺魚. 이 고생대의 물고기는 부레 대신 허파를 가지고 있어 마른 웅덩이에서도 숨을 쉰다. 몇 년씩 건기를 견디는 늙은 폐어처럼 물냄새를 따라 쿠바에 도착했고 쿠바의 도시를 떠돌았다. 쿠바를 선택한 건 카리브해라는 낭만 때문이 아니었다. 미국 자본주의와 겨루고 있는 사회주의에 대한 호기심 때문도 아니었다. 내 안에 갇혀 있는 질문들 때문이었다. 그건 사는 법에 대한 질문이었다. 동시에 싯다르타적인 질문이기도 했다. 생로병사, 그리고 가난이 있었다. 생로병사와 가난이 존재의 조건이고, 우리 대다수는 그 고통을 견뎌야만 했다. 무엇보다 그 고통은 불신과 불안이라는 어두운 방을 지었다. 마치 유리창마다 검은 페인트를 칠한 듯 갑갑했다.

나보다 더 오래된 건기를 견디는 폐어들 속에서 우물가에 핀 미나리 같은 답을 발견했는데 그건 '공존'이었다. 하지만 우리 안의 세대 격차, 이데올로기 격차, 빈부 격차는 얼마나 거대한 벼랑인지. 격차가 많은 사회에서 '공존'은 신을 찾아가는 길 만큼 아득한 관념이었다.

쿠바에 머물면서 마치 오래 전부터 인도되었던듯 호세 마르티의 별과 마주쳤다. 마르티의 꿈은 무엇이었을까. 마음에 도전을 주는 그의 통찰력은 오늘날 쿠바뿐 아니라 물질에 멍든 지구상의 모든 이들에게 빛나는 이상을 선물한다. 독립과 평등을 그대로 담고 있는 마르티의 별은 보이지 않는 것을 형태로 바꾸려는 고결한 정신이다. 비전은 합의로 결정된 것이 아니라 비전이 합의를 도출해 낸다는 명제는 마르티에게 그대로 적용된다. '꿈'이라는 단어에 가장 근접하는 그의 별은 목표를 달성하고 끝나는 것이 아니라 끊임없이 지침을 제공하는 영속적인 빛남이었다.

공존에 관한 여러 대안적인 요소를 쿠바에서 배운다. 그들이 완성되어서가 아니다. 오히려 불완전해서이다. 그들의 고단한 역사와 혁명의 극적인 전환, 그 전환이 가져온 그들만의 경제는 협력, 희생, 소박함을 강조한다. 이는 물질주의와 이기주의, 다시 말해 자본주의를 극복하자는 의지이기도 하다. 그렇게 선량한 단어들이 왜 그리 실천은 어려운 걸까. 왜 우린 그 말에서 부자유를 느끼는 걸까. 이상과 신념에는 어떤 결단과 용기가 따르는 걸까.

쿠바이야기를 하자 치면 우리는 불편할지 모른다. 마음놓고 자본주의에 길들여졌기 때문이다. 무엇이든 개발해서 이익을 추구하고, 이익이 되지 않는 일은 무조건 외면해온 우리 일상은 오히려 상처받을 것도 같다. 쿠바는 피델과 올리브색 군복만 있는 나라가 아니었다. 매력적인 사람이 매력적인 꿈을 꾸는 매력적인 나라다. 풍요로운 자연과 거리의 웃음소리에서

나는 쿠바인의 전형을 찾아내는 데에 성공했다. 그들은 어려운 조건에서 살면서도 쿠바를 떠나려 하지 않고, 조국을 사랑하며, 늘 다른 사람을 걱정하며, 가진 것 없이 늙어도 독립적이며 가족을 끔찍이 생각한다. 결코 자긍심을 잃지 않으며, 언제나 굴하지 않고 잘 모르는 사람조차 도우려고 매사 유쾌하게 웃는 것, 그것이 그들의 본질이다. 욕망을 찾아 떠난 망명도 많지만, 그 자리에서 자신의 가치를 품어내는 사람들이 더 반짝이는 곳. 쿠바를 떠나지 않는 사람들은 자기 섬을 둘러싼 푸른 수평선을 자랑하는 사람들이다. 그래서 춤을 춘다. 그래서 노래를 한다. 어떤 고난에도 자신을 사랑해온 사람들이라고 할까.

이들의 춤과 노래 뒤에는 호세 마르티의 시, 그의 진지한 희생과 당부가 있었다. 그리고 그 희생과 당부는 내 삶까지 숭고하게 한다. 한 국가의 정신적 지주, 그리고 전 국민의 영혼을 사로잡은 이가 시인이라는 것이 놀라웠다. 그와 동시에 분명하게 체감한 것은 실천적 문학인의 정신이다. 한 사회 속에 있는 시의 역할, 시인의 역할이 아프게 그리고 자랑스럽게 다가온다. 남들이 보지 못하는 것을 보는 능력은 꿈의 힘이다. 그리고 시인은 이 꿈을 꾸어야 하는 책임이 있다. 꿈을 꾸는 것은 시인의 책무이기도 하기에 말이다. 하지만 오늘 이 시대의 기능적인 문화에 문학은 어떤 역할을 하고 있는가.

쿠바를 가장 정확하게 이해하는 열쇠는 아프로쿠반과 호세 마르티이다. 평등이라는 마르티의 열망은 아프로쿠반의 감수성에 닿아 있었다. 감수성은 곧 공감의 능력 자체가 아닌가. 무엇보다 전 국민의 정서를 이끌고 있는 시인의 아름다운 이상이 있다는 건 부러운 일이다. 오늘도 끊임없이 신념의 가지를 뻗어나가는 한 시인의 별빛. 그래서 호세 마르티에서 이 글을 시작한다. 그리고 그의 이상을 이어받은 혁명의 도시들을 먼저 1부에 소개하면서 쿠바를 찾아 떠난다. 다소 무겁고 지루할지 모르겠지만 말이다. 나는 마르티아노Martiano[1]이다. 그리고 그 별을 선물받는다. 이제 나도 누군가에게 별을 선물할 수 있을까.

[1] Martiano. '마르티의 사람들'이라는 용어로, 호세 마르티의 이념을 내걸고 일하는 각 사회단체와 사람들을 일컫는 애칭이다.

TIP 1   쿠바공화국(Republica de Cuba)

- 면적 : 11.09만㎢ (한반도 22.1만, 남한 9.96). 서인도에서 가장 큰 쿠바섬과 약 1,600개의 섬으로 이루어짐
- 수도 : 아바나(La Habana)
- 언어 : 스페인어
- 인종 : 물라토 메스티조 51%, 백인 37%, 흑인 11%, 아시아계 1%
- 표어 : 조국과 자유 (Patria y Libertad)
- 국가 : 바야모 행진곡 (La Bayamesa)
- 통화 : 외국인 전용화폐 : CUC (Pesos Convertibles)
         내국인 전용화폐 : MN (Moneda Nacional) 1CUC은 24MN이다.
- 종교 : 가톨릭, 산테리아, 프로테스탄트 등 다양
- 국화 : 꽃생강 (Flor de la Mariposa. 꽃말: 당신을 신뢰합니다)
- 기후 : 열대성 기후
- 비자 : 별도의 신청없이 여행자 카드로 대체한다. 출발 공항이나 비행기 안에서 구입할 수 있다. 여행자 의료보험은 필수. 입국할 때 의료보험 증명서를 확인한다.

* 쿠바의 국기는 1902년 5월 20일에 제정. 혁명 이후에도 계속 사용하고 있다. 다섯 개의 줄은 쿠바를 둘러싸고 있는 바다를, 파란색 세 줄은 독립운동 당시에 세워져 있던 세 곳의 군관구를, 하얀색 두 줄은 순결과 애국심을 상징하며, 삼각형은 자유와 평등, 박애, 빨간색은 독립을 위해 흘린 피를, 하얀색 별은 독립을 의미한다.

사상마다 자기의 틀에 갇힌다. 마치 너무나 많은 표본을 초벌구이하면서 석판공이 돌을 낭비하는 것처럼 노선의 힘을 잃고 정형화된 형태에 물들어간다. 옛 틀에 담겨있던 사상을 습격하던 빛나는 마음과 영향력을 그렇게 놓친다. 으르렁거리는 사자처럼 시작해서 개짖는 소리로 끝나는 것이다.

― 호세 마르티

제1부

호세 마르티의 별을 보다

– 혁명을 따라서

인류가 조국일지니

'별'에 대한 질문을 통해 한 혁명가가 되어버린 시인의 이상을 발견하는 것은 옛집의 나무대문을 여는 따뜻한 느낌이다. 평등이라는 이상의 가치를 되돌아보는 그 자체로 오늘날 우리 현실에 인문학적 질문이 되지 않을까.

청년 변호사이던 피델에게 법전을 던지고 총을 들게 하고, 청년 의사이던 체 게바라에게 의료상자가 아니라 탄약상자를 선택하게 한 정의란 과연 무엇일까. 그 질문을 따라가다 호세 마르티와 마주쳤다. 쿠바 좌파와 우파 양쪽이 모두 국부로 추앙하는 호세 마르티는 독립영웅이면서 쿠바 사회의 공존과 자긍심의 뿌리였다. 혁명가 이전에 그는 시인이었다.

그의 사상은 '궁극의 평등'이다. 이 이념이 바로 쿠바 혁명의 진수였으며, 피델을 비롯한 온국민 자긍심의 근원이다. 19세기 말 마르티의 삶은 독립의 역사 그 자체였다. 어릴 때부터 흑인노예의 비참함을 보아온 마르티는 억압받는 자를 위해 투쟁했다.[2] 언행일치한 진정한 인간으로 대변되는 그는 온국민이 흠모하는 사랑의 영웅이다. 쿠바의 아이들은 그의 시와 문장을 외우면서 성장한다. 독립과 평등에 일생을 던진 마르티의 이상은 후세에 고스란히 전달되었고, 한때 평범한 청년이었던 체 게바라와 피델 카스트로 등을 행동하게 했다. 때문인지 쿠바에선

[2] 마르티의 심오한 인본주의 사상엔 진정한 해방을 위한 모든 요소가 들어 있다. 그의 이상은 국가와 시대의 경계를 넘어선다. 쿠바와 비슷한 구조를 지닌 국가들의 기존 문제를 이해, 해결하기 위해 노력했기 때문이다. 때문에 그의 생애와 작품은 제3세계의 사상적 자산이다. 토착 문화를 지키고, 격변 상황의 국가에서 발생하는 갈등에 대한 정치·경제·사회·문화적 성격의 근원적인 해결책을 탐구한다는 데서 그의 사상적 정치적 영향력은 정체성과 통합에 매우 중요하다.

실천적 문학인, 실천적 지성인의 힘이 분명하게 감지된다.

　매우 다재다능한 인물이었으며 극도의 이상주의자이기도 했던 호세 마르티는 'Patria es Hamanidad, 조국이 인류이다.'라는 표현을 썼다. 인류가 조국이라니, 이토록 아름다운 문장이 있을까. '우리 모두의 조국인 인류'라는 표현은 그가 통찰한, 존재에 대한 지극한 사랑을 보여준다. 이보다 더 간결하고 선명한 '평등'이 있을까. 이보다 더 따뜻하고 그리운 '연민'이 있을까. 마르티가 꿈꾼 별의 이상을 보여주는 이 문장에서 그의 위대한 사상은 간결하게 정리된다. 호세 마르티의 별은 인류이고 그들의 평등과 자유였다.[3] 그것이 쿠바의 골목 속에 광장이 있는, 또한 광장 속에 골목이 살아있는 까닭이기도 했다. 그 모든 '사이'에 호세 마르티의 별이 빛난다.

　의심스러웠다. 사회주의 이념을 위해 재창조된 영웅은 아닐까. 동시에 궁금했다. 가혹한 역사 속에서도 '함께 사는' 법을 몸에 익힌 그들의 정신적 뿌리는 무엇일까. 그러면서 서점에서 책을 사기 시작했고, 만나는 사람마다 말을 걸었다. 결론은 쿠바에는 그야말로 영웅들이 있다는 사실이다. 인류의 가치를 바꾸어낸 영웅들이었다. 영웅을 향한 민중들의 경외는 존엄한 희생을 되새기는 데에 있겠지만, 그보다 장엄한 정신성이 인간의 조건임을 기억하려는 게 아닐까. 인간은 결국 죽지만 정신은 남는다. 쿠바의 영웅들을 보면서 인간이 불멸의 존재임을 다시 이해한다. 저항과 도전 속에서 영롱한 호세 마르티의 별. 이 별은 호세 마르티의 시 「멍에와 별」에 그 상징이 드러나 있다.

> 햇빛 없는 날, 내가 태어났을 때, 어머니 말씀하길
> – 내 품안의 꽃이여, 관대한 오마그노[4]여
> 나와 천지창조를 한데 담아 드러낸 이여

[3] 아바나 시내를 두어 시간 걷다보면 최소한 예닐곱 번 마르티의 흉상과 마주친다. 아바나 국제공항의 이름도 호세 마르티이다. 아바나 혁명광장에는 호세 마르티 기념관이 있고 그 앞에는 18미터나 되는 마르티의 동상이 있다. 공공시설은 물론 개인 집의 작은 정원에도 호세 마르티의 석상이 놓여 있다.

[4] Homagno, (Homagno define alta magnitud de lo humano), 최초의 순수하고 숭고한(높고 위대한) 인간을 일컫는 마르티의 애수적이면서 상징적인 존재.

새에서 준마에서 인간으로 다시 돌아온 물고기 같구나
내 앞에 고통스럽게 주어진 두 가지 삶의 표징을 보라, 선택하라
하나는 멍에이니, 누가 그것을 수락하고 향유할 것인가
순순한 황소의 삶이니
주인에게 순종하고 따뜻한 짚단과 풍요로운 귀리를 가졌구나.
또 하나는 밝게 빛나며 우리를 찌르는 별빛이니
네게서 태어난 큰 신비여라, 산에서 치솟은 산꼭대기 같구나.
무거운 업보를 진 괴물 같은 죄인들에게 빛을 뿌리니
이 빛을 지닌 자로부터 너도 나도 도망치고,
삶에서 빛은 지닌 자 누구든, 홀로 남아 빛나는구나.
하지만 괴로움 없는 황소 같은 사람 역시 초심으로 돌아가
아둔함과 멀어져 우주적 사다리를 새로이 오르리니
두려움 없는 별의 사람은 다시 둘러싸이고
창조하듯 성장하리라!
엄연히 살아있는 그의 술잔으로 세계가 술을 비울 때
피비린내나는 양식으로 인간의 잔치를 열 때
기쁨과 엄숙함을 내어놓은
그의 고유한 심장은 남과 북으로부터 오는 바람들에게
성스러운 목소리를 불어넣으리니
망토처럼 별은 빛으로 감싸이는구나.
빛이 왔다. 축제처럼, 순수한 공기처럼
그리고 두려움 없이 살기 위하여 살아있는 사람은 듣는다
그늘에서 한 걸음 위로 뛰어오르는 소리를.

– 멍에를 주실래요. 오, 어머니
두 발로 그 위에 똑바로 올라설 테니까요 저는
이마 위에서 밝게 빛나며 나를 찌르는 별이 훨씬 좋습니다.
―「멍에와 별」 전문

이 시는 실존의 조건을 '멍에'와 '별', 두 가지로 대비하여 제시한다. 푸짐한 귀리죽과 짚단이 깔린 따뜻한 잠자리를 위해 멍에를 순순히 받아들인 소의 삶과, 반면에 고난을 자처하며 스스로 산화하는, 고독한 의지를 가진 별의 삶이 있다는 것이다. 멍에의 상징은 순종과 굴욕이며

별의 상징은 자유와 평등이다. 멍에를 선택할 것인가, 별을 선택할 것인가. 그의 선택은 단호했다. 마르티는 이 별빛을 저항과 독립, 평등이라는 그의 고결한 이상으로 삼고자 했다. 그리고 이 이상은 그의 평생을 순수하게 관통하고 있다. 비록 현실이 발목을 잡을지라도 이마에 스스로 빛나는 별을 새기고자 하는 마르티의 의지는 그의 모든 작품 속에 빛나고 있다. 연설, 시, 번역 등 그가 남긴 모든 기록들은 유네스코 세계기록유산으로 등재되어 있다.

2015년 1월 28일은 호세 마르티 시인의 162주년 탄생기념일이었다.[5] 해마다 이 날짜엔 그의 탄생을 기리는 행사 및 시가행진이 전국 각 도시에서 동시에 진행된다. 망명자들에게도 애국심으로 작용하는 호세 마르티의 별, '우리 모두의 조국인 인류'라는 그의 표현은 쿠바뿐만 아니라 세계 전체를 숭고하게 한다. 자유와 평등의 의지는 이제 새롭게 확장되는 자본주의를 넘어설 수 있을까. 그래서 쿠바의 변화는 더 뜨거운 관심으로 확장된다.

그는 쿠바의 영혼 그 자체이다. 최소한 모든 국민이 존경하는 시인이 있다는 것, 그 정의감은 자긍심을 회복하는 근원이라는 것이 부럽지 않을 수 없다. 그래서일까. 그는 쿠바의 다른 영웅들의 동상과는 뭔가 표정이 다르다. 근엄하거나 외형이 웅장한 느낌이 아니다. 그의 표정은 온화하고 단호하고 왜소하면서도 강직해보이는, 사유의 모습을 보여준다. 진지하고 심각한 그의 표정은 쿠바의 유쾌한 춤과 노래에 섞이면서 가장 인간적인 사유를 선물한다. 그는 죽어서도 시인이었다.

[5] 사후에도 쿠바 독립운동의 지도자였던 호세 마르티. 그는 산띠아고 데 꾸바에 있는 공원묘지 '산따 이피헤니아'에 많은 혁명가들과 함께 잠들어 있다.

PATRIA ES HUMANIDAD. '조국은 인류입니다.(호세 마르티)'라는 뜻이다. CDR(Comite de Defensa de la Revolucion), 혁명수호위원회는 미국의 피그스만 침공 직후인 1962년 풀뿌리 조직으로 탄생했다. 인민위원회에 해당한다. 지역마다 지구마다 개성적인 CDR 간판을 볼 수 있다.

TIP 2　시인 호세 마르티

　　1853년 1월 28일 아바나에서 스페인 이민자 가정에서 태어난 그는 매우 섬약한 소년으로 성장했다. 어려서부터 시와 글쓰기를 좋아했다. 그러나 가난 때문에 늘 곤경에 처하던 그는 스승 멘디브를 만나면서 많은 지지를 얻게 된다. 자유주의자였던 멘디브는 박식했고 애정이 깊었고 표현력이 뛰어났다. 그는 세계 민중들의 역사와 인간의 자유와 존엄을 사춘기의 제자에게 가르쳤다. 마르티는 그의 독특한 지성과 관용과 고결한 성격에 감동하기 시작했다. 멘디브 선생님과 많은 시간을 보내면서 스승으로부터 받아쓴 희곡과 소설 번역문 페이지들을 다듬고 정리했다. 그러한 훈련과 다양한 독서를 통해 문학은 자연스럽게 그의 삶에 뿌리를 내렸다.

　　16살 때 ≪해방 조국≫이라는 신문을 만들기도 했다. 그 무렵 발표한 시「절름발이 악마」에서 독립의 정당성을 표현했고, 서사시「압달라」에서도 독립을 주장한 혁명가이자, 천재성을 유감없이 발휘했다. 1870년 국가전복 기도 혐의로 6년 노역형을 받았고,**6** 그의 천재성은 혹독한 수형생활을 통해 더욱 성숙해졌다. 그는 새벽 4시에 기상해 밤늦게까지 채석장에서 돌덩이를 나르는 중노동에 시달려야 했고, 정신적으로도 고통받아야 했다. 하지만 권력과는 무관한, 아무 능력이 없는 약자의 삶을 뼈저리게 경험하고, 독립에 대한 열정을 다시 다질 수 있는 계기가 되었다.

　　친구의 도움으로 10개월 만에 수형생활을 끝내고, 1871년 그는 스페인으로 추방되었다. 비록 스페인에서의 유배생활은 고난의 연속이었지만, 이를 배움의 기회로 활용, 마드리드와 사라고사에서 법학과 문학, 철학 등을 공부해 학위를 취득했다. 마르티는 대학에서 19세기 당시 크게 영향을 미쳤던 크라우제의 사상과 스페인의 전통적인 무정부주의 사상을 접했는데, 이는 사상의 형성에 큰 영향을 끼쳤다. 그는 1878년 귀환하지만 정치활동을 빌미로 정부는 1년 뒤 그를 또 다시 스페인으로 추방한다.

　　여러 곳을 전전하다 1880년 뉴욕에 정착, 쿠바의 독립을 위해 뛰어다녔고, 1892년 ≪조국≫(Patria)의 편집장을 맡고 쿠바혁명당을 창당하면서 무장독립투쟁의 기치를 선명하게 내세웠다. 가족들과 헤어져 속수무책의 세월을 15년 동안 살면서도 세력을 규합해서 독립운동을 적극적으로 펼치던 호세 마르티는 1895년 4월 11일 무장투쟁을 준비, 쿠바 해안으로 잠입한다. 그러나 한 달 후인 5월 19일 스페인 군대의 기습을 받고 전사한다. "나는 나라를 위해, 그리고 내 의무를 위해 목숨을 바쳐야 할 위험에 매일 처해있다."라는 편지를 친구에게 쓴 다음날이었다.

　　그의 죽음은 그를 불멸케 했다. 그의 이념은 후세에게 전달되었고 그가 남긴 시와 글들은 씨앗이 되어 싹을 내고 꽃을 피웠다. 그리고 1953년, 그의 탄생 100주년이 되던 해, 피델은 몬카다 병영을 습격, 혁명의 기치를 들었다. 결국 체 게바라와 함께 미국의 지원을 받는 바티스타 정권을 무너뜨리고 호세 마르티의 못다 이룬 꿈을 이뤄냈다.

6 1870년 불과 16세에 반체제 인사로 체포된 그의 첫 수감번호는 113번. 족쇄를 차고, 허리에 쇠사슬을 감고 지내며 매일 새벽별을 따라 야만적인 노동을 하는 채석장까지 걸어 해가 완전히 져서야 쇠사슬 소리와 함께 돌아왔다. 야위고 창백하고 축축하고 찌그러진 눈으로 벽에 의지해서 걸었고 매일 침상에 죽은 것처럼 쓰러지곤 했다.

TIP 3 쿠바의 역사

쿠바에 사람이 살기 시작한 것은 BC 3,500년 경으로 여겨진다. 1492년 10월 24일 콜럼버스가 처음으로 쿠바섬에 상륙했을 때 원주민은 농업이 주업이던 따이노족과 수렵을 하던 시보네이족이 살고 있었다. 쿠바라는 이름은 따이노족의 말인 쿠바나칸(cubanacan)에서 유래했다. 그 의미는 '중심지역'이다.

1492년 콜럼버스가 잠시 머무른 후 평화로운 이 섬의 역사는 혹독해진다. 1512년 300명을 이끈 디에고 벨라스케스에 의해 스페인령으로 선포, 1514년 식민지 체제를 확립하면서 쿠바는 스페인의 관문 역할을 하게 된다. 이후 대략 십만 명에 이르던 쿠바 원주민은 노예로 혹사당하거나 토벌당하면서, 또는 1530년 전염병으로 거의 절멸한다. 노동력을 채우기 위해 아프리카에서 노예들을 들여왔고, 이는 쿠바의 인종구성을 바꾸게 되었다.

18세기 중반부터 카리브해에 큰 변화가 일어난다. 1762~63년 영국이 쿠바를 침공하거나, 1791~1804년 사이 아이티에서 노예들의 봉기로 농장주들이 쿠바로 도망쳐 온 사건 등을 통해 쿠바는 세계에서 가장 많은 설탕을 생산하는 국가가 되었다. 18세기 후반 사탕수수 수요가 증가함에 따라 수입된 노예 비율이 극적으로 증가했다. 그 결과 19세기 초에는 흑인이 인구의 45퍼센트를 넘는 비율을 차지할 정도였다. 이로써 쿠바는 스페인 식민지 가운데 아프리카 문화의 영향이 가장 강한 나라가 되었다.

쿠바는 유럽대륙과 아메리카 대륙의 한 가운데에서 창고 역할을 했다. 양대륙으로부터 문화와 상업을 함께 수입, 활발한 경제활동을 이루었다. 사탕수수값을 올리면서 문화는 크게 부흥되었고 쿠바는 이미 19세기 중반부터 카리브해에서 경제적으로 번성한 문화적 중심지가 되었다.[7]

큰 도시들은 부두가 발달하고 극단적인 소비문화를 이루었다. 하지만 노예제도를 바탕으로 한 불평등한 사회였다. 1511년부터 거의 400년을 스페인 식민지로 있다가 두 차례의 독립전쟁과 1898년 미서전쟁의 결과로 미국에 넘어갔다. 1902년 쿠바는 정식으로 독립하게 된다.

독립하면서 미국이 제시한 플랫수정법으로 인해 쿠바의 경제는 미국에 종속되고 말았다. 1920년대 미국 회사들은 쿠바 농장의 60~70%를 소유했으며, 제조업은 불가가 되었고, 도박이나 매춘에 기반을 둔 관광산업만 성행했다. 몇 차례의 사회적 동요도 난폭하게 진압되었으며, 부패한 바띠스타 정권으로 인해 국가 자산은 점점 외국의 손에 넘어갔다. 이런 정치적 부패와 사회적 불공평은 결국 쿠바 혁명의 도화선이 되었다.

[7] 1837년 아바나에 라틴아메리카 최초로 철도를 부설할 정도였다.

| TIP 4 | 19세기 남미의 독립투쟁사 |

　19세기 라틴아메리카의 독립투쟁사는 쿠바를 이해하는 데 필요하다. 당시 남아메리카에서는 식민지에서 태어난 백인들인 크리오요(Criollo)들을 비롯한 여러 인종들이 스페인의 식민통치에 대해서 불만이 많았다. 뛰어난 경제력과 높은 교육수준을 갖고 있는데도 차별받았던 젊은 크리오요들은 자유주의와 프랑스 대혁명의 영향으로 자신들이 스페인으로부터 해방되어야 한다는 열정적인 투쟁의식을 갖고 있었다.

　독립운동의 중심지는 베네수엘라와 아르헨티나였다.(변방지역-식민지 체제의 고리가 약했다.) 아이티는 1804년, 멕시코는 1821년 독립을 달성했으나 식민지 경제의 중추역할을 했던 쿠바의 독립은 제일 늦어졌다.

　파나마 운하 이남의 독립운동을 이끈 인물로는 호세 데 산 마르틴과 볼리비아라는 나라 이름의 기원이 된 시몬 볼리바르가 있고, 멕시코의 독립운동에서 처음 그 불길을 일으킨 인물로 미겔 이달고 신부가 있다. 시몬 볼리바르와 산 마르틴은 라틴 아메리카를 해방시킨 영웅으로 불린다.

　산 마르틴은 칠레, 페루, 아르헨티나의 독립에 공을 세웠고, 시몬 볼리바르는 베네수엘라, 볼리비아, 페루, 콜롬비아, 에쿠아르도 등을 해방시켰다. 그 같은 선에서 쿠바의 독립을 주도한 가장 고결한 인물로 호세 마르티가 있다. 이들 독립영웅들의 이름은 남미 전역의 각 도시에서 거리나 광장, 기념관, 공원의 명칭으로 사용되고 있다.

아이스크림 가게에 걸려 있는 '7월 26일' 깃발들

혁명의 열쇠, 7월 26일

가는 곳마다 마주친다. 'Viva 26 de Julio.만세, 7월 26일.', 'Viva hasta la victoria.승리의 그날까지, 만세.' 체 게바라의 얼굴이 있는 3MN 동전에는 이렇게 적혀 있다. 'Patria o muerte.조국이 아니면 죽음을.' 무수한 구호 중에서도 가장 많이 부딪히는 깃발이 '26-7'이다. 1953년 7월 26일은 피델이 몬카다 병영을 무장공격한 날로 쿠바에서는 이 날을 혁명의 시작일로 본다. 그래서 곳곳에 7월Julio이라는 단어가 많이 보인다.

쿠바의 역사는 온전한 독립을 위한 끝없는 투쟁으로 점철되어 있다. 스페인의 직접통치를 벗어나기 위한 독립투쟁이 그러했고, 미국의 패권주의를 벗어나기 위한 혁명 과정이 그러했다. 아직도 이 혁명은 진행 중이다. 하지만 이러한 과정을 통해 쿠바는 스스로의 정체성을 형성하게 되었다.[8] 곧 저항과 독립의 문화이다. 인간이 일으킨 전대미문의 기적으로 평가되는 쿠바 혁명은 국민 모두에게 숭고한 자긍심이 되어 있다. 가난과 물자부족 등 많은 댓가를 치르고 있지만 아직도 쿠바 민중은 자신들의 혁명에 대한 자부심으로 넘친다.

혁명이 서로에게 아름다운 공적이 되어있는 까닭은 그 당시 정권이 만들어낸 빈부의 격차에 도전했기 때문이다. 무려 400여 년에 가까운 식민지 현실을 벗어나는 순간 쿠바는 미국의 내정간섭을 받아야 했다. 미군 군정을 거치면서 쿠바 경제의 중추적 기능은 모두 미국 자본이 장

[8] 이처럼 쿠바가 여엿한 주권국가로 성장하기까지에는 무려 380년의 식민 지배, 그리고 150년에 걸친 피어린 투쟁이 있었다. 남미 지역 대부분이 독립했음에도 불구하고 쿠바가 가장 늦었던 건 '카리브해의 진주'로 불리는 쿠바의 독특한 위상 때문이었다.

악한다. 그속에서 독재체재의 구축과 정치 부패가 구조적인 모순으로 고착되었다. 바띠스타 정권이 만들어낸 빈부의 격차는 끔찍했다. 부자들은 극진한 우대를 받으며 마이애미까지 쇼핑을 오갔고, 굶주린 흑인들은 비참하게 살았다. 교회조차도 특권자의 참회 밖에는 받아주지 않을 정도였다고 한다. 신조차도 가난한 사람을 저버린 사회였다.

1953년 7월 26일, 26살 피델 카스트로는 조국의 자유와 개혁을 달성하기 위해 또래의 청년들 160여 명과 산띠아고 데 꾸바에 있는 몬카다 병영을 습격했다. 면밀한 계획에도 불구하고 많은 청년들이 처참하게 죽었고 피델은 현장에서 체포되었다. 하지만 이 실패한 공격은 혁명 기록에서 가장 중요한 위치를 차지하면서 쿠바를 과거와 단절하는 상징적인 사건이 되었다. 이때 체포된 피델은 심문받으면서 "나의 사상적 지도자는 호세 마르띠다"라고 의연히 대답했다. 독립전쟁에서 전사한 마르띠의 신념은 학생운동을 하던 피델의 몬카다 습격사건으로 이어진 것이다.[9] 비록 실패하였으나 정부를 상대로 무장혁명을 실행한 이 사건은 모두에게 변화에 대한 희망을 주었다. 또한 바티스타 독재와 부정부패에 항거하는 젊은이들의 정당성을 쿠바와 남미 전역에 알리는 계기가 되었다. 몬카다 병영 공격을 신호탄으로 이른바 'M 26-7', 〈7.26 운동〉이 시작된다.

피델은 15년 징역형을 받고 이슬라 데 후베뚜드에 있는 감옥에 들어갔으나, 양심수를 석방하라는 항의시위로 2년 뒤 사면, 멕시코로 망명한다. 거기서 체 게바라를 만난다. 혁명을 논의, 준비하고 1956년 멕시코에서 12월, 〈7.26 운동〉 대원 82명의 청년들이 그란마호[10]를 타고 상륙했지만 곧 습격을 받았고 많은 동지들이 사살되었다. 총격전으로 사방으로 흩어졌다가 살아남은 12명은 시에라 마에스트라 산

[9] 호세 마르띠 탄생 100주년 되는 해였다. 피델은 마르띠를 '사도'라고 칭했다.

[10] 기껏해야 25명을 태울 수 있는 낡은 요트. 해방자가 되거나 순교자가 될 각오를 한 진한 올리브색 군복을 입은 82명의 혁명군을 태우고 1956년 11월 25일 멕시코만 툭스코를 출발했다. 12월 2일, 폭풍으로 인해 거의 난파에 가까운 상륙을 했지만 전투태세를 갖추고 기다리던 바띠스따군에게 공격받았다.

중으로 들어갔다. 지친 몰골로 모였을 그때, 피델이 11명에게 말했다. "동지들, 우리는 승리할 것이오. 싸움을 시작합시다."

아무도 혁명군의 승리를 믿지 않았다. 모순 덩어리의 현실을 극소수의 게릴라 투쟁으로 극복한 역사가 세계 어디에도 없었기 때문이다. 하지만 세상에서 가장 무모해보이는 이 혁명은 피델의 확신과 승산, 체 게바라의 열정과 희생으로 성공했다.[11] 1959년 1월 1일 피델 카스트로가 농민과 도시 중간층의 지지를 받으며 바띠스타의 독재를 타도한 것이다.

그들이 혁명하고자 했던 것은 무엇이었을까.[12] 쿠바는 혁명을 거쳐 시스템을 개혁하면서 사회주의를 선택하고 민중들은 비범한 단결력을 보여주었다.[13] 이후 계속 미국과 대립, 1961년 국교를 단절한다. 이후 쿠바 미사일 위기 등으로 미국과의 관계는 최악에 달하고, 경제봉쇄조치를 당한다. 하지만 경제가 침체된 상황에서도 모든 계층에 평등한 교육, 의료 혜택이라는 의미있는 성공을 거두었다.

쿠바혁명은 인종 문제에 획기적인 변화를 가져왔다. 피델 카스트로가 1959년 3월 22일 연설에서 인종주의 강력하게 비판, 언론인, 문인, 지식인들이 모여 인종차별 해소 방안을 고민. 정책적으로 강력히 시행했다. 1980년대에 이르면서 쿠바는 전 세계에서 가장 높은 수준의 인종민주주의가 구현된 국가로 평가받게 된다.

올해는 혁명 56주년. 혁명 이후 오늘까지 쿠바는 천백만 명의 국민에게 의료와 교육과 식량을 무상으로 책임져 왔다. 그 자체로 인류역사에서 보기드문 성과가 아닐까. 물론 소련 붕괴 후 극심한 경제난관에 봉착한 쿠바는 아직까지 많은 한계에 갇혀 있다. 'Venceremos', 쿠바 곳곳에 걸려 있는 구호이다. 극복하자는 말이다. 한 마디로 쿠바는 극

[11] 게릴라전이 치열할 당시 정부는 피델을 소탕할 목적으로 'F.F(Fin de Fidel, 피델의 끝)'라는 구호를 유행시켰는데, 민중과 혁명군들은 이것을 다시 'F.F(Fase de Fidel, 피델의 국면)'이라 바꿔 불렀다. 결국 혁명군들의 기도가 더 절실했던 셈일까.

[12] 미국의 경제 개입에 휘둘려온 다른 중남미 국가보다 쿠바는 훨씬 높은 문자해독율, 평균수명, 의료제도를 자랑한다. 바티스타 독재를 기억하는 노년층은 '혁명 이전의 쿠바는 모든 것을 미국에 내어준 매판국가였다'며 혁명의 정당성을 강조한다.

[13] 피델은 1959년 혁명 후 급진적인 개혁을 시작했다. 미국 대기업들의 수중에 있던 모든 공공기관의 국유화, 주택의 사회화와 함께 월세 인하조치를 했다. 그 해 5월에 선포한 농지개혁법은 대규모 농장들을 국가소유로 이전, 국가가 전토지의 50% 이상을 소유하게 되었고, 개인 소유 한도는 최대 200헥타르로 제한하였다. 이는 다수의 농민들에게 지주가 될 수 있는 길을 열어주는 중요한 개혁이었다.

복할 것들로 넘친다. 하지만 그러한 거의 몰락에 가까운 경제에도 불구하고 국민의 복지를 포기하지 않은 그 의지는 무엇을 의미하는 걸까. 때문에 그들의 이상은 더 강렬하게 다가온다. 그래서인지 고단한 역사는 공존의 문화로 뿌리를 내렸다.

"쿠바인들에게 자유로 향하는 길을 가르쳐 준 사람들은 바로 도망노예들이다. 그들이 쿠바 독립정신의 맹아라고 할 수 있다."[14] 쿠바의 소설가 알레호 카르펜티에르의 말이다. 끊임없이 억압에 저항하고 자유를 추구한, 그리하여 평등을 완성하려는 신념은 긴 세월 그들의 피 속에서 끊임없이 진화해온 별빛이었으리라.

[14] 19세기 이후 스페인 식민주의 세력은 약화된 반면에 아프리카 노예들의 파워는 강해지기 시작했다. 노예들은 끊임없이 도망하고 싸웠다. 1812년 쿠바에서도 노예제를 철폐하려는 최초의 봉기가 일어났고 우여곡절 끝에 1886년 노예제가 최종적으로 폐지되었다. 자유와 평등을 열망한 그들의 투쟁은 그렇게 독립과 혁명 정신의 바탕이 되었던 것이다.

TIP 5 쿠바의 독립전쟁

가혹한 탄압에 대해 일어났던 흑인반란은 1868년 마누엘 세스뻬데스를 중심으로 한 1차 독립전쟁, 1895년 호세 마르티를 중심으로 제2차 독립전쟁으로 전개된다. 1868년 노예해방선언으로 시작된 독립운동은 흑인노예들이 참여하고, 백인이던 호세 마르티, 물라토이던 안토니오 마세오(Antonio Maceo) 등이 모두 스스로 독자적인 주체가 되고자 했던 데서 존재론적 성격을 지닌다. 쿠바에서 인종차별이 현저히 적은 것은 이러한 인본주의 가치를 통해 혁명이 실현되었기 때문이다.

호세 마르티가 전사하자, 1895년 9월 독립군은 까마구웨이에서 쿠바공화국을 수립하고 막시모 고메스Maximo Gomez는 총사령관이 되었다. 부사령관이었던 안토니오 마세오는 1896년 12월에 서부전선에서 전사한다. 그 외에 칼릭스토 가르시아Calixto Garcia가 있다. 그는 18세에 십년전쟁에 뛰어들었고, 총상을 입고 체포되어 1878년 풀려났다. 1879년에서 1880년까지 또 다른 독립운동을 시도(두 번째 봉기)하기도 했다. 미국은 아이티에 이은 제2의 흑인공화국 탄생을 염려하여 독립군에 대한 원조를 거부했다.

1898년 미국은 체류 미국인을 보호한다는 명목으로 스페인의 반대를 무릅쓰고 전함 메인 호를 아바나 항에 입항시킨다. 그해 2월에 아바나 항에 정박 중이던 메인호가 폭발, 260명이 목숨을 잃는 사건이 발생한다. 내부 폭발로 판명난 스페인 조사결과와 달리 미국은 스페인 함정이 쏜 어뢰에 폭발했다고 주장, 이를 전쟁의 빌미로 삼았다. 일방적인 선전포고로 4월 21일 미서전쟁이 발발했다. 이 사건은 미국의 자작극이라는 설이 아직 나돈다.

결국 스페인은 12월 10일 미국과 파리조약을 체결, 쿠바는 물론 푸에르토리코, 필리핀 그리고 괌을 미국에 넘기게 된다. 명목은 쿠바와 푸에르토리코를 해방시키기 위함이었지만, 미국은 새로 얻은 지역들을 식민지로 삼았다. 필리핀은 후에 독립했지만 푸에르토리코와 괌은 미국의 영토가 되었다. 고메스는 쿠바가 진정한 독립을 쟁취하기 전에는 절대 총을 내려놓을 수 없다는 선언문을 발표한다. 그러나 1899년 1월 1일 쿠바는 미국으로 이양됐다. 미국은 우선 쿠바혁명당을 해체하였고 독립군을 해산시켰다. 쿠바 역시 합병하려 했으나 합병이 오히려 이익에 반할 것이라는 남부의 강력한 반대로 이 계획은 무산됐다.

모든 사람이 자신의 사유에 서명하는 것은
반드시 필요합니다.
그 사유와 서명이 곧 사상이며 그 자신입니다.
익명은 하나의 생각에 불과합니다.

— 호세 마르티

혁명의 열쇠, 7월 26일

43

붉은 기와와 하얀색 벽면, 푸른 창틀이 아름다운 이 건물은 산티아고 데 쿠바의 시청이다.
이층 베란다에서 1959년 1월 1일, 피델은 혁명의 완성을 선포했다.

자유의 요람, 산티아고 데 꾸바

1월 1일. 새해 첫날 오후 5시 아바나 비아술 버스정류소에 도착, 6시 산티아고 데 꾸바(이하 산티아고)행 비아술[15] 을 탔다. 1959년 1월 1일, 혁명의 완성이 선포되었다는 도시를 향해 떠나는 날이 또 1월 1일이었다. 때문인지 더 설레었다. 산티아고는 아바나에서 860km 떨어진 항구도시이다. 산티아고에서는 무엇이 기다리고 있을까. 전혀 새롭지 않는 것들이 새로운 얼굴을 하거나 아님 새로운 것들이 새롭지 않은 얼굴로 기다리고 있겠지.

야간버스. 별을 따라 떠난 여행이었다. 눈앞에 펼쳐진 은하수를 버스 차창 밖으로 보면서 밤새 달린다. 생각보다 아름다운 버스여행이다. 추울 줄 알고 넉넉히 준비했건만 에어컨 가동으로 너무 추워서 혼났다. 하지만 14시간의 밤버스는 생각보다 견딜만했다. 졸다가 깰 때마다 별자리의 이동을 지켜볼 수 있었기 때문이다. 추우면서도 가슴은 그득해졌다. 눈뜰 때마다 맑은 기운이 닿은 느낌이었다.

새벽 6시 15분, 산티아고에 도착. 마중이 있을 거라 들었는데 아무도 없었다. 1번 버스를 타고 마르떼 광장에 내려 예약한 숙소를 찾아 물어물어 걸었다. 배낭을 멘 채 돌로레스 광장도 지나고 세스뻬데스 공원 근처 숙소까지 거의 왔는데 마끼나 택시 하나가 'Kim'이라는 명찰을 들고 부른다. 버스가 너무 일찍 도착해 시간이 맞지 않았다는데 우리를

[15] Viazul은 쿠바 전국에 노선을 가진 고속버스이다. CUC으로만 탈 수 있다. 버스터미널에 직접 가야 예약이 가능하다. 장거리 노선이라 좌석은 편리하지만 값이 만만치 않다.

놓치는 바람에 저 혼자 급해 중심가를 헤맸다고 울상이다. 할 수 없이 바로 한 블록을 타고 5CUC를 지불. 억울하긴 하지만 그쪽 입장을 헤아려 흔쾌히 손해를 보기로 했다. 여행에서 덕을 짓고 다니는 것도 중요하니까.

까사 이름은 '3 Ana'. 세 명의 자매가 운영한다. 좁고 불편하긴 해도 3일을 머무르기로 했다. 아침은 3CUC. 먹을만했다. 밤버스 여행 탓에 오전엔 쉬고, 점심은 대충 때우고 저녁은 제대로 된 식사를 하자 싶어 식당을 찾아 헤맸다. 세스뻬데스 공원 주변이 중요한 건물들이 모여 있는 중심지역이었지만 음식이 제대로 있는 곳을 찾을 수가 없었다. 연말과 새해, 거기다 혁명기념 축제[16]까지 있어 도시 전체가 음식이 동이 났던 것이다. 예상치 못한 일이었다. 할 수 없이 돌로레스광장 옆에 배낭객에게는 어울리지 않는 고급식당에 마음먹고 들어갔는데, 으악! 음식이 아니라 음식조각이라고 할까. 1인당 10CUC나 지불했는데도 배가 부르지 않았다. 첫날 아주 제대로, 바가지를 쓴 셈.

'혁명의 요람'이라고 불리는 산티아고는 아바나보다 훨씬 역동적인 도시이다. 바띠스타 시절에 거의 모든 시민들이 혁명운동을 거들었을 정도로 반독재 투쟁이 가장 치열했던 곳이었다. 하기야 아바나로 수도를 옮기기 이전에 산티아고는 쿠바의 수도였고, 그 후에도 행정의 중심이었고, 1, 2차 독립전쟁이 모두 여기에서 시작되었고, 쿠바혁명의 뿌리인 몬카다 병영 습격[17]도, 바티스타 독재 퇴진운동 '7.26 운동'이 탄생한 곳도 산티아고 데 꾸바였다. 신제국주의를 개막한 미스페인 전쟁도 산티아고 해전에서였다. 멕시코로부터 82명의 게릴라들이 향한 시에라 마에스트라 산맥도 산티아고에 닿아 있다. 어쨌든 산티아고는 혁명정신이 더 많은 자부심으로 작동하고 있는 것 같다.

16 혁명의 완성이 발표된 도시이기에 그 축제는 다른 데보다 풍성한 것 같았다. 당일 지도자 라울이 세스뻬데스 공원에서 연설했다.

17 몬카다 병영은 19세기 중반 스페인 군대가 감옥으로 사용하려고 건설했다. 그러나 독립 이후 쿠바 제2의 군 기지가 되었고 혁명 후에는 '7. 26 시립학교(Ciudad Escolar 26 de Julio)'라는 초등학교로 바뀌었다. 학교 내 일부는 박물관으로도 사용되고 있다. 박물관 내부에는 혁명의 도화선을 당긴 1953년 7월 26일 혁명과 관련된 옷, 무기, 사진, 신문기사 등의 자료들과 혁명 이후의 사진, 도표 등이 전시되어 있다.

아침 산책에 루챠 끌란데스띠나 Museo de la Clandestina 박물관[18]에 들렀다. 이 건물은 혁명 전에 경찰서였다. 그란마호가 상륙하기로 한 날 프랑크 빠이스[19]는 동료들과 함께 경찰서를 습격했다. 경찰들 주의를 돌리기 위해서였다. 그란마호를 타고 오는 피델 일행이 안전하게 들어올 수 있도록 말이다. 그후에도 그는 체계적인 반독재 지하운동 조직망을 구축했고, 피델이 결성한 'M 7-26'과도 통합했다. 이러한 산티아고 운동조직은 그란마호가 상륙하기로 한 날로부터 나흘간 산티아고 전역에서 총파업을 단행했다가 경찰과 군대에 무자비하게 진압당하고 말았다.

57년 2월 빠이스는 경찰이 쏜 총에 맞아 스물 셋의 나이를 마감한다. 그의 동생 호수에 빠이스는 바로 한 달 전에 살해되었다. 어찌 그들 뿐일까. 많은 학생과 청년들이 투쟁 과정에서 희생되었다. 산티아고 동네를 배회하다 보면 혁명의 희생자들 집 대문에는 그 희생을 기념하는 작은 문패가 붙어있는 걸 볼 수 있었다. 영웅들의 공적 뒤에는 꿈을 가진 아름다운 청년들이 열정적으로 자신을 내어놓는 선택이 있었다. 보이지 않는 숭고한 희생들이 혁명을 완성으로 이끌었던 것이다.

버스정류소 부근 길거리 구멍가게에서 햄과 치즈를 넣은 피자 한 쪽과 콜라를 시켜 길거리에 쪼그리고 앉아 먹었다. 카메라를 메고 모자와 선글라스를 쓴 동양 아줌마가 버스정류소 길가에 앉아 점심을 먹는 자태란 참 희극이기도 했겠다. 그러나 그 조차도 자유로 충분히 나를 넉넉하게 한다. 우주의 나그네라는 감상에 잠시 젖지만 트럭을 개조한 버스들이 오가는 거리는 나를 현실로 끌어내린다.

시간을 내어 산티아고 데 꾸바 음악 공연에 들으러 갔다. 리듬 속에 아프리카의 특색이 유독 강하게 남아있어 산티아고는 '쿠바 음악의 원

18 바로 맞은 편에 피델이 대학생 때 머물던 하숙집이 있었다.

19 피델이 몬카다 병영을 습격하던 일 년 전인 1952년 3월, 빠이스는 바띠스타 독재와 싸울 무기를 확보하기 위해 몬카다 병영을 습격했다. 카스트로보다 더 빠른 셈이다. 그의 나이 18살이었다.

류'라고 불린다. 이미 자리가 꽉차 복잡한데 에두아르도와 알레한드로 등 꾸바의 청년들이 도와주며 접근한다. 맥주 한 잔씩을 샀다. 관광객을 유혹하는 게 일상인 듯한 그들에게 다시 1CUC와 볼펜 하나를 빼앗기긴 했지만 유쾌한 시간을 보낸 셈. 너도 나도 흥겨운 분위기에 사로잡혔는지 옆자리에 있던 미국노인이 맥주를 테이블로 건넨다. 너도 나도 할 것 없이 함께 주고받으며 즐기는 분위기. 하기야 누군들 산티아고 데 꾸바의 강렬한 춤과 리듬에 사로잡히지 않을 것인가.

총탄자국이 선명한 몬카다 병영

산티아고 Santiago,
어제는 저항의 도시 Rebelde Ayer
오늘은 친절한 도시 Hospitalaria Hoy
항상 영웅의 도시 Heroica Siempre

산티아고 도심 곳곳에 걸린 구호는 아바나보다 훨씬 강한 자부심으로 피부에 닿는다. 치열한 투쟁의 도시, 화려한 카니발의 도시, 피델 카스트로 주로 활동하던 도시의 성격을 그대로 표현해 주는 문장이다.

뜻은 이렇다. '산티아고는 산티아고입니다. 모든 노력을 다하여 극복합시다!' 자긍심이 그대로 담긴 문장이다.

트럭을 개조한 버스 까미용.

비아술 고속버스 터미널 앞에 있는 산티아고 혁명광장.
독립 영웅 안토니오 마세오 장군이 말을 타고 달리는 거대한 동상이 있는 이 광장은 수십 만 명이 운집할 수 있을 만큼 넓다

자전거 도시 바야모

　바야모Bayamo. 아바나에서 14시간, 산티아고 데 꾸바에서는 2시간 걸리는 작은 도시이다. 아바나에서 밤버스로 출발, 새벽에 혼자 낯선 지역에 떨어졌다. 밖은 칠흑이다. 까사에 가는 방법을 물어보니, 너무 깜깜하니 날이 밝으면 거리에 나서란다. 날이 밝으면 비씨택시가 많이 나온다는 것이다. 하는 수없이 터미널에서 1시간 이상 기다려야 했다. 그 새벽인데도 터미널은 어딘가로 떠나야 할 사람들로 웅성거린다. 생존이라는 삶의 모색이 절실하게 느껴지는 어떤 부산함이었다. 이방인이라는 게 왠지 민망해졌다. 거리가 훤해지는 걸 보고 나와 비씨택시를 탔다. 20MN. 숙소 주소를 건네니 길을 묻고 또 물으며 열심히 페달을 밟은 그에게서 성실한 하루가 느껴졌다. 첫 새벽이니 만큼 행운이 되어주고 싶어 40MN을 지불했다. 그에게 좋은 하루가 되기를.

　바야모는 그란마Granma주의 주도이며 쿠바의 최남단으로서 관광객이 드문 곳이다. 이곳은 쿠바가 자유를 위해 투쟁할 때마다 중요한 역할을 해왔다. 그란마주는 1958년 12월 2일, 카스트로와 81명의 반란군이 그란마호를 타고 상륙한 곳이라 이름붙여졌다. 바야모는 1868년, 노예를 풀어주고 군대를 조직하여 제1차 독립전쟁을 펼친 마누엘 데 세스뻬데스의 고향이다. 국립공원인 '그란 빠르께 나시오날 시에라 마에스트라Gran Parque Nacional Sierra Maestra'도 바야모의 남쪽에 있다.

비야 뿌뻬Villa Pupi. 산티아고 데 꾸바의 Ana에게서 소개받은 숙소이다. 전화로만 예약해둔 집. 그 집 아들이 문밖에서 기다리고 있다가 맞아주었다. 여행 중, 쉴 곳에 들어설 때마다 느끼는 건 언제나 삶은 행운이라는 것이다. 순례자에게 몸을 내려놓는다는 것 자체가 행복이다. 짐을 풀고 한 시간 누웠다가 샤워를 하고 나서니 아침이 준비되어 있다. 계란과 빵, 버터, 커피. 앉아서 받는 아침식사라니. 호강을 한 느낌. 낯선 이의 환대는 언제나 선명한 존재감이며 감동이다.

식사를 든든히 하고 길을 나섰다. 센트랄 이스또리코Central Historico 지역인 만큼 볼 것이 제법 있다. 긴 대리석 벤치와 함께 중앙에 두 개의 동상이 있는[20] 세스뻬데스 공원을 중심으로 도심은 펼쳐져 있다. 공원 북쪽에 있는 시청은 세스뻬데스가 쿠바의 독립을 외친 곳이다. 세스뻬데스 생가를 보고 그에게 감명받는다. 그의 어록을 공부해보고 싶다. 그도 시인이었다. 그의 엄청난 공부도 느껴진다. 무엇이 부유한 농장주였던 그의 삶을 뒤흔들었던 걸까. 19세기의 자유주의 사상이 남미 전체를 깨우고, 일상 속의 지식인을 깨워 고독한 혁명가로 걸어가게 한 그 역사적 시점이 오늘 우리 현실에도 있는 것이리라.

바야모에 온 건 순전히 쿠바혁명 당시의 게릴라 사령부를 찾기 위함이지만, 이 작은 도시가 참 마음에 든다. 거리를 배회하는 내내 금방 눈에 띄는 건 자전거다. 자전거 바퀴들이 도시를 둥글게 만들고 있는 느낌. 모두들 자전거를 타고 다니는 거리 풍경이 오월 수양버들처럼 싱그럽다. 학생이나 일반인이나 자전거가 가장 일반적인 교통수단이었고, 그 풍경은 바야모를 따뜻한 도시라는 생각이 들게 했다. 자전거를 타고 수다를 떨거나 깔깔거리는 유쾌한 학생들을 보면서 부럽고 또 고마운 느낌까지 드는 건 왜일까. 마치 거기에 어떤 답이 있는 것처럼 여겨졌

[20] 제1차 독립운동을 시작한 마누엘 데 세스뻬데스와 쿠바의 국가를 작사·작곡한 뻬루쵸 피게레도의 동상이다.

던 것이리라.

아바나행 비아술 티켓을 구하러 터미널까지 엄청 걸었다. 예상했던 대로 표를 예약할 길이 없다. 내일 저녁 출발 한 시간 전에 와보란다. 그게 다. 걱정했던 현상. 좋은 운을 바랄 밖에. 쿠바에 있는 동안 항상 그랬다. 필요한 모든 것은 가능성으로 대체된다. 그리고 그것이 불가능으로 문제가 되진 않는다. 어쨌든 결국은 해결이 되기 때문이다.

바야모 시내를 배회하면서 시에라 마에스트라 게릴라 사령부[21]에 방문할 수 있는 예약을 알아보았다. 쉽지 않다. 일단 숙소로 돌아가 오늘 새벽에 떠났다는 영국학생의 이야기를 들어보고 안 되면 Info가 소개한 택시기사와 다시 이야기를 할 수밖에. 점심 먹을 게 마땅찮아 물 한 병 사서 마시고, 저녁을 까사에 일찍 예약했다. 닭고기로 6시. 7CUC. 음료랑 하면 8CUC.

프랑스인 노부부가 옆방에 들었다. Comandancia는 안 가지만 그들도 시에라 마에스트라[22]로 해서 산을 오를 예정이다. 삐꼬 뚜르끼노 Pico Turquino를 찍고 라스 꾸에바스 Las Cuevas를 보고 산티아고 데 꾸바로 빠질 예정이란다. 대단한 노인들이다. 팔십은 훌쩍 넘긴, 얼굴에 주름이 쪼글쪼글한 나이인데, 두 노인의 배낭이 예사롭지 않다. 나랑 인사를 나눈 후 빨래를 하고 나란히 앉아 독서를 한다. 넉넉한 풍경이다. 저렇게 아름다운 노년이 그들에겐 일상일까. 함께 긴 여행을 하고 서로 부축하여 다니면서 독서하는 모습. 우리 문화엔 쉽지 않다. 노인들의 낡은 배낭 속에 든 책이라니. 삶을 시적으로 만드는 건 결국 끝까지 자신에게 성실한 품격이리라.

내일 새벽 6시 30분 일단 함께 출발하기로 하고 프랑스 노부부와 각각 30CUC씩 부담하기로 했다. 그렇게 약속해놓고 일찍 준비해주는 저

[21] 그들은 'Comandancia de la plata 꼬만단시아 데 라 플라따'라고 부른다.

[22] 시에라 마에스트라 산맥을 찾은 사람들은 두 부류다. 카스트로의 게릴 사령부를 방문하는 사람들. 그리고 산맥의 능선을 종주해 쿠바에서 가장 높은 산인 해발 1,972의 투르키노(Pico Turquino)를 거쳐 라스 쿠에바스로 가는 트레킹을 하는 사람들이다. 둘 다 산토 도밍고 마을에서 신청, 접수하고 국립공원 입장료와 가이드비용을 내야 한다.

녁을 먹고 광장으로 나갔다. 호세 마르티 탄생기념 횃불행진을 찍고자 했는데 마침 그게 전야제인 오늘 행사라고 주인이 귀띔한다. 그 집합장소를 정확히 몰라 계속 묻고 다녔더니 누군가 일러준다. 집합장소는 빠르께 니꼬 로페스Parque Nico Lopez. 예전에 바야모의 병영이었다. 산티아고 데 꾸바에 몬카다가 있었다면 바야모엔 니꼬 로뻬스 병영이 있었다. 한참 걸어 그곳에 당도하니 이미 많은 시민과 학생들이 모여 있었다. 좀 높은 데서 찍고 싶어 이층집을 두드리니 낯선 방문객을 호들갑을 떨며 맞아준다. 매년 하는 행사이겠지만 그들은 들떠있었고 학생 하나가 같이 걷자며 내게 횃대를 내어주었다.

8시가 넘어서야 행진이 시작되었다. 횃불을 켜고 한 젊은이가 무언가를 선언하고 모두 비바!Viva!를 외치며 행진을 시작했다. Viva, Fidel!피델 만세! Viva, Raul!라울, 만세! Viva, Cuba!쿠바 만세! Venceremos!극복합시다. 귀에 익숙한 구호들이 울려퍼진다. 1시간 정도 따라걷다가 숙소로 돌아갈 길이 걱정되고, 또 내일 새벽 약속이 걱정되어 발길을 돌렸다. 원래는 아바나에서 이 행사에 참여하고 싶었다. 비록 아바나가 아니라, 인구 13만의 작은 도시 바야모이지만 호세 마르티 탄신기념 횃불행진은 내게 더 특별한 의미가 있다. 글쎄다. 민중을 단합하는 힘은 고결한 정신과 희생이 절대적인 것 같다. 호세 마르티 탄생기념 횃불행진을 따라 걸으면서 죽음 이후의 휴머니즘에 관한 생각이 많아졌다.

아니나 다를까. 돌아오는 길은 멀었다. 마끼나도 없고 비씨택시도 없다. 밤은 제법 깊었고, 지나는 이들은 모두 자전거를 타고 간다. 바야모에 자전거가 많은 이유를 알았다. 자전거가 없으면 다니기 힘든 도시. 어쨌거나 길을 잃고 헤매면서 행인의 안내로 돌아돌아 숙소에 도착. 씻고 잠들다. 횃불행진의 여운이 내 생애를 오래 따뜻하게 데울 것 같았다.

호세 마르티 탄신 162주년 기념 횃불 행진에 나선 바야모 시민들.

TIP 6　쿠바 국가 - 바야모 행진곡

뻬루초 피게레도가 작사/작곡한 노래는 민중가요처럼 애창되다가 1902년 국가로 채택되었다.

¡Al combate, corred, Bayameses!,	바야모의 사나이들이여, 전투에 서두르라,
Que la patria os contempla orgullosa;	조국이 그대를 자랑스럽게 보고 있도다.
No temáis una muerte gloriosa,	그대여 영광스러운 죽음을 두려워 말라.
Que morir por la patria es vivir. //	그 이유는 희생이 조국을 살릴지니.//
En cadenas vivir es vivir	쇠사슬에 묶여 사는 것은
en afrenta y oprobio sumido,	치욕과 굴욕에 묶여 사는 것일지니.
Del clarín escuchad el sonido;	클라리온의 외침을 들어라,
¡A las armas, valientes, corred!	용기있는 자들이여, 전장으로 서둘러라!

TIP 7　마누엘 데 세스뻬데스 Carlos Manuel de Cespedes와 야라의 외침

오리엔테 지방의 부유한 변호사이자 크리오요 농장주였던 그는 1868년 10월, 자신의 노예들을 모두 해방시켜주고 독립전쟁을 선포했다.23 이것이 제1차 독립전쟁이다. 그는 독립선언문 '야라의 외침(Grito de Yara)'을 통해 스페인으로부터 독립과 노예 해방을 선언했는데, 이는 십년 전쟁을 낳았다. 그는 식민지 강권 통치가 쿠바의 자유를 박탈하고 있고 가혹한 관세제도는 쿠바의 경제이익을 해치고 있다며 스페인을 규탄했다. 노예제도를 강력히 비판하고, 모든 국민이 평등한 사회를 만들어야 한다고 주장했다.

이 선언에서 그는 쿠바 최초로 스페인에 대항했던 아뚜에이Hatuey 따이노족 추장을 기리었다. 1511년 침략자에 맞서 격렬하게 저항하던 따이노 인디오의 지도자, 아뚜에이 추장은 아메리카의 첫 반란자라고 불린다. 야라에서 화형에 처해졌다. 쿠바의 동쪽 끝 도시 바라코아에 있는 그의 흉상은 혁명가들이 끝이 없었던 쿠바의 장구한 반식민투쟁의 상징이다.24 쿠바 국민들 사이에서 제국주의에 맞서 싸운 최초의 영웅으로 기억하는 아뚜에이는 오늘날 럼과 위스키 제조업체인 바카르디(Bacardi)의 맥주상표로만 어렴풋 알 뿐이다.

세스뻬데스는 1869년 쿠바 대통령으로 선출되었다. 이 독립기간 중에 공화제 헌법이 공포되고 세스뻬데스의 공화정권을 수립하였으나, 1873년 권력을 집중시키려고 보수 세력이 다수인 의회와 대립하다가 실각했다.

이후 1874년 스페인군에 의해 죽음을 맞이했다. 산혼조약으로 이 전쟁은 종지부를 찍었다. 쿠바의 자치권을 좀더 인정하고 정치·경제 개혁과 노예해방을 약속한 산혼조약으로 노예제도는 1886년에 폐지되었다(그러나 경제개혁은 지켜지지 않았다). 세스뻬데스는 쿠바의 국부라는 의미인 'Padre de la Patria'로 칭해진다.

23 그 당시 커피와 사탕수수의 재원의 손실과 붕괴가 있어, 스페인이 식민지에 부과하는 장애와 새로운 세금이라는 상황이 더욱 무거워졌다. 모든 노동자들은 심한 착취와 더 심한 가난, 그리고 노예의 굴종을 겪었다. 민중은 더 악화된 삶을 살았고, 지배자들은 토착민의 자유가 제한된 섬에서 그들을 학대하고 악용했다.

24 화형 직전 개종을 강요하는 신부에게 "당신 같은 사람들이 천국을 간다면, 난 지옥으로 가겠다"라고 말한 아뚜에이의 말은 유명하다. 그리고 아뚜에이는 물었다고 한다. "당신들의 신은 왜 그토록 잔인한가?"

거대한 야생의 산악지대인 시에라 마에스트라.
혁명군들이 게릴라전을 펼친 산속이다.

시에라 마에스트라 게릴라 사령부

　우연이었을까. 호세 마르티 탄생기념일인 1월 28일, 시에라 마에스트라 산맥 해발 970m에 있는 피델의 게릴라 사령부를 방문한 것은. 호세 마르티 탄생 100주년 되는 해에 26살의 피델은 몬카다 병영을 공격하면서 혁명을 출발시켰다. 그리고 29살에 이곳 산속에서 야생의 삶을 살면서 다시 무장했다.

　새벽 6시 30분 정확하게 프랑스인 노부부와 함께 시에라 마에스트라를 향해 출발했다. 80Km, 중간에 바르톨로메 메사Bartolome Mesa라는 작은 시골동네에서 가이드를 태웠다. 그는 지도자 라울과 이름은 같지만 능력이 없는 라울이라고 자신을 소개한다. 1시간 10분 정도만에 시에라 마에스트라 입구인 산토 도밍고Santo Domingo 마을에 도착했다. 프랑스인 노부부와는 뚜르키노 국립공원 앞에서 헤어져야 했다. 라울은 내가 이용하는 에코 투르Eco Tur를 안내한다.

　시에라 마에스트라는 폭이 50킬로미터, 130킬로미터에 달하는 거대한 야생의 산악지대다. 산악 지대 곳곳이 늪이었다. 그란마호의 혁명군 82명 중 살아남은 12명이 도착, 게릴라로 활동을 시작한 곳. 거기서 3년 동안 게릴라전을 펼치면서 피델은 혁명을 완성시킨다. 특히 게릴라들을 괴롭힌 건 걸을 때마다 발을 찌르는 '개 송곳니'라 부르는 자갈, 그리고 거머리와 모기떼였다고 한다.

공원 입구에서 사륜 지프를 타고 40도가 된다는 급경사길 5Km쯤 올라가면 작은 터가 나오고 거기서 혁명군 사령부로 올라가는 산길이 시작된다. 야자수들이 우거진 열대우림지역이었다. 사령부가 있는 계곡은 깊고 숲은 울창했다. 우거진 숲 때문에 정부군 정찰기를 피할 수 있었고, 접근하는 길이 단 하나뿐이어서 방어하기에 쉬웠고, 계곡이 가까이 있어 정부군의 수원지 오염작전으로부터 안전했다고 한다. 사시사철 얌이나 유까 등 탄수화물이 풍부한 뿌리식물이 자생하고 있어 혁명군의 식량이 되어주었다. 자생 오렌지 나무도 많아 산길 오르는 중에 오렌지가 주렁주렁 달린 나무를 많이 볼 수 있었다.

마침 소풍 온 고등학생들 40여 명과 함께 사령부를 탐방해야 했다. 한류문화에 빠진 청소년들은 한국인을 반가워하며 사진을 찍는다. 아이들은 4시간의 험한 산길을 힘들어 했다. 손에는 저마다 휴대폰이다. 아이들은 휴대폰을 들고(낡았지만) 음악을 들으며 영상을 보며 걷는다. 경제위기 한참 이후에 태어난 세대가 독립과 혁명을 얼마나 이해할까. 라울에게 질문하니 내 말이 미처 끝나기도 전에 쿠바의 어느 누구도 자유를 위해 투쟁한 역사를 절대 잊지 않는다고 강조한다. 앞으론 점점 빈부격차가 생길 거라는 우려에도 그는 단호하다. 교육과 의료, 쿠바의 복지는 앞으로도 세계 제일이라는 것이다.

제일 먼저 닿은 곳이 농부 메디나의 집. 메디나는 9명의 자녀들과 평화롭게 살고 있던 농부였는데, 저항군의 소중한 동맹자가 되었다. 피델이 거기서 아이들에게 글을 가르쳐주고 작곡하는 법을 가르쳐 많은 노래를 지어불렀다고 한다. 아이들은 따로 학교에 보내지 않아도 악기를 다룰 수 있을 정도였다. 혁명이 성공하는 데에는 농부들의 도움이 컸다. 그들은 '7.26 운동' 조직에 참여, 혁명군을 지원했다. 그 조직은 쌀,

피델의 집.
옆에 계곡이 있고 숲이 우거져 정찰당할 위험이 없어 피델이 좋아했다고 한다.

시에라 마에스트라 게릴라 사령부

'라디오 레벨레'로 가는 길.(위)
피델이 즐겨 찾은 농부 메디나의 집. 농부들은 실질적으로 혁명군을 지원함으로써 진정한 혁명의 모태 역할을 했다.(가운데)
의료 막사 앞에서 함께 하던 루나고등학생들이 쉬면서 설명을 듣고 있다.(아래)

우유, 의약품 등의 보급품과 함께 도시에서 소식을 갖다나르는 일에도 열심이었다.

단지 7정의 총으로 게릴라 활동을 시작해서 산에서 자원병을 모으고 바티스타 군대를 습격해 무장을 늘려나가는 데는 메디나와 산타클라레로(산타클라라에서 온 사람이라는 뜻) 등의 농부들 지원이 컸다.[25] 그들은 산에 농작물의 씨를 뿌려 혁명군의 식량보급을 도왔다. 이들이 혁명의 진정한 모태인 셈이다.

산길은 거칠고 험했다. 이 산길을 쫓기며 달리는 젊은 게릴라들을 생각하니 가슴이 저렸다. 그렇게 싸웠구나. 신념을 위해서 자신을 바친다는 건 이런 것이었구나, 깨닫게 된다. '피델의 집'에 도착했다. 피델이 쓰던 책장과 나무의자, 식탁 등이 놓여있었다. 그 안의 책이나 물품들은 아바나 혁명박물관으로 다 옮겨갔다고 한다. 피델의 집도 농부들이 지어준 것인데 바로 계곡의 물소리가 우렁찬 데다 숲이 우거져 정찰기를 피할 수 있어 피델이 아주 만족스러워했다고 한다.

식당이나 산채, 병원으로 사용했던 건물 등 몇몇의 산채들이 숲 중간중간에 있었다. 박물관도 있었는데 당시에 쓰던 타자기 등의 몇몇 물품과 시에라 마에스트라 산맥 전체의 미니어쳐가 만들어져 한눈에 파악할 수 있었다. 쿠바 혁명의 또 하나 상징인 라디오 레벨데(라디오 반군Radio Rebelde)[26]는 지금 수리 중이라 들을 수가 없었다. 산꼭대기 해발 1,080미터에 있는 라디오 레벨데는 체 게바라가 맡아 처음 방송을 시작했다. 출력이 세서 쿠바 전역과 베네수엘라를 비롯한 남미에서도 들을 수 있었다고 한다.

중간에 작은 무덤이 있었다. 대장이었던 로드리게스 헤오넬의 묘지란다. 당시 22살, 부상을 입고 병원이 있는 산채로 옮기다 중간에 죽은

25 세계 어디든 혁명은 독특하기 마련이지만 1956년에서 1959년까지 게릴라전과 혁명 전선의 확장은 쿠바 혁명의 성격에 주목하게 한다. 몇몇 중류계급의 학생들과 지식인 중심으로 일어난 부르주아 자유주의 혁명 또는 반제국주의적 민족투쟁으로 시작한 혁명이 1961년 사회주의 선언으로 끝났다. 이 혁명에 농민들은 어떻게 작용했는가. 이런 변화를 끌어낸 게릴라 투쟁이나 혁명 쿠바 초기의 역학을 다양한 관점에서 꼼꼼히 살펴볼 필요가 있다.

26 체는 조직적이면서도 치밀한 방법론자였다. 그는 승리의 수단이 필요한 것을 간파하고 〈쿠바노 리브레〉와 〈라디오 레벨데〉를 창설. 선전기관으로 삼았다. 체는 한 오두막에서 낡은 타자기를 두 손가락으로 두드려가며, 낡은 등사기로 〈El Cubano Libre(해방된 쿠바인)〉라는 지하신문을 만들었다. 혁명적 사상과 신념을 한꺼번에 쏟아부은 신문들이 쿠바인들의 덮개옷 속에 숨겨져 아바나에까지 전달되는 것은 그리 오래 걸리지 않았다. 혁명방송국이었던 〈라디오 레벨데〉도 혁명의 목소리를 자세히 전하면서 후방에서 적극적인 파업과 납세거부운동을 이끌어내었다. 피델은 체를 '게릴라전의 예술가'로 불렀다고 한다.

시에라 마에스트라 게릴라 사령부

것이다. 희생자 중에 15세 되는 소대장도 있었고, 13세 되는 여자도 있었다 하니 게릴라들은 너무 어린 아이들이었던 셈이다. 그들의 죽음이 헛되지 않아 다행이었다.

한때 목숨을 걸고 쟁취한 독립과 평등. 하지만 오래 전에 시장경제를 선택했고, 이제 미국이 경제봉쇄를 풀려는 이 시점에서 그들의 숙제를 한번 되돌아볼만하다. 호세 마르티는 독립 후라도 점점 야욕을 드러내는 미국의 신제국주의를 두려워하고 맞서야함을 강조했다. 때문에 남아메리카 전체가 하나될 것을 외쳤으나, 남아메리카는 미국자본주의에 잠식당한 현실. 호세 마르티가 내세운 별의 이상은 피델과 체의 정신으로, 쿠바의 애국심으로 빛난다. 하지만 이제 어떤 변화가 올 것인가.

오가며 들른 Campesino casa de Medina의 집에는 예나 지금이나 다름없이 병아리들이 삐약삐약 어미닭을 따라다닌다. 열 마리 가까운 병아리들의 수다는 정말 시끄럽다. 그러나 그 생명의 소리가 바로 존재의 근원일 것이다. 나도 한참을 따라다녔다. 모래로 목욕을 하는 어미닭. 저쪽에 옹크린 어미닭의 품 속엔 병아리 몇 마리가 들어앉아 머리만 내놓고 있다. 혁명 이전에도 독립 이전에도 아니 그 이전에도 저렇게 생명을 품어내는 절대적 사랑이 이 섬을 지켜온 것이리라.

물과 음료와 샌드위치가 담긴 도시락을 받았다. 정말 맛이 심심. 마른 빵을 떼어 닭들과 나누어 먹었다. 함께 동행했던 독일인 여학생은 잔돈이 없다고 지폐를 꺼냈지만 바꾸어주기엔 나도 형편이 비슷. 결국 커피값 2CUC, 가이드 팁 2CUC를 모두 내가 지급. 강물에 네 식물을 뿌리라는 성경말씀을 기억하며. 돌아갈 차량에 도착하니 또 늦게 올라간 팀이 내려올 때까지 기다리란다. 멀리까지 와서 스트레스 받으면 나만 손해이니 억울하면 억울한 대로 무엇이든 누릴 수밖에 없다. 뭐든 행운으로 여기는 것도 여행에서 배울 수 있는 지혜이다. 그래서 길거리 낡은 판잣집 카페로 들어갔다. 볶은 원두를 도구통에 넣어 빻고 오래된 듯한 커다란 천자루에 넣어 드립을 한다. 숯불에 끓인 물이라 그런지 커피향기는 깊고 달았다.

라울을 중간 지점인 바르톨로메 마소에 다시 내려주고 숙소에 도착. 맡겨놓은 가방을 찾아놓고 너무 힘들어 테라스에서 좀 쉬었다. 흔쾌하게 휴식을 허락해준 주인은 맛있는 구아야바 쥬스까지 잔뜩 가져다준다. 아침이 너무 푸짐해서 저녁거리로 빼돌려놓은 것도 많은데. 바야모의 소박하고 친절한 인상을 그녀가 올려준 셈이다.

오후 6시. 다시 14시간의 아바나행 밤버스 여행 시작. 바야모는 정말 여유만 된다면 다시 돌아오고 싶은 도시였다.

산에서 내려오니 가이드 라울이 맛난 커피집을 소개한다. 커피를 나무절구에 찧어 융으로 드립해서 내리는 커피. 진짜 자연산이고 싱싱하다. 길가의 커피집. 세상 어느 곳에서도 맛보기 어려운 향기.

최초의 정복자인 벨라스케스가 머물던 옛 요새의 한 부분인 발콩 데 벨라스케스Balcon de Velazques에서 바라본 산티아고 데 꾸바 시내.
매우 아름다운 건물이었으나 현재는 전망대만 남아 있다. 산티아고 항구와 만이 가장 잘 내려다 보이고 멀리 시에라 마에스트라 산맥이 보인다.

TIP 8   1953년 피델 카스트로의 최후진술에서

1953년 9월 재판에서 낭독한 피델의 최후진술은 폭정에 맞선 민중의 권리, 즉 혁명의 권리를 주창한 논거로 유명하다. 그는 호세 마르티와 쿠바 독립영웅들의 이름을 모두 또박또박 거론하면서 자신의 신념을 변론하고 있다.

(전략) 우리는 쿠바인입니다. 쿠바인이 된다는 것에는 의무가 따릅니다. 그 의무를 따르지 않는 것은 범죄이며 배신입니다. 우리는 이 나라의 역사가 자랑스럽습니다. 학교에서 그렇게 배웠습니다. 우리는 자유와 정의, 인권에 대해 들으며 자랐습니다. 우리의 영웅들과 순교자들을 흠모하라 배웠습니다. 세스페데스와 아그라몬테, 마세오, 고메스, 그리고 마르티는 우리 마음에 첫 번째로 새겨진 이름입니다. 타이탄(마세오 장군을 지칭)은 "자유는 구걸해서 얻는 것이 아니라 마세티(나무를 벨 때나 전투를 할 때 무기로 사용하는 날이 넓은 낫)의 날로 싸워 얻는 것"이라고 말했다고 배웠습니다.

또한 사도(Apostle. 시인 호세 마르티를 지칭)는 쿠바의 자유로운 시민들을 위해 쓴 〈황금시대(La Edad de Oro · 1889)〉에서 이렇게 말했다고 배웠습니다.

"옳지 못한 법을 옹호하고 자신의 조국을 함부로 여기거나 조국이 짓밟히는 걸 보고 있는 자는 명예로운 인간이 아니다. 어느 정도의 빛이 있어야 살아갈 수 있듯이, 세상에는 어느 정도의 명예가 있어야만 한다. 명예를 모르는 사람들이 많아진다면 그들을 대신해서 명예를 추구하는 짐을 져야만 하는 사람들이 생기게 마련이다. 자유는 명예 그 자체이기 때문에, 그걸 누군가가 훔쳐간다면 그에 맞서 엄청난 힘으로 반란을 일으키는 사람들이 생겨난다. 저항하는 사람들이 수천 명이 되면 곧 모두가 되고, 인간의 존엄성 그 자체가 된다."

우리는 또한 10월 10일(세스뻬데스가 1868년 쿠바 독립선언문을 발표한 날)과 2월 24일(1895년 산티아고 데 쿠바 부근의 바이레에서 봉기가 일어나면서 쿠바 독립전쟁으로 확대)을 국경일로 기념하라 배웠습니다. 쿠바인들이 치욕적인 폭군에 맞서 반란을 일으킨 날들이기 때문입니다. 별 하나가 그려진 사랑하는 우리의 국기를 지키고 가슴에 간직하라고, 저녁마다 '사슬에 묶여 사는 것은 치욕과 불명예 속에 사는 것, 조국을 위해 죽는다면 영원히 살리라!' 하는 우리의 국가國歌를 부르라고 배웠습니다.

이 모든 것을 우리는 배웠고, 영원히 잊지 않을 것입니다. 비록 오늘 우리의 조국은 살인으로 넘쳐나고 요람에서 배운 가르침대로 실천하는 사람들은 감옥에 갇히는 것이 현실일지언정. 우리는 부모가 물려준 자유로운 나라에서 태어났습니다. 이 섬(쿠바)이 바다 밑으로 가라앉지 않고서야, 우리는 누군가의 노예로 사는 것에 결코 동의하지 않을 것입니다.

사도(호세 마르티)는 탄생 100주년(1953년)을 앞두고 죽어버린 것 같습니다. 사도의 기억은 영원히 사라져버린 것 같습니다. 저들은 사도를 그리도 모욕하고 있습니다! 하지만 그는 살아 있습니다. 죽지 않았습니다. 그의 인민들은 반란을 일으켰습니다. 그의 인민들은 가치 있는 사람들입니다. 그의 인민들은 사도의 기억을 충실히 지켜가고 있습니다. 그의 가르침을 지키고 있는 것은 쿠바의 인민들입니다. 그의 무덤 앞에서, 피를 뿌리고 목숨을 던지며 그의 나라를 심장에 품고자 하는 위대하고 희생적인 젊은 이들이 있습니다. 쿠바여, 사도가 죽어가게 놓아둔 채, 그대는 어디로 가려는 겁니까?(중략) 마찬가지로 감옥 역시 두려워하지 않습니다. 저에게 유죄판결을 내리십시오. 그런 것은 전혀 중요하지 않습니다. 역사가 나를 무죄로 할 것입니다.

아름다운 동쪽, 올긴과 히바라

아바나에서 만난 쿠바 친구들 중 주로 동쪽 올긴Holguin 출신이 많았다. 그들은 하나같이 올긴이 고향인 것을 자랑스러워했다. 전통이 있는 도시이며, 깨끗하고 풍요롭고 아름답다는 것이다.

올긴은 피델이 태어난 도시이다. 그란마 주의 바로 위에 위치하고 있는 올긴 주의 주도 올긴은 고전적 혁명도시이다. 많은 구호들이 먼저 눈에 들어온다. 'Revolucion es Unidad 혁명은 통일이다!', 'La Batalla de Ideas Seguir adelante 이상을 위한 투쟁은 앞으로도 계속된다!', 'El valor se prueba en el Combate 투쟁으로 당신 자신의 가치를 증명하라.', 'En cada barrio Revolucion 모든 거리에 혁명을!' 'Hasta la victoria Siempre 항상 승리할 때까지!' 등 거리마다 붙은 표지판의 혁명구호들. 다른 곳에서도 많은 선전물을 보지만 이곳에서는 더욱 고전적인 느낌이다. 이토록 강렬한 구호가 선전되는 동시에 아름다운 공원들이 즐비하게 늘어선 도시, 올긴.

올긴 지방의 마에스트라 산맥을 중심으로 피델은 게릴라 활동을 펼쳐갔다. 혁명의 시발점도 완성점도 아닌 올긴 지방이 혁명 구호의 최전선에 있는 건 어째서일까. 이곳엔 혁명의 작은 불씨가 불길로 번질 수밖에 없는 지리학적 이유가 있다. 무기나 병력에서 열세인 군사력을 극복하기 위해 필요한 전략이 바로 지형을 이용한 작전이었다. 쿠바에 있는 산맥 중 시에라 마에스트라는 면적이 가장 넓고 복잡한 지형을 갖고 있다. 이 산악지대에 피델은 거점을 건설하고, 게릴라전으로 정부군을 공격함과 아울러 농민들의 지지를 확보해 나가는 전략을 썼던 것이다.

마에스트라 산맥을 넘어서면 바로 비옥한 올긴의 토양이 가장 먼저 나온다. 특히 올긴의 농작물 소출은 쿠바의 경제에 영향력을 끼칠 만큼 중요하다. 사탕수수와 소뿐만 아니라 쿠바에서 생산되는 대부분의 콩과 옥수수, 커피 등이 바로 이곳에서 재배된다. 하여 혁명군으로서도 이곳이 지리적 전략지뿐만 아니라 반드시 지켜야 하는 필승의 요지였다.

그러한 자연과 전통이 살아있는 올긴에 도착한 건 아침시간 햇살이 맑고 너그럽게 번지고 있었다. 도심에서 일단 커피와 샌드위치로 아침을 해결했다. 올긴의 매력은 도심 한복판 아름다운 공원에 있다길래 조금 거닐었지만 이내 북쪽 외곽에 있다는 바닷가 히바라Gibara로 가기로 일정을 바꾸었다. 공원보다는 쿠바의 자연이 더 매혹적인 법. 비아술에 가서 아바나행을 예약하려니 그것도 내일 오라고 한다. 혹시나 했더니 역시나. 뜻대로 되지 않는 일에 점점 익숙해진다. 순리에 맡길 줄 아는 공부가 늘어가는 걸까. 택시 12CUC로 Gibara로 향했다. 33Km. 생각보다 멀다. 하지만 도착한 어촌마을은 푸른 지평선을 물고 문을 열어주었다.

숙소를 찾아다니니 자전거를 탄 청년이 자기 아버지집을 소개를 한다. 일단 보고 나니 깔끔해서 지내기로 했다. 까사 'Yuliet & Capo'. 여장을 풀고 어촌의 골목을 배회하다 가볍게 점심을 때웠다. 돼지고기가 든 빵이 3MN.[27] 정말 싸다. 점심을 먹고 사진을 찍으러 서너 시간 떠돌았다. 낯선 것들과의 익숙한 조우, 나그네이면서도 오랜만의 외출인 듯

[27] 3MN은 한국돈으로 130원 정도이다.

좋았다. 저녁엔 까사에 식사를 주문, 생선과 돼지고기 요리를 먹었다.

별이 너무 좋아 옥상에 올라가 별자리만 헤아렸다. 이런 호사를 고대인들은 마음껏 누렸을 거라 생각하니 괜한 상실감이 괴어왔다. 하늘에서 별에서 산에서 들에서 얻던 지혜를 우린 왜 다 버리고 있는 것일까. 억울하고 부끄러웠다. 계속 인터넷만 찾고 사이버를 뒤지는 동안 우리를 흘깃 스쳐갈 뿐인 자연의 음성들이 얼마나 많은 걸까.

다음날 아침, 오전엔 Gibara 입구 쪽으로 해서 산동네로 종일 물방울처럼 배회하며 사진을 찍었다. 공동묘지도 지났다. 하루가 얼마나 긴 시간이며 얼마나 많은 것들과 대화할 수 있는 틈인지를 다시 깨닫는다. 종일 어슬렁거리다 보니 작은 어촌이 손바닥 안이다.

Givara까지 데리러 온 마끼나택시 기사에게 올긴 터미널 부근 좋은 카페 안내를 부탁했더니 조촐한 현관 앞에 데려다준다. 스파게티와 계란 요리가 특별해 1시간 정도 좋은 음식을 마주하며 커피를 마시자니 마음이 훈훈해지면서 여수가 밀려온다. 주인의 미소가 소박한 작은 카페, 올긴의 좋은 이미지로 남는다. 지나치는 이 모든 풍경들이 하나하나 내 영혼의 세포들처럼 반짝일 것이리라.

저녁 7시 반 버스를 겨우 탔다. 바라코아에서 출발, 산티아고 데 꾸바를 거쳐서 오는 버스에 몇 좌석이 남는지 알아야 티켓을 줄 수 있다는 말을 듣고 걱정했다. 두 시간을 창구에 바짝 붙어서서 다른 쿠바사람이 끼어들지 못하게 해서 1번으로 티켓을 받았다. 이제 쿠바의 불확실한 일상에 대해 어느 정도 나도 훈련이 된 모양. 다시 아바나까지 12시간 밤버스 여행이다.

TIP 9   쿠바혁명은 어떻게 가능했는가

피델이 꿈꾸었던 연대의 가능성은 혁명 과정에서의 실천을 통해 현실화될 수 있었다. 혁명군은 영토를 점령할 때마다 농지개혁의 방식과 내용을 농민들에게 직접 알리는 데 노력했다. 58년 10월에는 시에라 마에스트라의 해방구에 대한 토지개혁법이 선언되어, 실제로 농촌 각지에서 개혁이 진행되고 있음이 전국적으로 알려지게 되었다. 게릴라와 농민층과의 연계는 이처럼 서로의 이해관계 및 목표의 공통점을 확인하는 일련의 과정들을 통해 점진적으로 진행되었다.

농지개혁 외에도 혁명군은 교육시설과 의료시설을 확충, 복지서비스를 제공하고자 했고, 농민들에게 피해를 끼치는 일이 없도록 엄격한 규율을 정함으로써 농민들로부터 받는 지지에 보답하고자 적극적으로 노력했다. 소외된 존재였던 농민들에게 혁명군은 그야말로 '색다른 군대'였다. 혁명군은 이처럼 농민층과의 혁명적 유대를 통해 시에라 마에스트라를 넘어 도시 지역으로, 보다 광범한 계급 및 계층에 영향력을 넓힐 수 있는 기반을 마련했던 것이다.

1953년 몬카다 공격 후 15년 형 선고를 받았던 피델이 직접 비합법적인 권위에 저항할 권리를 옹호하는 변론문을 썼다. 그 글에서 그는 몬카다 공격대가 제정하려고 한 다섯 가지 혁명적 법률을 제시했다. 1940년 헌법의 복원과 법제화, 경작자들에게 토지를 돌려주는 농지개혁, 고용주들이 이윤을 노동자와 나눌 의무, 소규모 사탕수수 재배 농민들에게 시장의 보장, 사기와 부패로 획득한 모든 기업의 몰수 등이었다.[28] 그렇게 볼 때 민중의 평등에 대한 피델의 추구는 처음부터 한결같았다는 것을 알 수 있다.

1958년 체 게바라가 직접 개설한 단파방송 '라디오 레벨데'(Radio rebelde, 반군 라디오)는 혁명의 새로운 무기였다. 혁명군의 정치 방송에서는 쿠바의 '사실'과, 카스트로가 바티스타에게 보내는 경고들이 흘러나왔다. 그리고 3월 12일, 〈7.26 운동〉이 국민에게 보내는 선언문'이 발송되기도 했다. 바티스타의 폭정과 지속적인 잔학 행위는 레벨데 라디오를 통해 낱낱이 폭로되었고, 쿠바 민중은 실패의 암담함에 빠질 겨를도 없이 다시금 분노의 불길을 일으켜야 했다.

혁명 이후 1959년, 1963년 두 차례에 걸친 토지개혁과 1960년 산업국유화가 있었다. 진정한 혁명은 민중에 의한 민중을 위한 민중의 혁명이라면서 실시한 농지개혁법은 10만 가구의 농민이 혜택을 받았다. '혁명'은 무수한 뒤틀림 속에서 사회주의국가로 탈바꿈되었고, 이제 미국과 국교가 정상화된 지금도 끊임없이 새로운 사회를 의식적으로 만들어 나가는 현재진행형이다. 쿠바혁명은 세계 곳곳의 반제국주의 운동의 성장에 기여했지만, 오래된 좌파의 정통성을 거부했다. 쿠바는 소련의 정책을 그저 추종한 것이 아니라 종종 주도했다. 제3세계 여러 나라들에게 의료 및 교육 원조를 해 온 쿠바는 미국의 원조를 때로 능가하기도 했다.

28 『쿠바혁명사』, 아비바 촘스키, 정진상 역, 삼천리, 2014, 63쪽.

'Siempre Adelante 항상 앞으로 나아가라' 구호가 있는 버스정류장.

'새로운 인간'을 꿈꾼 체

쿠바 최초의 해방구인 산타 클라라Santa Clara는 체[29]의 도시라고 불리기도 한다. 체가 이끈 산타클라라 전투는 쿠바혁명을 성공시키는 중요한 승부수였으며, 또한 체의 유해가 안치되어 있는 곳이기 때문이다. 체 게바라 기념관은 지하에 있는 추모관과 박물관, 넓은 광장과 공원, 체 게바라 동상으로 되어있다. 전투복을 입은 팔에 붕대를 감고 다른 한 손에 총을 든 채 멀리 바라보는 체의 동상이 강렬하다. 혁명군을 이끌고 아바나에 입성하기까지 체는 의사로서 전사로서 매우 탁월했다. 억압받는 민중을 위해 사회를 개혁하고자 하는 그의 신념과 용기는 여러 악조건에서도 인간다운 리더십으로 나타났다.[30]

1958년 8월, 체 게바라의 목표는 쿠바섬의 중앙부에 위치한 정부군의 교두보인 산타클라라를 점령하는 것이었다. 아바나를 진격, 2년 간에 걸친 전쟁을 마무리짓기 위한 최후의 승부수였다. 경험이 부족한 부하들을 이끌고 체는 도보로 시에라 마에스트라 산맥을 넘었다. 행군은 야간에 했다. 산에서는 정글 숲을, 강가에서는 맹그로브 나무숲을, 들판에서는 사탕수수밭을 은신처로 삼으며 진군했고, 중간중간 산발적인 전투에서 계속 승리를 했다. 정부군도 산타클라라를 최후의 방어선으로 정하고 전면전을 선포했다.

산타클라라는 체가 쿠바에서 처음으로 들어간 큰 도시다. 무기도 식

---

[29] '체'는 본래 기쁨, 슬픔, 놀람 등을 나타내는 간투사인데, 그 어원은 '나의'라는 뜻을 지닌 인디언 토속어라고 한다.

[30] 체 게바라는 의사로 혁명군에 참여했지만 그 인내심과 성실, 냉정한 판단력과 설득의 재능을 발휘, 혁명을 리더하게 된다. 피델이 그의 베레모에 '호세 마르티의 별'을 달아주고 사령관으로 임명하면서 그는 명실상부한 이인자가 된다. 나중에 체는 쿠바국립은행 총재, 쿠바산업부 장관, 쿠바 통일혁명조직 전국지부, 비서국 등에서 일하며 '쿠바의 두뇌'라 불리웠다.

량도 넉넉지 않았던 300여 명의 혁명군은 장갑열차를 앞세운, 4,000명이 넘는 정부군과 대적한다. 체의 부대는 정부군의 본부와 장갑열차 사이의 교신을 단절시키고 철로를 끊었다. 인근 농과대학의 불도저를 동원해 철로 일부를 떼어낸 것. 장갑열차는 탈선했고, 화염병 공격 속에서 객차에 갇힌 정부군들은 투항했다. 이 전투에서 체의 부대는 장갑열차를 노획하면서 대승을 거두었고, 패배를 예감한 바티스타는 12월 31일 도미니카로 도주했다.³¹ 쿠바혁명사에서 '산타클라라 전투'라 명명한 이 싸움은 쿠바혁명을 실질적으로 성공에 이르게 하는 빛나는 대전투였다. 이로써 1959년 1월 1일 산티아고 데 쿠바의 시청에서 혁명의 완성을 알리게 되었던 것이다. 당시의 행군을 형상화한 부조 작품이 그의 동상 바로 왼쪽에 있다.

체 게바라 기념관은 1988년 산타클라라 전투 30주년 기념을 위하여 세운 것이지만 오래 주인이 비어 있어야 했다. 1997년 안데스 산맥의 작은 마을에서 쿠바와 아르헨티나의 공동조사반에 의해 17구의 시신이 발견되었다. 그 중 손목이 없는 뼈가 체 게바라였다. 체의 죽음을 확인시키려 잘라내었기 때문이다. 1967년 미국이 가담한 볼리비아 정부군에게 총살당해 묻힌지 30년만이었다. 17구의 유해는 산타클라라로 송환되어 안치되었다. 추모관은 17개의 비석이 주인을 찾음으로써 38개의 비석으로 비로소 모두 채워졌다.

게바라와 영웅들의 유해가 안치된 추모관 실내는 그야말로 성스럽기 그지없다. 천정이 낮은 어두운 묘 안으로 들어가자 38명의 이름이 새겨진 벽이 있다. 정숙한 분위기 속에서 체와 그의 동지들을 상징하는, 피델이 점화한 '영원한 불꽃'이 경건하게 타오르고 있다. 전쟁터를 누빈 그의 혁명동지들과 잠들어 있는 체. 옆 박물관에는 체의 유년시

31 혁명군이 산타 클라라를 점령하자, 바티스타는 4,000만 US$의 정부 기금을 가지고 도망갔다.

32 체 게바라는 진정한 사회주의는 자본주의와는 완전히 다른 새로운 차원의 동기부여가 필요하다고 생각했다. 인간애에 기초한 자발적 노동이었다. 나의 노동으로 다른 사람들이 행복해지는 세상, 그런 자부심으로 더 열심히 노동하고 꿈꾸고 실천하는 사람, 그것이 체 게바라의 '새로운 인간'이었다. 쿠바의 젊은이들이 대학까지 무료로 교육받는 대신, 전 세계로 자원봉사를 해야 하는 시스템도 그런 인식에서 비롯된 것이었다.

절 사진과 그가 사용한 무기, 전쟁 중에 쓴 편지와 갖가지 소품들이 전시되어 있다.

세계 근현대사에서 가장 성숙한 인간이라는 체 게바라는 도덕적 가치에 의한 '새로운 인간'[32]을 꿈꾸었다. 체가 창조하고자 했던 '새로운 인간'은 물질적이 아닌 정신적, 도덕적 목적에 의해 움직이는 인간이었다. "이제는 '새로운 인간'의 시대다. 도덕적인 동기에서 일을 시작하고 끊임없는 실천으로 모범을 보여야 한다." 그러면서 그는 강조했다. "진정한 혁명가는 사랑이라는 위대한 감정을 존중하고, 그에 따라 살아 움직이는 사랑을 구체적인 행동으로 보여주는 사람이다." '새로운 인간'을 꿈꾸었기에 그는 온몸으로 투쟁했고[33], 39살에 게릴라로 생을 마감했다.

1967년 10월 9일 체 게바라는 볼리비아 라이게라의 작은 학교에서 총살당한다.[34] 처형당하기 직전 누군가 무슨 생각을 하고 있느냐고 물었다. 그는 "혁명의 불멸성에 대해 생각 중"이라고 대답했다고 한다. 당시 발견된 그의 배낭엔 색연필로 줄이 쳐진 지도, 소형 무전기, 두 권의 비망록과 녹색 스프링 노트 한 권[35]만이 들어 있었다. 이 녹색 노트는 좋아하던 시인들의 시를 간편하게 읽기 위해 체가 한 권에 필사해 들고다니던 것이다. 표지의 상표가 아랍어라는 점에서 체가 이 노트를 아프리카에서 머물 당시인 1965년 봄부터 사용하기 시작했을 거라 추정한다. 2007년 볼리비아 중앙은행이 이 녹색 노트를 공개하면서 노트의 존재가 세상에 알려진다.

체는 어떤 긴박한 상황 속에서도 대담하게 행동하던 리얼리스트였지만, 시에서 얻은 희망을 통해 '라틴아메리카 대륙 전체의 혁명'이라는 꿈을 꾸었던 걸까. 체는 이 녹색 노트에 평소 좋아하던 시인들의 시

[33] 체가 이모에게 보낸 편지 – "이모, 유나이티드 푸르트(북아메리카의 체제)의 영토를 여행하는 동안, 저는 그들의 위력이 얼마나 막강한지를 새삼 확인했어요. 그리고 이런 문어발 같은 자본가들이 전멸되는 날까지 결코 투쟁을 포기하지 않을 것을 맹세합니다. 진짜 혁명가가 되기 위해 과테말라로 갈 것입니다. 키스를 보내며. 사랑해요. –배가 고프지만 쇠처럼 건강하며, 동시에 깨어 있는 미래의 사회주의자인 조카로부터."(『체 게바라 평전』에서)

[34] 체 게바라가 죽은 볼리비아 마을에서는 그를 성인으로 여기고 있다. 지금도 아침저녁으로 기도를 드리며, 게바라가 자신들의 기도를 들어준다고 믿는다.

[35] 체 게바라가 총살당할 때 그의 배낭에 들어있던 69편의 시들이 번역돼 출간됐다. 전 세계적으로 특히 젊은 층에게 더 존경받는 혁명가 체. 그가 죽음까지 갖고 간 시들은 『체의 녹색 노트』(문학동네)에서 구광렬 시인의 번역으로 소개됐다. 구광렬 시인은 "시는 체 게바라 혁명의 산실"이라며 "어떤 사상이나 종교, 철학보다 시를 숭상했던 체. 어떤 의미에선 그의 마지막 유품인 '녹색 노트'는 그의 분신이라고도 할 수 있다"고 말했다.

를 직접 옮겨 적었다. 20세기 최고의 시인으로 추앙받는 파블로 네루다를 비롯, 안데스의 시인 세사르 비예호, 쿠바 국민시인 니콜라스 기엔, 그리고 스페인 시인인 레온 페리뻬, 이렇게 네 명의 시인들의 시가 노트에 담겨 있다. 이 시편들은 격렬한 게릴라의 삶 속에서도 체가 어떤 마음을 가졌는지 그 내면을 엿볼 수 있게 한다. 고독한 전사의 강인한 슬픔은 푸른 파도와 같이 거대한 심연을 끌고 있었던 것이다.

'진실을 향한 열망'이 사회 모순의 개혁에 어떻게 눈을 뜨는지 우리는 체의 선택에서 볼 수 있다. 혁명에 의사로 가담한 그였지만, 앞서가던 동지가 버리고 간 탄약상자와 의료상자를 두고 갈등하던 그는 결국 탄약상자를 집어들고 달린다.[36] 이는 더 큰 진실을 향해 역사의 전면으로 다가서는 순간이 아니었을까. 사람이 병들지 않으려면 사회구조의 개혁이 먼저였던 것이다. 39세로 죽음과 맞설 때까지 그의 선택은 언제나 인간을 향한 진실이었다.

마지막 순간까지 체가 붙든 건 '인간'이었고 '사랑'이었고 '실천'이었던 것이다.[37] 살아 움직이는 사랑이란 무엇일까. 물질화된 사랑은 핀에 고정시킨 나비박제와 같다. 나비박제를 좋은 액자에 담고 감탄한다고 그것이 사랑일까. 다시는 팔랑일 수 없는 아름다운 날개들. 그 날개들의 바람과 하늘을 우린 까맣게 잊고 있다. 누구나 정의의 역사와 혁명을 꿈꾸지만 물질 앞에 함몰되고 마는 게 일반이다. 안일한 현실 원칙에 끌려가고 마는 것이다. 하지만 자신의 정의와 신념에 목숨을 걸고 민중을 계몽하며 실천하던 체의 청춘 앞에서 우리는 아직도 설레인다.

[36] 그는 제국주의의 정체를 목격하고 '혁명적 의사가 되기 위해서는 먼저 혁명이 필요하다'는 사실을 인식하게 된다.

[37] 'Hasta la victoria siempre!언제나 승리의 그날까지' 그의 동상 아래 적힌 문구이다. 체 게바라가 남긴 마지막 말이다. 그리고 그는 돌아오지 않았다. 아니, 그는 영원한 젊은 영웅으로 돌아왔다. "오늘 당신의 유해가 도착했습니다. 그러나 패배한 사람의 유골은 아닙니다. 영원한 젊은 영웅이 되어서 돌아왔습니다"라고 말한 딸 알레이다의 말처럼 말이다.

"우리 모두 체이고 싶다."
체의 기념관 맞은 편에 있는 구조물.
체의 동상 밑에서 바라보면 마주 보인다.
쿠바의 아이들은 이 문장에서 자연스레 새로운 인간을 꿈꾸지 않을까.

(위) 쿠바와 베네수엘라의 우정은 남다르다. 1999년 우고 차베스가 베네수엘라의 대통령이 되면서 쿠바의 연료사정은 조금씩 나아지기 시작한다. 남미 최대 산유국인 베네수엘라가 석유를 하루 2만 배럴씩 지원하는 대신에 쿠바는 의사, 교사, 운동코치, 예술가들을 베네수엘라에 파견하거나 환자들을 쿠바로 데려와 치료해주는 의료지원에 나선 거다. 진정한 연대의 형식이 국가간에도 가능함을 보여주는 나눔이었다.
(아래) 체 기념관 앞에서 야구를 하는 청소년들.

피델의 연설에 백만 명이 운집했다는 아바나 혁명광장. 축구장의 세 배 크기이다.

아바나의 혁명박물관, 혁명광장

1959년 1월 1일, 산티아고 데 꾸바에서 혁명의 완성을 선언한 혁명군은 1월 8일 수도 아바나[38]에 입성한다. 아바나는 정복자 벨라스케스가 쿠바에 마지막으로 세운 도시이다. 1514년에 아바나를 발견, 정착지로 삼게 되지만 1519년에야 아바나라는 이름을 얻으면서 도시로 탄생한다. 아바나만 서쪽 세이바 나무 아래에서 결의하였다 하여 그 나무 옆에 1754년에 기념비가 세워지고 1828년에는 작은 기념건물이 세워졌다.

섬에서 가장 중요한 도시가 된 후, 지금까지도 영향력을 발휘하고 있는 아바나는 라틴에서 확보한 보물을 스페인으로 이송하는 함대의 결집지로 적합했다. 이 때문에 아바나는 스페인 식민제국의 정문 역할을 했으며, 식민지 경영의 중심지로 그리고 무역의 중요한 중계지로 발전했다. 7년 전쟁[39]이 계속되던 1762년에 영국은 아바나를 점령해 11개월 동안 지배하다가 플로리다와 교환했다. 이후 아바나는 다시 쿠바에 속했고, 강한 요새도시로 정비되었으며, 자유로운 교역이 허용되어 18~19세기에 점진적으로 개발, 성장했다.

1920년대에 미국인들은 향락을 찾아 방문하게 되면서 아바나는 미국 부자들의 별장이나 고급 클럽이나 카지노가 붐비는 리조트 환락 도시가 되었다. 하지만 혁명군이 입성하면서 위락 시설 대부분은 하나씩 폐쇄되었다. 1960년대에 시내의 상점과 호텔, 부르조아들이 버리고 가

[38] 1958년까지 아바나는 엘리트 중심의 공화국 도시였고, 대통령궁과 까삐똘리오 등을 통해 미국의 상징성을 상기시켰다. 1959년 혁명 후 피델은 민중 도시 아바나를 건설하려고 노력했다. 혁명 초기 농촌 개발을 중심으로 하면서 아바나를 개조하려고 노력했다. 이웃공동체에 대한 보편적 복지정책은 민중중심 도시 건설의 핵심이었다.

[39] 7년 전쟁(1756년~1763년)은 오스트리아 왕위계승 전쟁에서 프로이센에게 패배해 독일 동부의 비옥한 슐레지엔을 빼앗긴 오스트리아가 그곳을 되찾기 위해 프로이센과 벌인 전쟁을 말한다. 이 전쟁에는 유럽의 거의 모든 열강이 참여하게 되어 유럽뿐 아니라 그들의 식민지가 있던 아메리카와 인도에까지 퍼진 세계대전으로 번진 대규모 전쟁이었다.

면서 국영화된 저택은 모두 학교와 공공건물로 유용되었다. 또한 바티스타 정권 하에서 병영이었던 시설은 교육 센터로 개조되었다.

1957년 3월 13일, 학생운동 지도자였던 호세 안또니오 에체베리아는 수십 명의 학생들과 바띠스타의 독재에 저항하면서 대통령궁과 방송국을 습격했다. 방송국을 잠시 점거했지만 아바나대학으로 후퇴하다가 사살당하고, 대통령궁도 실패, 전부 사살당하거나 체포되었다. 모두 35명이 목숨을 잃은 사건이었다. 혁명 이후 이 대통령궁은 혁명박물관이 되었고, 박물관 앞의 광장은 3.13광장이라고 불리게 되었다. 혁명 박물관 입구에 놓인 구형 탱크[40]도 꿈과 투쟁에 대한 발언으로 당당하다.

독재정권에 맞선, 자유를 꿈꾼 민중들의 투쟁은 시간을 초월하여 언제나 절실하고 엄숙하다. 지도와 무기, 사진들, 혁명의 성과를 보여주는 낡은 기록들. 혁명박물관에서는 저절로 가슴이 울컥했다. 사진들은 무수한 말을 하기도 하고, 침묵하기도 한다. 그 속에서 오늘날에도 극복되지 못하는 개인의 욕망들이 무겁게도 다가온다. 'M 26 Julio 7-26 운동'[41]이라고 쓴 휘장·완장들이 때묻은 그대로 진열돼 치열하고도 애잔한 역사를 그대로 전한다.

전시품은 반란군의 저항 과정을 나열한다. 혁명 핵심인물은 피델(1926년생), 체 게바라(1928년생), 카밀로 시엔푸에고스(1932년생), 라울(1931년생)로 짜였다. 전체 지휘부의 평균 연령은 28세였다. 반란의 소품들이 시기·인물별로 펼쳐 있다. 체 게바라의 군화, 탄약대, 카메라, 담배 파이프가 눈길을 끈다. 체 게바라와 카밀로 시엔푸에고스는 게릴라전의 공신이었다. 밀림 속에서 총을 든 모습은 사실적이다. 선전·선동의 심리전 무기였던 단파 방송용 송신기도 눈에 띈다. 이 모든 것들과 함께 피델의 군대는 농민의 지지를 얻는 데 주력하며, 마오쩌둥

[40] 그 앞에 설명문이 있다. "1961년 4월 피그만(灣) 침공 때 총사령관 피델 카스트로가 미국 함정 휴스턴호를 향해 100mm 포를 쏘았다."— 미국 CIA가 사주한 1500 쿠바 용병들의 피그만 진입작전은 실패했다. 쿠바는 미국 플로리다에서 90마일 떨어져 있다.

[41] 7.26운동은 피델 카스트로가 부정과 부패의 상징인 바티스타 정부를 몰아내기 위해서 행동으로 옮긴 몬카다 병영 습격사건을 기념하면서 일으킨 운동이다.

의 전설을 작은 형태로 재연했다.

미모의 여전사들 사진도 걸려 있다. 총을 메고 어깨에 탄창을 두른 셀리아 산체스Celia Sanchez [42]와 빌마 에스핀Vilma Espin. 에스핀은 미국 MIT 출신 화학 공학도. 혁명 성공 뒤 라울과 결혼했다. 피델의 여인으로 알려진 셀리아 산체스(1920~1980)는 피델과 함께 다양한 전투에 참가하였고, '혁명 꽃 중의 꽃'이라는 표현을 얻기도 했다. 낡은 흑백사진 속에 담긴 투쟁의 장면들은 박물관의 고풍스런 창으로 들어오는 고요한 햇살 속에서 투쟁만이 아닌 영혼의 애절한 목소리로 다가온다.

혁명박물관 바깥에는 영원히 꺼지지 않는 혁명의 불꽃이 타오르고 있다. 그 옆에 잘 보관되어 있는 전설의 그란마호. 그 주변으로 총탄자국이 선명한 자동차와 탱크, 전투기 같은 무기들이 전시되어 있었다. 쿠바 혁명의 전설을 관람하는 동안 보이지 않는 데서 스러진 무수한 절망과 외침을 듣게 된다. 그들도 얼마나 행복을 꿈꾸었을까.

베다도에 있는 혁명광장은 호세 마르티의 탄생 100주년을 기념해 조성한 광장이다. 아바나에서 제일 높은 147미터의 호세 마르티 기념탑과 기념관이 있고, 그 앞에 호세 마르티의 진지한 사유가 18미터의 아름다운 조형물에 담겨 있다. 맞은편에 피델의 양날개였던 체 게바라와 카밀로 시엔푸에고스의 얼굴이 청동으로 된 거대한 선형 조형물로 제작되어 있다. 'Hasta la Victoria Siempre!언제나 승리의 그날까지', Vas Bien Fidel 피델, 잘 하고 있어.'라는 문구들이 거대한 광장의 양쪽에 우뚝하다. 서로를 격려하고 붙들어주며 함께 한 그들의 고독과 혁명을 떠올린다.

광장은 텅빈 공터 같지만 결코 비어있지 않았다. 호세 마르티의 숭고한 정신과 혁명가들의 열정이 뭔가 거대한 허공을 채우고 있었다. 그 빈터, 어떤 꾸밈도 없는 하늘. 그것이 혁명의 맨얼굴인지 모른다. 왠지

[42] 그녀는 마르티아노 중 한 명이었으며, 1955년 7.26운동이 일어났던 멕시코를 여행하고 나서, 혁명 영웅 중 처음 여성으로 무기를 잡고 혁명에 참가하게 된다.

그 허공 자체로 강인하게, 동시에 절실하게 다가왔다. 뒤쪽 옆쪽 국립도서관과 권력의 핵심인 쿠바공산당 중앙 당사 건물도 눈에 띈다.

오늘날 카리브에서 가장 현대적인 도시인 아바나[43]는 전쟁과 혁명 등 파란만장한 역사에도 불구하고 백 년 전 모습을 대부분 유지하고 있다. 현재 210만 명의 거주민이 사는 대도시이지만, 옛 중심부는 바로크와 신고전적인 기념물들이 흥미롭게 혼합되어 있다. 조금만 관심을 가지면 옛 아바나의 멋진 건물들이 대부분 박물관이나 기념관으로 변모했음을 알 수 있다. 하지만 거주 지역은 경제적 요인으로 개발이 더디게 진행되고 있다. 센트랄 파르께 중앙공원을 중심으로 한 화려한 건물들, 그와 대비되는 센트로 아바나 쪽으로 뻗은 무수한 골목들과 부서지고 퇴락한 건물들을 따라 걷다보면 그 열악한 환경에 가슴이 저리기도 한다.

그러나 낡은 건물 속에서 울려나는 음악소리는 결코 암울하지 않다. "나는 쿠바혁명의 경험을 요약하거나 그것에 관한 전반적인 판단을 내리고 싶지는 않다. 혁명은 때때로 불리한 환경 아래에서 전진해 왔다. 그것은 전에 없었던 사회경제적 평등을 창조했으며, 가난한 제3세계 나라가 자기 국민들을 먹여 살리고, 교육하고, 보건의료를 제공하는 일이 실제로 가능하다는 사실을 전 세계에 보여 주었다. 그것은 놀라운 예술적·지적 창조성을 이끌어 내기도 하고, 한편으로 숨 막히는 관료제를 만들어 미국에서는 많은 사람들이 당연하다고 생각하는 자유를 제한하기도 했다. 또한 그것은 경제적 저발전을 극복하는 일이 얼마나 어려운 일인지 새삼 보여 주었다."[44]는 아비바 촘스키의 견해에 공감할 수밖에 없다.

[43] 아바나의 행정구역은 아바나 비에하, 센트로 아바나, 이스트 아바나, 베다도, 미라마르, 플라야 6개로 나뉘지만 여행객들은 대체적으로 아바나 비에하(Habana Vieja, 구시가지), 베다도(Vedado), 미라마르(Miramar) 지역을 돌아보게 된다. 아바나 대학이 있는 베다도는 상업지역으로 대사관들이 들어서있는 미라마르는 행정 중심으로 발전하고 있다.

[44] 아비바 촘스키, 『쿠바혁명사』, 삼천리, 2014, 291쪽.

TIP 10 플랫수정법과 관타나모

플랫수정법이란 쿠바 국내 문제에 대해 미국이 자유재량으로 개입할 권리를 주는 것. 이 법을 승인하지 않으면 쿠바는 미군정 치하에 계속 있어야 했다. 1898년 쿠바를 군사 점령한 미국은 쿠바 모든 독립 세력의 무장을 해제시킨 뒤 군정을 시행했다. 그리고 1902년 이른바 미국의 플랫법(Platt Amendment)을 강요했다. 그 플랫법(Platt Amendment)의 내용은 첫째 쿠바에 미 군사기지를 유지한다(관타나모 기지), 둘째 미국은 쿠바와 다른 국가 간의 조약에 대한 거부권을 가진다, 셋째 미국은 쿠바 재무부에 대한 감독권을 가진다. 그리고 마지막으로 미국은 "쿠바의 독립, 그리고 생명과 재산, 개인적 자유를 지키기에 적절한 정부의 유지를 위해 쿠바 내정에 간섭할 권리"를 갖는다는 것이다. 한마디로 1905년 일본이 조선에 강요한 을사보호조약과 같은 것이었다. 그 결과 관타나모를 임차하는데 동의하게 된다. 1902년 5월 형식상 쿠바는 독립하고 공화국을 선포하지만 토지, 설탕산업, 교통수단 등 경제의 중추적 기능은 미국 자본이 장악하게 된다. 1920년대 미국 회사들은 쿠바 농장의 2/3를 소유했으며, 쿠바의 제조산업은 불구가 되고, 도박이나 매춘에 기반한 관광산업이 성행했다. 사백 년이라는 식민지 생활을 벗어나지만 미국이 개입, 내정간섭을 시작했고 그속에서 독재체재의 구축과 정치 부패가 구조적으로 고착되었다.

관타나모는 미군의 해외기지 가운데 가장 오래된 기지로 쿠바 섬 남동해안에 위치하고 있다. 관타나모는 스페인과의 독립전쟁의 대가로 미국에 내준 뒤 지금은 쿠바 속 미국으로 알카에다 포로들이 수용돼 있는 곳이다. 160평방킬로미터 면적에 미군과 군속, 가족 3천여명이 살고있는 쿠바 속 미국이다. 비록 쿠바를 합병하지는 않았지만 미국은 1901년 쿠바의 내정을 간섭할 수 있게 하는 플래트 수정안(Platt Amendment)을 통과시켰다. 이 수정안을 근거로 미국은 관타나모를 영구히 임대하여 대규모 군사기지를 건설했다. 필요하면 언제든지 쿠바에 군사 개입을 할 수 있게 되고, 실질적으로 자신의 영토로 삼았다.

1962년 쿠바미사일위기 때에는 병력이 증파되기도 했다. 현재는 철조망, 선인장으로 둘러싸인 27km 접경선을 사이에 두고 대치하고 있다. 1990년대 중반부터 아이티와 쿠바 난민 수천명이 수용된 적이 있는 이 기지의 존폐여부는 경제제재조치와 함께 미국과 쿠바 사이 관계개선 조짐이 있을 때마다 대화의 전제조건으로 떠오르곤 했다. 영화 〈어퓨굿맨〉에서 미군과 쿠바군 사이의 긴장은 이런 배경을 두고 있다. 쿠바정부의 기본입장인 '기지철수'는 확고하고 양국의 새로운 출발 논의에 관타나모는 중요한 핵심사항이다.

혁명광장의 호세 마르티 기념탑.

혁명박물관.

아바나의 혁명박물관, 혁명광장

(위, 가운데) 혁명박물관 내부.
(아래) 영원히 꺼지지 않는 혁명의 불꽃.

(위) 말레콘 너머를 바라보고 있는 쿠바의 독립영웅 막시모 고메스의 동상.
(아래) 쿠바의 독립영웅 갈릭스토 가르시아 장군 동상.

아바나의 혁명박물관, 혁명광장

'누군가'를 믿는 그 빛나는 '누군가들'

　아바나에서의 뜨거운 하루. 시장을 다녀오면서 생수를 큰 병으로 두 병 샀다. 생수 구하기가 쉽지 않아 한꺼번에 사고 나니 무겁다. 한참 걷다보니 한낮 태양이 바로 머리꼭지 위에 있다. 물을 마시려 길거리에 서서 물병 뚜껑을 열려니 들러붙은 듯 꼼짝 않는다. 아무리 힘을 주어도 소용이 없다. 쩔쩔매며 더 열이 오르는데 누군가 말을 건다. "도와줄게요." 돌아보니 반신불수 장애인이다. 비뚝비뚝 걷는 그를 조금 전 지나쳐왔다. 장애인이 뭘 도우랴 싶은데 그는 지팡이를 옆에 세우고 날 더러 물병을 잘 들고 있게 했다. 그는 뚜껑만 쥐고 온몸으로 힘을 쓴다. 서로 반대방향으로 밀다보니 뚜껑이 쉽게 열린다. 환상적이었다. 그런 일이 그에겐 일상인지 환하게 웃곤 다시 지팡이를 들고 비뚝비뚝 걸어간다. 정말 아름다운 '누군가'였다.

　또 어떤 하루. 버스를 탔다. 한국돈으로 20원 정도이니 거의 배급 수준. 문제는 이 버스가 자주 오지 않는다는 것. 3~40분 기다리는 것은 기본이다. 걸어서도 이미 도착했을 법한 시간이었다. 이날도 무척 늦어 정류장에 사람들이 몰렸는데 거의 한 시간만에 온 버스는 이미 콩나물 시루였다. 그 와중에 나도 겨우 탔다. 그때 '여기 장님 있어요' 누군가 소리치니, 꼼짝도 못하도록 빽빽하게 엉긴 사람들이 갑자기 통로를 만들고 장님을 서로 부축해 누군가 양보한 자리에 앉힌다. '이 시간에 이

복잡한 버스를 꼭 타야 했었나'. 내게 떠오른 생각이었다. 그를 향한 연민인 것 같아도 사실은 내가 불편한 것에 대한 불만이었으리라. 그러나 그런 생각을 하는 사람은 나밖에 없는 것 같았다. 그들은 흔쾌하다. 이십여 분 지나 그가 내린다고 했을 때도 틈 없이 서로 엉켰던 사람들은 또 한 번 통로를 만들어 그를 내려주고, 한 사람이 몇 걸음 안전한 데까지 인도해주고 다시 버스를 탄다. 그 광경을 보며 부끄러움과 동시에 그들의 일상화된 배려가 부러웠다.[45]

누군가들, 그래, 누군가들이 있었다. 그 많은 누군가들이 모두 이웃이다. 나와 친한 마리아는 칠십 노인으로 혼자 살고 있다. "늙어도 혼자 사는 데 아무 문제가 없어요. 한밤중에 아플지라도 옆집 문만 두드리면 다 해결되죠. 병원에 데려다주고 돌봐주지요." 의료는 무료인데다, 나을 때까지 챙겨주는 이웃정신이 살아있다는 말이다. 배급받은 커피나 설탕이 떨어져도 옆집문만 두들기면 된단다. 아직 그럴 수 있는 공동체 정신이 그들에겐 자긍심으로 작용한다. 그 장님도 그 버스를 타면서 무수한 누군가를 믿었던 것이다.

"쿠바 혁명의 목표와 꿈은 체 게바라가 말한 '새로운 인간'을 창조하는 것입니다. 우리는 새로운 인간을 창조하는 데는 실패했습니다. 하지만 높은 연대감을 가지는 사람들을 만들어내는 것은 가능했습니다." 인공위성을 개발하던 과학자였지만 소련 붕괴 후 식량 및 에너지 과제를 해결하기 위해 방향을 전환한 마르티레나 박사의 말이다.[46] 대학의 상아탑에서 벗어나 공동체에서의 풀뿌리를 실천했던 그는 결국 연대정신을 통한 공동체적 접근이 우리 삶을 지속시키는 힘임을 강조한다.[47]

이웃이 살아있는 쿠바사회를 보면서 우리에게 원래 있던 이웃정신이 떠올랐다. 이웃. 얼마나 아름다운 말인가. 우리에게도 '이웃사촌'이라

[45] 한 여자가 버스에 오르며 당당히 말한다. "난 임신했어요." 사람들은 모두 공간을 터주며 좌석을 마련해준다. 전혀 임신한 표시가 나지 않는데도 말이다. 그들의 배려는 이미 기본적으로 훈련이 되어 있는 듯.

[46] 요시다 타로, 『몰락 선진국 쿠바가 옳았다』, 서해문집, 2011. 102쪽.

[47] 요시다 타로는 같은 책에서 쿠바의 성공요인은 높은 수준의 과학진과 사회적 실천 경험을 가진 행동가가 힘을 합쳐 새로운 사회 시스템을 구축한 점에 있다고 그의 책에서 주장한다. 석유가 모자라는 시기에는 과학자도 대학의 상아탑에서 빠져나와 공동체에서의 풀뿌리를 실천, 지역경제와 사회복지를 위한 활동을 할 수밖에 없었다고 마르티레나 박사는 말한다.

는 말이 있었고, 아름다운 공동체문화가 얼마나 많았던가. 우리는 왜 이웃을 잃어버렸을까. 언제부터 그렇게 이웃에게 무관심해졌을까. 무관심을 넘어 무시하게 되었을까.

극단적인 물질주의를 반성하는 말로 흔히 성과주의의 폐단을 언급한다. 모든 게 성과 중심이다 보니 삶은 스펙을 쌓는 수단 외에 아무 것도 아니게 되었다. 그러면서 우리가 잃어버린 것은 바로 이웃이다. 성과는 유년시절부터 친구들과 경쟁해야 하는 현실을 만들었다. 이웃을 경쟁자로 삼아버린 것이다. 쿠바는 직업에 의한 소득격차가 없기 때문에 자연스럽게 자질에 맞는 일을 선택하게 된다. 지위에 대한 편견도 없고 고위관료도 일반과 소득이 비슷하다. 물론 사회적 한계는 많지만 최소한 친구를 경쟁자로 만들진 않았다.

곳곳마다 걸린 'Venceremos 극복합시다'. 그들이 극복하고자 했던 한계는 얼마나 깊은 것일까. 이상은 항상 현실과 괴리되는 법이니 말이다. 쿠바 사람들은 어쩌면 그 '극복'이라는 단어에 지쳤는지 모르겠다. 하지만 내게는 새롭다. 만연한 성과주의와 소비와 편리를 어떻게 극복할 것인가. 자의든 타의든 극복해야 할 것들은 고통과 시간을 필요로 한다. 그때 '누군가'로 넘치는 이웃이 중요한 것이다.

누군가를 통해서 우리는 성장하고 누군가를 통해서 우리는 존재한다. 그 누군가를 발견하고 서로서로에게 따뜻한 누군가가 될 수 있는 사회. 그래서 생명성을 확보하는 것. 역사 이래 많은 철학과 예술이 고민해 온 주제가 아니겠는가. 그 누군가들이 모두 이웃이라는 것, 그것이 쿠바가 자랑하는 강인한 희망이었다. 또 그 이웃정신은 내게 아름다운 진보로 다가왔다. 나에게는 얼마나 아름다운 누군가가 있으며, 나는 또 누군가에게 아름다운 '누군가'가 되어주고 있는지 곰곰 돌아보게 된다.

'누군가'를 믿는 그 빛나는 '누군가들'

자긍심 강한 마리아 훌리아

　Maria Julia는 1948년 10월 1일, 홀긴 지방의 동북쪽 작은 시골마을에서 태어났다. 그녀는 9남매 중의 8번째였다. 언니들이 늘 돌봐줘야 했던 마리아는 그래도 엄마 따라다니는 것을 가장 좋아하는 여자아이였다. 유년시절, 독서교육 메달을 받을 만큼 책을 좋아했다. 10살 때 7월 26일, 혁명이 일어났다. 어린 마음에도 적극적으로 참여했다. 14살에는 'Asociasion de joven revelde청년혁명협회'에 가입할 만큼 공산당 활동에도 열심이었다. 혁명은 순수한 마음에 순수하게 안착했던 것이다. 공부 때문에 시에나 마에스트로로 옮겨다니기도 하던 마리아는 22살 때 친척언니를 따라 아바나에 도착했다. 그때부터 오늘까지 아바나 사람으로 살았다. 그러나 늘 그녀는 고향에 다니러 가고 싶어하고 친척들을 만나고 싶어한다.

　67세의 나이답지 않게 그녀는 짧은 흰머리에 청바지가 잘 어울린다. 행동도 매우 민첩하고 직관이 뛰어나다. 그녀의 특징은 한 마디로 부지런함이다. 아바나에 온 후로 부지런히 살았다. 47살까지 병원 의사보조를 한 적도 있고 한 까사에서 17년 동안 관리인으로 일하기도 했다. 인생에서 가장 좋았을 때는 역시 부모님이 살아계시던 무렵이라고 한다. 부모님은 버스 교통사고로 한꺼번에 돌아가셨다. 32살 때 일이었다. 그 바람에 그녀는 가족을 돕는 일에 너무 많은 신경을 써야 했다.

고난의 시기라 불렸던 '특별시기'에 대해서 물었다. 힘들었지만 다른 사람들이 고통스러워하는 것만큼은 어렵지 않았다고 했다. 다만 위기를 통해 그만큼 많이 배웠다고 믿는다. 끊임없이 새로운 것을 창안하고 고안해내야 했던 시절이었다는 것이다. 마리아는 뼛속까지 쿠바의 전형적인 정신 자체인 것 같았다. 그녀가 호세 마르티의 책을 좋아했고 그의 시를 너무 사랑했다면 그럴 수도 있을 것 같다. 나도 호세 마르티의 생각을 따라 읽는 동안 가슴이 뜨거워지곤 했으니까.

인간으로 사는 데 가장 중요한 것은 무엇일까. 그녀는 단호히 '내 자신이 되는 것'이라고 한다. 내가 원하는 내 자신이 되지 않으면 다른 사람을 도울 수도 사랑할 수도 없다는 것이다. '내 자신이 되지' 못했을 때 모든 것은 거짓이 되기 쉽다. 내가 원하는 삶을 살 수 있을 때 평화를 지킬 수 있다고 서슴없이 말한다.

쿠바는 공존하는 삶을 보여주고 있지만 실제적으로 모두가 평등한가를 물었다. 어떤 이는 정말 보이지 않는 데서는 무한한 차별이 있다고 불평하는 이야기를 들었기 때문이다. 마리아는 교육과 의료를 다시 강조한다. 누구든 배울 수 있고 누구든 치료받을 수 있다는 것이 평등한 사회를 보여준다는 것. 물론 돈이 있어 더 좋은 것을 사는 사람도 있고, 반면 하고 싶어하는 것을 못하는 사람도 있지만 그것으로 불평등하다고 할 수는 없다는 것이다.

나이가 들어 혼자 사는 독거노인이면서도 전혀 불편하지 않는 것은 이웃이 있기 때문이다. 한밤중이라도 옆집문을 두드리면 무엇이든 돕는다. 그녀는 이웃을 자랑스러워 한다. 자본주의엔 이웃이 없다는 걸 잘 알고 있는 것 같았다. 이곳은 아직 이웃이 살아있는 것이다. 그런 면에서 나는 자랑할 것이 없다. 한국은 이미 이웃을 상실한 사회가 아닌가. 쿠바에서 공존을 배우려면 이웃과 함께 사는 그들의 문화를 유념할 필요가 있는 것 같다.

자유에 대해서도 마찬가지였다. 정말 사회주의국가인데 자유롭다고 느끼느냐. 외부에서는 쿠바는 자유롭지 못한 국가로 분류되고 있다고 전하면서 자유에 대한 개인의 견해를 물었다. 마리아는 또 한번 단호하게 말한다. 밤새 말레콘 바다를 걸어보아라는 것이다. 모두들 흥겹고, 자유롭게 이야기하고 노래하고 있다는 것이다. 그녀는 쿠바 사람답게 춤추는 것을 좋아한다. 그리고 흥이 많다. 그녀는 물질적인 가치에 자신을 뺏기지 않고 있었다. 매분 매초 자유로우냐 물으면 누구나 대답할 수 없을지도 모른다. 적어도 그녀가 생각하는 자유는 공존하는 자유임이 분명하다. 쿠바인 대개가 그렇듯 그녀도 자긍심으로 똘똘 뭉친 사람이었다. '나는 다시 태어나도 쿠바 사람으로 태어날 거예요' 그녀의 마지막 한 마디는 자기 환경에 대한 자부심을 그대로 보여주고 있었다. 나도 그렇게 대답하고 싶다. 다시 태어나도 한국사람이고 싶어요. 그러나 쉽지 않다. 어쨌거나 그녀의 애국심이 부럽다. 혁명 때의 기억이 아직 그녀에게는 새 풀잎 같은 순정으로 보인다.

그녀는 요즘 젊은이들이 혁명이나 연대에 대한 관심이 없음을 걱정한다. "요즘은 너무 달라졌어. 아이들이 철이 없어." 어린 청소년을 걱정하는 시선은 어느 사회나 같은 것 같다. 우리 사회에서도 노인들이 하는 말이다. 하기야 게릴라 사령부를 방문할 때 고등학생들이 휴대폰만 바라보며, 또는 레시버를 귀에 꽂고 자기에게 열중해 있는 모습을 볼 때 나도 그런 격세지감이 들었으니 말이다. 하지만 8살과 80살이 함께 춤추는 문화를 가진 이상, 세대격차가 아직 우리 정도는 아닌 게 분명하다.

아바나 항으로 들어오고 있는 외국 선박.
이 뱃길은 1514년부터 쿠바의 정문 역할을 했다.

신념은 눈에 보이지 않는다. 흐르는 강물을 가로질러 놓인 징검다리 돌들처럼 눈에 보이게 우리 신념을 역사 위에 놓는다는 건 이미 행동을 시작하면서 잊어야 했다. 다른 방법, 후회도 없다. 누구에게나 인생을 살아가면서 단 한번쯤 신념을 소중히 지켜가고자 하는 믿음이 없진 않겠지만 굳이 우리의 신념을 자랑거리로 삼을 필요는 없을 것이다. 환한 대낮에 하늘의 별은 보이지 않지만 그래도 별은 있는 것이다.

- 체 게바라

제2부

모순의 유쾌한 중심

– 공존을 따라서

아바나 비에하의 햇살

1950년대식 올드카가 원색으로 달리는 복잡한 거리는 정말 영화 속처럼 재미있다. 경이로운 건 오래된 차들이 그렇게 매연을 뿜고 달려도, 밤하늘엔 별이 보인다는 것이다. 한국에선 도심에서 별을 본다는 게 상상하기 어렵다. 하지만 밤이 휘황하지 않아서인지, 꼭 필요한 가로등만 켜서인지 대로변에 있는 내 숙소에서도 별이 총총하다. 어찌 매연을 탓하랴.

아바나 비에하[48]를 걷다 보면 1514년에 만들어졌다는 그 시간의 두께가 저절로 다가온다. 독립전쟁 이전의 스페인 건축 양식으로 가득한 아바나 비에하. 혁명 이후 식민 도시의 특징을 담고 있는 역사의 중심부를 복구하는 작업이 본격적으로 시작되었다. 그 덕분에 아바나 구시가지의 보전과 복원에 성공했다. 원래는 다 철거해버리고 디즈니랜드 같은 리조트로 개발할 계획도 있었지만 문화재 가치와 역사를 지키려는 한 역사가의 집중적인 노력이 있었다.[49] 경제적인 고통 속에서도 문화재를 가꾸고 살려낸 것이 경이롭다. 끝까지 그 시간들을 붙들어냄으로 해서 아바나 비에하는 1982년 세계유산으로 지정되었다.

이처럼 쿠바는 구시가지의 복원을 통해 생태건축이라는 대단한 문화적 역량을 발휘했다. 고대의 건축재료를 다시 개발해내고, 대장간, 목공, 양재 등 잃어버린 전통공예를 부활시키고 그것을 젊은이들의 고

[48] 아바나 비에하는 수도 아바나의 구도시부분이다.

[49] 에밀리오 로이구 데 레우치센링그 박사는 혁명 전 1938년부터 구시가지의 복원을 제안했다. 다방면으로 고생했고, 1992년에 구시가지의 복원과 보호를 위한 학교가 설립되었다. 이제 아바나는 명실공히 세계적인 관광도시로 성장했다.

용과 연결하면서 숙련노동자들을 양성해냈다. 몇 세기에 걸친 시간을 한 곳에 압축한 듯한 느낌. 그래서인지 세계에서 대안 사회의 모델이 되고 있다. 이 거대한 박물관 한가운데서 사람들은 소소한 일상을 꾸리고 있다.

초기의 도시 양식은 네 개의 광장, 대성당 광장, 아르마스 광장, 성 프란시스코 광장, 비에하 광장에 고스란히 남아 있다. 오비스뽀 거리와 네 개의 광장을 촘촘히 다니다 보면 아름다움도 아름다움이지만 시간이 주는 어떤 힘에 사로잡힌다. 바로크 양식 건물들이 퇴색하면서 남긴 것은 중후한 품위이다. 아름다움을 넘는 묘한 기품. 덕분에 사람들은 장소를 누린다. 그 사이로 흘러다니는 카리브의 음악과 웃음과 사람들, 모두가 오후 햇살 속에서 빛나게 존재하고 있었다.

1582년부터 있었다는 아르마스 광장, 18세기, 19세기에 지어진 중후한 건물들은 이미 아름다움을 넘는 묘한 기품을 가지고 있다. 400년 동안 권력의 상징이었다는 아르마스 광장은 지금 헌책 거리로 유명하다. 또 아르마스 광장에는 작은 신전 '엘 템플레테El Templete'가 있다. 아바나시를 만들 때 기준이었던 장소였음을 기념해 지었다. 아름다운 세이바 나무가 신비로움을 준다.

그 주변에는 1558년에 축조되어 아메리카 대륙에서 가장 오래된 식민지 요새인 레알 푸에르사Real Fuerza 요새가 있다. 이 요새의 서쪽 탑에는 1632년에 설치된 청동 풍향계가 있다. '히랄디야Giraldilla'라고 불리는 풍향계는 탐험가였던 남편 에르난도를 덧없이 기다리는 이네스 데 보바딜라 부인을 형상화한 것으로 알려져 있으며, 지금은 아바나클럽의 로고가 되었다.

아바나 비에하의 거리. 한 집 걸러 한 집이 미술관이나 박물관이다.

아프로쿠반의 종교적 상징인 세이버 나무. 세이바 나무를 돌면서 나무의 줄기를 세 번 만지고 소원을 빌면서 왼쪽 어깨 너머로 동전을 던지면 소원이 이루어진다. 그후에 옆 건물의 문을 세 번 두드리고 들어가 안의 상크리스토퍼의 초상을 보아야 한다. 언제부턴가 생겨난 믿음이다. 아르마스 광장에 있는 세이바 한 그루, 그리고 엘 템플레테(El Templete)는 그 전설을 도시의 기원과 함께 고요하게 품고 있다. 하지만 실은 1960년에 심은 나무라고 한다.

즐비한 성곽과 건축물, 그 자체만으로도 역사인 것이다. 허름해 보이는 건물들도 18세기 19세기 스페인의 건축기법을 그대로 보여준다. 작은 디테일 하나에도 오래 묵은 시간의 켜들이 아름답다. 낡은 계단 난간이나 칠 벗겨진 창문들도 뭔가 나지막한 목소리와 함께 시간의 품위를 보여주는 것이다.[50] 경제위기를 거치면서 이 모든 것들은 외국인 관광객 유치를 위한 기반이 되었다. 쿠바는 여행자를 위해서 다시 태어난 셈이라고 할까.

하지만 아바나 비에하에도, 비에하와 경계인 센트로 아바나에도 빈민가가 많다. 허물어진 과밀주택은 거의 붕괴 수준으로 고쳐서 살기도 쉽지 않아 보였다. 건축자재나 페인트 등의 만성 부족에 따른 건물의 노후화가 심각하다. 하지만 사람들은 유쾌하다. 화려한 색감의 옷이 자연스럽게 어울리는 그들. 골목 어귀마다 타악기 리듬에 몸을 맡기고 춤을 추는 사람들. 골목마다 뛰어다니는 아이들이, 야구하는 아이들이 넘친다. 사람들은 현관문 앞에 나와 앉아 누구에게나 말을 건다. 때문에 비록 한 모퉁이가 허물어져 있지만 삶은 따뜻해 보인다. 그건 왠지 가난을 유쾌하게 살아내는 그들의 감성과도 관계가 있을 것 같다.

"치나! 치나!"[51] 라고 쬐그만 아이들부터 노인들까지 나를 불러낸다. 어떤 이들은 약간 비하된 느낌이며 귀찮다고 하지만, 전혀 그렇지 않다. 이방인에 대한 호기심을 그들은 절대로 그냥 지나치지 않는다. 환대와 궁금함이 섞인 그들의 과장된 인사는 쿠바에 머무는 내내 나를 소외시키지 않는 그들의 방식이었다.

---

50 내가 머물던 까사 파르티쿨라르의 주인도 내 방 낡은 화장실 문짝을 18세기 것이라고 자랑한다.

51 China : '치노'의 여성형이 '치나'이다. '치노'는 그들에게 중국인이 아니라 동양인 전체를 일컫는 대명사이기도 하다.

모로 요새에서 바라본 아바나 비에하

아바나 비에하의 햇살

말레콘의 돌림노래

　오래된 골동품차들이 털털거리면서 지난다. 눈부신 파도를 배경으로 퇴락한 풍경이 이어진다. 그 사이로 사람들이 유쾌하게 물결진다. 해안선을 따라 일상의 시간들이 밀려오고 밀려간다. 누구에게든 자신과 세계를 낯익게 또는 낯설게 환기시킬 수밖에 없는 순간을 선사한다. 그다지 특별할 것 없는, 시멘트 방파제 말레콘이 아름다운 이유이다.
　아바나에 도착한 사람들은 먼저 말레콘을 걷는다. 말레콘의 정취를 따라 최소한 몇 시간 걷지 않으면 아바나에 다녀갔다고 할 수 없다. 말레콘에서는 배회를 배우게 된다. 삶을 배회한다는 것이 무엇인지 알게 된다. 할 일도 없으면서 관심도 없으면서 모든 것은 꼼꼼히 살핀다. 아니, 모든 것이 미세하게 세포 속으로 들어온다. 일부러 카메라를 들고 나가지 않기도 했다. 진정한 배회를 위해서.
　여수를 갖는다는 건 결국 삶을 느낀다는 말. 그러고 보니 말레콘에서 밀려오는 여수는 낯설지 않다. 누구에게나 여수란 오랜 동무가 아닐까. 결국 삶이란 다 하나의 결인 모양이다. 혼자 기웃거리는 데가 많다. 한국에선 오라는 데는 많아도 갈 데가 없었는데, 여긴 오라는 데가 없는데 갈 데가 많은 셈이랄까.
　8km로 뻗어있는 콘크리트 방파제와 해안도로. 눈을 시리게 하는 수평선, 작은 바람에도 방파제를 훌쩍 솟구쳐 도로를 덮치는 파도, 낚시

꾼들, 어깨를 붙이고 서로를 향한 애정 표현에 여념이 없는 연인들과 그 입맞춤들, 아이들의 쾌활한 웃음들, 늙은 악사의 연주들, 드러누워 오수를 즐기는 사람들, 사진을 찍는 사람들. 크리스탈 맥주캔을 들고 방파제에 걸터앉은 젊은이들, 수평선 가득한 구름을 바라보노라면 무릉도원이 따로 없다. 1901년에 만든 말레콘은 미국 식민지 시절의 흔적이지만, 아름다운 대서양으로 향해 열린, 아바나를 가장 아바나답게 하는 힘을 가지고 있다.

하루는 미라마르Miramar 7ma 28번지에서 출발, 터널을 지나 말레콘을 따라 세 시간을 걸은 적이 있다. 택시가 간절했으나 마음의 훈련 삼아 걸어보았다. 그 날이 방파제 산책 중에서도 가장 길게 따라 걸은 셈이다.[52] 해가 거뭇거뭇하더니 이내 저물었다. 어둑한데도 여전히 대서양 파도가 물기둥을 세우고 넘어오고 낚시꾼은 낚시줄에 매달려 있고 연인들과 친구들이 여기저기 무늬를 놓고 있다. 조깅하는 사람들도 많다. 럼주 병을 놓고 둘러앉은 한 일행이 나를 부른다. 나는 손을 흔들며 인사만 하고 지나온다. 짙어지는 노을을 따라 이렇게 사는 것이다. 사는 것이 별스러운 것이 아님을 바다 속으로 가라앉는 석양이 전하고 있었다. 쿠바인들의 낙천적인 성격을 설명하는 다양한 요인들이 있지만 그 중 큰 건 대자연의 기운이 아닐까 싶다.

말레콘은 부에나비스따 소시알 클럽, 모히또, 그리고 시가 등과 함께 흔히 쿠바와 함께 연상되는 이미지다. 처음부터 흥미로운 건 사람들이었다. 마음에서 요동치는 흥을 자기검열 없이 표현하는 사람들, 그들은 어떻게 그 자유를 배웠을까. 말레콘은 걸으면서 그 답은 바다임을 확신하게 된다. 그들은 말레콘에 앉아 바다에서 자유 냄새를 맡았던 것일까. 체제나 가난 따위에 눌리지 않겠다는 듯 개인의 느낌과 감정을

---

[52] 다음날부터 몸살기가 있었는데, 알고 보니 댕기열에 걸린 것. 쿠바에선 댕기모기에 의한 댕기열을 조심해야 한다. 쿠바에서 댕기열은 격리, 치료한다. 머물렀던 숙소까지 당분간 문을 닫아야 할 정도.

말레콘의 돌림노래

놀이와 여흥으로 마음껏 발산하는 사람들은 여유로워 보인다.

바다 앞에서 가족들은 가족들대로 연인들은 연인들대로 혼자는 혼자대로 존재감을 확보하는 것을 알게 된다. 그래서인지 아바나에는 자유의 냄새가 가득하다. 이 미세한 물의 세포 속에는 쿠바의 전설적인 영웅들과 혁명가 그리고 예술가의 숨결이 대서양의 물거품과 함께 부유하고 있지 않을까. 끊임없이 아바나의 삶을 향하여 스미는 저 푸름. 그래서 말레콘은 언제나 노래가 된다. 너도 나도 감기어드는 돌림노래다.

TIP 11 쿠바의 민간원조

쿠바는 비동맹 운동에서 중요한 역할을 함으로써 수시로 독자적인 외교정책을 펴 제3세계에서 위상이 높아졌다. 피델 카스트로는 1979년부터 1983년까지 의장이었다. 비록 쿠바의 군사 개입이 더 많은 주목을 받았지만 아프리카와 라틴아메리카에서 쿠바의 또 다른 관여는 원조 노동자, 교사, 의사가 그 대륙에 쏟아져 들어갔다. 정치학자 줄리 페인실버에 따르면, 쿠바는 세계에서 가장 큰 규모의 민간 원조 프로그램을 만들었다. 국가의 규모와 자원에 비해서뿐 아니라 절대적인 양으로도 가장 컸다. 1963년, 56명의 쿠바의 의료 노동자가 처음으로 알제리에 파견된 이래 1991년까지 쿠바는 1만 명의 의사를 포함하여 약 3만 명의 의료노동자를 해외에 파견했다. 1984년, 카스트로는 의료 원조 프로그램을 제고하기 위해 특별히 1만 명의 새로운 의사를 양성하는 계획을 발표했다. 2005년 말에는 쿠바는 68개 나라에서 의료 원조 임무를 수행했다.

1998년 아바나에 라틴아메리카 의과대학이 문을 열었다. 쿠바정부가 세운 이 의과대학은 세계 각지에서 가난한 학생들을 데려와 8년 동안 생활비까지 대주며 무료로 의술을 가르치는 학교이다. 이는 라틴아메리카와 아프리카에서 의사가 되고자하는 빈곤층 출신의 학생들에게 큰 희망을 주고 있다. 대신 졸업 후 자신이 살던 지역으로 돌아가 가난한 사람들을 위해 2년간 의료봉사를 하는 것이 유일한 조건인 학교이다. 아바나에 본교가 있고 산티아고랑 산타 클라라에도 캠퍼스가 있다.

"콜롬비아 같은 나라, 특히 이들 나라의 가난한 사람들에게 미국의 정책과 해외 투자가 끼치는 해로운 영향을 지켜보고 연구하는 라틴아메리카학자로서, 근본적으로 다른 경제발전의 길을 창조하고 아메리카 대륙에서 미국 제국주의의 지배에 대놓고 도전해 온 쿠바 정부의 대담성과 쿠바 국민들을 부러워하지 않을 수 없다."

― 아비바 촘스키, 『쿠바혁명사』에서

말레콘의 돌림노래

공존하는 모순들

　에어컨 속에서 새가 울었다. 스무 시간이 넘는 비행에 지쳐 잠들었다 막 눈을 떴을 때였다. 맑은 새울음이 투명하다. 바깥 에어컨 실외기에 작은 새들이 집을 짓고 있었다. 새벽부터 저녁까지 종알대는 수다를 듣다보면 새들의 살림살이가 환히 보이는 것 같다.

　몇 백 년된 고풍스러운 건물과 도심 속 푸른 거목들. 식민지 분위기가 그대로 남은 낡은 집들 사이로 아람드리 나무들이 줄지어 있다. 모든 길이 숲이라고 해도 좋을 정도. 지독한 매연과 맑은 별빛, 낮엔 골동품차들이 뿜는 매연으로 코가 매운데, 밤하늘엔 별이 빛난다. 아바나의 대표적인 랜드마크인 아바나 리브레 호텔[53] 위로 솔개떼들이 날아다닌다. 도심 한복판을 날아다니는 크고 검은 새떼들이 땅에 앉는 걸 본 적은 없다. 그들은 어디서 잠들까. 가난과 여유, 빛바랜 풍광 사이로 넘쳐나는 음악, 살사와 시가, 낡은 거리와 새로운 유행, 땅콩봉지를 팔고 있는 노인들과 국영신문 《Granma》.

　한 마디로 모순이었고, 동시에 공존이었다. 쿠바에선 모든 것이 혼재해 자신있게 공존하고 있었다. 우선 인종부터도 그렇다. 인종의 도가니라 할 정도로 백인, 흑인, 혼혈, 아시아계까지 다양한 방식으로 존재한다. 사회주의 국가라는 어두운 이미지는 없었다. 물자부족 현실이 역력한데 거리의 사람들은 하나같이 당당하고 매력적이다. 가는 데마다

[53] 혁명 직전 1958년 3월에 개장한 힐튼호텔이었으나, 혁명 후 미국 자산이 국유화되면서 '자유 아바나'라는 이름으로 바뀌었다. 베다도에 있다.

콘서트 수준의 음악이 꽝꽝거리는데 아무도 불편해하지 않는다. 소음을 두려워하는 나도 별로 거슬리지 않는다. 오만 잡음를 내는 합승택시 안에서 기사가 끄덕끄덕 노래부르며 운전을 하고, 손님도 끄덕끄덕 따라 부른다. 거의 웃거나 떠들거나 노래하고 있어 진지한 얼굴을 만나면 이상할 정도이다.

공중전화는 우리돈으로 2원, 버스비는 20원, 고구마 1Kg는 100원 정도인데 물 한 병에 1,200원, 인터넷은 한 시간에 12,000원, 먹을 만한 식당의 한 끼는 25,000원 정도이다. 배급 수준인 쿠바인 물가와 뉴욕보다 비싸다는 외지인 물가를 오가며 매일 헷갈렸다. 어느 것 하나 모순 아닌 것이 없다. 한데도 이러한 모순이 생성해내는 어떤 에너지가 거리에 출렁거렸다. 유쾌한 어우러짐이었다.

쿠바를 잘 모를 때의 이미지도 일단은 모순이었다. 혁명, 사회주의, 빈곤과 통제, 북한과 친한 나라, 피델의 위압적인 카리스마와 푸른 군복. 그와 동시에 유기농업과 공동체, 무상 교육, 무상의료, 예술과 낭만으로 불합리한 현실을 뛰어넘는 나라 등이 내가 가진 상식이었다. 우리 삶의 곳곳이 모순투성이인 것과 마찬가지로 쿠바도 모순투성이였다. 하기야 모든 시스템은 모순으로 구성되어 있는지도 모른다. 관계의 운동이란 가장 복잡한 형태로 살아있을 수밖에 없으니.

하지만 그들의 모순은 이웃의식과 공존을 생성해내고 있었고, 우리의 모순은 불안과 불신을 만들어내고 있었다. 그것은 왜일까. 도대체 내가 살아왔던 곳은 어떤 곳이며, 이곳은 어떤 곳이란 말인가. 사는 법이라곤 종일 일하고 돈버는 것이 전부인 성과주의 사회에서 나는 얼마나 멀리 떠나왔단 말인가. 여행 중인 이방인의 시선이 아니라, 인간 또는 생명의 존재 방식이라는 문학적 고뇌에 대한 답으로 다가왔다.

일단 모든 것이 평등해서일까. 거리의 표정들이 밝고 활발하다. 아이들이 둘셋 어깨 걸고 노래하며 지나는 것을 수시로 본다. 교육이 평등하니 자랄 때부터 구김살이 없다. 쿠바는 차별을 없애기 위해 얼마나 노력했던 걸까. 그 평등이 자긍심과 활기를 만들고 있었다. 그 쾌활함은 비교의식과 경쟁으로 가득찬 우리 사회에서 만날 수 없는 것이었다. 낡고 슬럼화된 거리는 비루하게 보이는 게 아니라 이상하게 따뜻하게 다가온다. 아마 사람들의 건강한 표정 때문일 것이다.

살사, 시가, 공동체, 혁명 등의 단어로 정리되는 쿠바의 문화 중에서 호혜성에 기반한 공동체의식이 가장 강렬하게 다가왔다. 그건 정말 단순히 흉내낼 수 없는 것이었다. 이웃을 믿고 산다는 것은 어떤 것일까. 공존은 하나의 능력이다. 그 능력이 부러웠다. 그럴진대 우리는 무엇을 선택하고 무엇을 포기할 수 있을까.

그들의 공존에는 절대 용기가 건강한 세포처럼 살아있었다. 차별이 없는 삶. 아무리 가난해도 서로 격려하면서 살아가는 것이 그들에게는 혁명이었다. 경제난과 빈곤을 겪고 있지만 그들은 함께 사는 것을 선택했다. 물론 그들은 많은 댓가를 치르고 있다. 하지만 물자부족 속에서도 아직 쿠바 국민들은 자신들의 혁명에 대한 자부심으로 넘친다. 그렇다고 그들은 망명자들을 도외시하지도 않는다. 공존인 것이다.

다문화사회에 접어든 우리 현실에 공존이란 얼마나 큰 숙제인가. 구름은 빠르게 생성되어 빠르게 흘러간다. 생명 또한 그럴진대 좀더 나누고 너그러울 순 없을까. 몇 백 년 된 건물과 푸른 거목들과 잘 어울린다. 그리고 도심의 밤하늘, 별빛도 당당하다.

공존하는 모순들

유쾌한 질주, 골동품차들

　클래식하고 빈티지한 매력의 색 바랜 자동차들이 유쾌한 흐름을 만들고 있다. 스쳐 지날 때마다 마치 역사 속으로 들어가는 느낌이다. 거리에서 하나의 전통처럼 굴러다니고 있는 그 골동품차들이 내는 소리는 참 당당하다. 갈갈갈갈, 텅텅텅텅, 푸등푸등푸등. 세계에서 버린 모든 차들이 아직 여기서 제 역할에 최선을 다하고 있다고 외치는 것 같다. 특히 50년대 골동품차들이 인기 있는 명물이 된 이유는 무엇일까. 그건 우리가 잃어버린 그 무엇을 가지고 있다는 데에 있을 것이다.

　50년대 생산된 미국자동차들은 아주 잘 관리되어 드라이브를 위한 관광용으로 남은 것 몇 대를 제외하면 거의 마끼나 택시(합승택시)로 운행된다. 보통 6명, 큰 차들은 8명까지 합승이 가능하다. 이 택시들은 대로만 따라 달리는데 방향만 같으면 탈 수 있다. 한 명 타고, 조금 가다 한 명 내리고, 또 조금 가다 한 명 타고, 또 조금 가다 한 명 내리고를 계속 반복하다 보면, 그들이 선택한 공존의 방식이 그대로 느껴진다.

　중간 중간 도로 위에 퍼져 있는 골동품차들을 자주 본다. 택시를 탄 손님도 하염없이 기다려 준다. 녹이 슬고 흉물스럽지만 쿠바의 명물이 된 골동품차들. 경제 봉쇄정책 덕분에 쿠바의 자동차 정비공들은 최고의 기술을 가졌다 한다. 원래의 부품들은 거의 존재하지 않지만 어떻게

든 고쳐서 반드시 굴러가게 만드는 그 능력을 무엇이라고 해야 할까. 그들은 아무리 망가진 것도 어떤 식으로든 고쳐내고 만다. 함부로 버려진 것도 어떤 식으로든 살려내고 마는 그들의 능력은 결국 사회의 중요한 존재감이 된다. '이가 없으면 잇몸으로' 해결하는 쿠바의 기술자들은 단순한 수리공이 아니다. 예술 아니 거의 마술에 가깝다.

골동품차들은 쿠바의 마음을, 동시에 재능을 보여준다. 사물을 재활용하면서 스스로 자부심을 느끼는, 낡은 부속품을 많이 가지고 있는 것도 자랑이 되는 그들의 일상은 바로 극단적인 물질사회에서 배워야 할 세계이다. 사물을 존재하게 하는 힘, 사물과 감응하는 힘. 그 또한 가난이 주는 선물이다. 예수는 왜 가난한 자가 복이 있으며, 하늘나라가 저희 것이라고 했을까. 왜 붓다는 깨달음을 추구하면서 무소유를 강조했을까.

유쾌한 질주, 골동품차들

호세마르티 문화원과 마르티의 시세계

호세 마르티 문화원. 크지는 않지만 단단하고 아름다운 건물에서 함부로 넘볼 수 없는 시간을 본다. 한국문화예술위원회에서 나를 호세마르티 문화원 소속으로 파견해서일까. 숙소가 가까워서일까. 공식적인 방문이나 강의 외에도 종종 들르게 된다. 마르티의 사상을 공부하면서 나에게 하나의 특별한 장소로 다가와 저녁 산책은 그 주변으로 하곤 했다.

이곳은 1층은 두 개의 큰 강의실로, 2층은 여러 개의 방으로 되어 있는 건물이다. 여기서 호세 마르티의 사상은 다양한 관점으로 여러 작가와 지성인들을 통해 사유되고 연구된다. 호세 마르티 문화원의 기관지 ≪Honda≫[54]도 계간으로 간행된다. 복도 구석구석, 계단참마다 호세 마르티를 형상화한 예술가의 작품으로 채워져 있다.

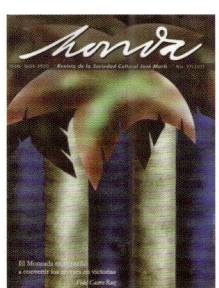

54 'Honda'는 '물맷돌'을 말한다. 어린 다윗이 골리앗을 향하여 던지던 작은 물맷돌을 상징한다.

부끄럽지만 쿠바에 파견되기까지 호세 마르티라는 시인을 전혀 몰랐다. 고유명사가 분명하고 예술가임이 분명하니 자료를 찾아보고자 했으나 그다지 많은 자료가 없었다. 그러나 쿠바에 온 다음날부터 거리에서 자주 눈에 띄는 동상들이 호세 마르티인 것을 보고 쿠바에서라도 그 자료를 찾아야겠다고 마음먹었다. 독립영웅이고 시인이라니, 과연 그의 작품 세계가 궁금하기 시작했다. 가까운 서점에서 그의 시집을 사고, 천천히 번역해서 읽기 시작했다. 그리고 쿠바 친구들을 만나면 꼭 마르티에 관한 생각을 질문했다.

    앞에서도 언급한 것처럼 그는 '별'의 이상을 가지고 있는 시인이었다. 그의 시편을 천천히 번역해 읽으면서 그의 세계에 심취해갔다. 그는 매우 염결성이 뛰어난 시인이었다. 그의 삶은 존재 자체에 관한 끊임없는 이상을 보여준다. 그 이상은 존재에 대한 연민이고, 이 연민은 혁명으로 실천되었다. 그가 꿈꾼 인간다운 삶에 대한 고결한 이상은 막연한 관념이 아니었다. 현실과 부단히 싸우면서 쟁취해야할 삶 자체였던 것이다. 아래에 소개하는 세 편의 시에는 시에 관한 그의 신념과 문학적 염결성이 고스란히 드러난다.

> 맑은 공기를 가로지르는 새처럼
> 네 생각이 나에게로 오는 것을 느끼나니
> 아, 내 심장을 둥지로 삼았구나
> 가지들은 흔들리고 내 영혼은 꽃으로 피었나니
> 정말 아름다운 그 첫 포옹 안에 있는
> 어린 소년의 순수한 입술처럼
> 잎새들은 속삭이는구나
> 바쁜 결혼식장을 준비하면서
> 부잣집 아가씨를 부러워하며 종알대는 하녀같구나
> 넓은 내 심장은 모두 너의 것이니
> 모든 슬픈 것들을 담을 수 있으리라
> 세상의 모든 눈물과 고통과 죽음까지도.
> 먼지로 해체되는 마른 잎들,
> 섬세한 손질을 받은 깨끗한 가지들,
> 꽃들의 잎들마다 그리고 줄기마다
> 구더기들과 먹힌 꽃잎들
> 나는 나눌 수 있나니 주변 잔디들이 미풍을 나누듯.
> 너를 받아들이기 위한 저 흠없는 새들
> 도취한 심장을 나는 준비했으니
>   – 호세 마르티, 「내 영혼의 나무」 전문

'너를 받아들이기 위한 저 흠없는 새들/ 도취한 심장을 나는 준비했으니', 두 행에서 마르티가 삶을 어떻게 수용하고 있는지 읽을 수 있다. 영적인 가치, 곧 순수하고 고결함을 끊임없이 지향하는 그의 시선은 지상의 모든 존재를 애잔하게 바라보고 있다. 나무 한 그루와 교감하는 데도 스스로 도취한 심장을 준비해야 하는 것이 시인인 것이다. 그가 가슴아프게 연민해온 노예들이나 약한 자들은 유년시절부터 그의 심장 한쪽에 둥지를 틀었던 걸까. 그래서 그는 성장할수록 그야말로 진정한 사랑을 위해 도취한 심장을 마련하지 않을 수 없었던 걸까.

> 진실은 왕홀을 원하느니
> 내 시도 다정한 시종처럼 화려한 불빛과 여러 향기가 있는
> 호화로운 응접실로 갈 수 있으니
> 고명한 공주의 환대 속 아니면 여인들의 눈발처럼 나누는 답신 속에
> 매력적으로 흔들릴 수 있으니
> 내 시는 보랏빛 조끼와 예장용 단검을 알고 있으니
> 금빛 장식이나 칼집 무늬의 리본도 알고 있으니
> 그리고 적당한 온도의 포도주와 사랑도 알고 있으니
> 그러나 내 시의 야생성은
> 진실한 사랑의 침묵을 선택하지
> 생산력 가진 밀림의 무성함을 선택하지
> 카나리아가 좋아하듯이, 독수리가 좋아하듯이.
> － 호세 마르티, 「시학」 전문

이 시편은 그의 문학세계를 떠받치고 있는 사상을 그대로 보여준다. '야생성인 내 시는/ 진실한 사랑의 침묵을 선택하지'에서 읽히듯 그는 시의 본질을 애초에 잘 알고 있었다. 시는 얼마든지 미학이고 낭만일 수 있지만 마르티는 시를 자연성, 생명성으로 이해했다. 그래서 그는 그 모든 불의와 싸울 수 있었을까. 그래서 진실은 왕홀을 원하는 것이라

고 단언했던 걸까. 하여 이 책에 제일 먼저 소개한 시 「멍에와 별」에서 그는 순종적인 멍에보다는 아픈 별빛의 삶을 선택했던 것이리라. 얼마든지 평온하고 화려하게 누릴 수 있지만 진실한 사랑의 침묵을 선택했던 것이다. 그 야생성, 근원적인 존재는 그에게 카나리아 같은 섬세함과 독수리 같은 용기로 상징된다. 그것이 시의 영혼을 성스럽게 하지 않았을까.

> 시는 성스러운 것이니, 아무도
> 시 아닌 다른 데서 그것을 취할 수 없는 그 자체이니.
> 무정한 주인에게 호소하기 위하여
> 눈물을 훔치며 한탄하는 행복하지 못한 노예나 하녀같지 않으니
> 사랑도 없는 창백한 얼굴 같은 의지로는
> 역시 그 누구도 시를 부를 수 없으니
> 축 처진 두 손으로 높은 탑에 있는 그의 여인의 머리를 빗기며
> 뛰어난 제과기술의 한 부분처럼
> 땋거나 비천한 고수머리로
> 진실을 밝히려는 그의 정직한 영혼이 담겨있는
> 고상한 이마를 덮으려고 준비하는구나
> 그렇지 않으면 아무 장식도 없는 비밀스러운 나체로
> 목을 내보이며 더 좋은 것으로 조정하려 하는구나
> 불행의 빗으로 부인의 머리를 빗기는 동안
> 붉은 새 같은 그녀의 슬픈 심장은
> 다친 날개로 떨게 될 것이니
> 멀어라! 오오! 연인의 가슴이여
> 겨울의 둥지에 있는 새 갖구나
> 주인들과 폭군들에게 저주가 있으라-
> 마음이 걸을 수 없는데
> 불운한 육체는 무엇으로 걸어갈 것인가
> — 호세 마르티, 「시는 성스러우니」 전문

시는 꾸며지지 않는다. 애걸하거나 기술적인 노력으로서는 만날 수 없다. 이 시는 그가 시를 얼마나 절대적인 세계로 품고 있는지, 시의 위의를 잘 보여주고 있다. 시는 시 외에 다른 것일 수 없는 경지이다. 아무리 호소해도 그 의지대로 부를 수 없는 것이다. 그는 시를 쓸 때마다, 시쓰기에 대한 고통을 이러한 극지의 고통으로 이해했던 걸까. '겨울의 둥지에 있는 새'는 그 만큼 춥고 외롭고 적막한 자신의 존재를 표현한 것이리라. '마음이 걸을 수 없는데/ 행운이 없는 육체는 무엇으로 걸어갈 것인가'는 시란 결국 뮤즈가 주는 선물, 내가 쓰는 것이 아니라, 시 스스로 우리에게 걸어와주는 영혼이 아닐까.

위 세 편에는 문학과 언어, 영혼과 자연에 대한 그의 가치관이 영롱하게 드러난다. 그의 고뇌와 선택이 선명하게 빛난다. 시를 위해 준비하는 도취된 심장과 야생성, 진실한 침묵, 그리고 실천의 삶은 결국 자유로운 그의 조국의 혁명에 늘 큰 책임감으로 또한 헌신과 결단으로 마르티 삶 전체를 가로지른다.

시인 호세 마르티의 유년시절을 다룬 영화 〈카나리아의 눈〉을 보면 그는 매우 섬약하고도 가난한 소년으로 성장한다. 책과 학교를 좋아했던 그에게 빈곤은 절망을 여러 차례 경험하게 했다.

대리점 책임을 맡은 아버지를 따라 마딴사라는 농촌 지역에서 한동안 지내게 되는데(8살 무렵) 그곳에서 마르티는 대자연의 경이를 획득한다. 이 시기에 삶의 환희가 열리고, 문학적 감수성을 충분히 흡수한다. 모든 것을 생각하고, 보고, 이해했다. 한밤중에 땅에 귀를 대고 숲의 소리를 듣는다던지, 밤에도 넘쳐나는 생명의 분주함과 신비를 배웠다. 시골의 꽃들과 새들, 풀들, 곤충들, 나무들… 그것을 발견하고, 생각하고, 그들의 이름과, 무엇을 하는지, 무엇을 위한 것인지, 어떻게 살아가는지를 그는 흑인노예에게 물었다. 그를 사랑해준 흑인노예는 자연의 비밀을 잘 일러주었고 말 타는 법과 함께 말 위에서 바람을 안고 자유를 느끼는 법을 가르쳐 주었다. 마르티는 그렇게 자연과 자유를 이해했고, 이를 절대 잊어버리지 않았다. 호세 마르티는 "사람들은 두 어머니를 가지고 있으니 하나는 자연이고 다른 하나는 환경이다"라는 말을 하는데 자연에 대한 그의 경이[55]는 그의 사상의 중요한 뿌리가 된다. 이러한 경험에서 그는 나중에 〈우리 아메리카〉 신문에서 '통치란 자기 나라 자연요소들의 균형일 뿐'이라고 단언하게 되는 게 아닐까.

그가 중학교에 들어가면서 만나게 된 멘디브 선생은 마르티의 성장에 큰 영향을 미치게 된다. 멘디브는 식민지의 노예상태, 스페인의 이기적이고 퇴폐적인 거만에 억눌린 상황을 늘 격분했다. 그는 세계 민중들의 역사에 대해 말했고, 인간의 자유와 존엄을 시로 썼다. 멘디브의 지성과 관용과 고결함은 마르티에게 그대로 전수되었다. 그리하여 정의의 갈증과 조국의 자유에 대한 열망은 소년의 심장에 그렇게 엉겨 맺혔다. 마르티는 어른들의 정의로운 격정 속에서 이 사상에 몰두하게 되었다. 그가 들었던 자유에 대한 꿈과 압박은 스승과 제자 사이의 애정과 더 확고해진 이해로 서로 융합했다.[56]

이런 과정을 통해 여린 소년은 점차 두려움을 극복하는 법과 자연을 느끼는 법, 노예에 대한 연민 등을 배우면서 그는 궁극의 이상인 '평등'의 세계를 꿈꾸었으리라. 결국 그의 강인한 정신과 고결한 영혼은 독립운동으로 귀결되었다. '억압받고 있는 국가에서 시인이 될 수 있는 유일한 방법은 혁명전사가 되는 것뿐이다.'라는, 극도의 이상주의이기도 한 그의 발언은 진정한 문학이란 무엇인지, 문학의 실천은 무엇인지를 선명하게 비춘다. 그의 사상을 연구하고 펼치는 호세 마르티 문화원을

---

[55] "나의 모든 관심은 내 말을 열심히 돌보는 데에, 그리고 돼지처럼 살지우는 데에 있습니다. 지금은 멋있게 행진하기 위해 굴레를 씌우고 걷는 것을 배우고 있지요. 오후에는 언제나 말등에 올라 걷습니다. 매일 조금씩 씩씩해집니다. 시간을 보내는데 흥겨운 것이 아직 더 있습니다. 그것은 루이스 데 소토롱고 아저씨가 내게 선물한 "순종 싸움닭"입니다. 너무 아름다운데 아빠가 잘 돌봅니다. 지금 아빠는 그의 볏을 짧게 잘라줄 누군가를 찾아다니는 중입니다. – 그 무렵 어머니에게 쓴 편지 내용의 부분

[56] 1868년 마누엘 데 세스페데스 노예해방선언과 함께 제1차 독립전쟁을 시작했다. 그는 물맷돌을 던지는 밧줄과 같은 감명을 일으켰다. 학생들과 선생님들은 열광적인 선동에 휩싸였고, 뜨거운 애국심으로 그가 쓴 혁명과 비평의 시들을 읽고 암송했다. 자유에 대한 열망은 열광적으로 확인되었고, 성장했다. 이 시대에 젊은 마르티의 심장에는 이미 그가 죽을 때까지 그의 삶에 방향이 되어준 사상의 동기가 맺혔다.

오고간 건 내게 소중한 경험이었다.

한국문화예술위원회가 호세 마르티 문화원과 관계를 맺은 덕에 ≪Honda≫의 부편집장이던 마우리시오씨와 만나 쿠바의 문화와 한국 문화에 대해 몇 번 작은 모임을 가졌다. 그곳에서 두 차례에 걸쳐 강의를 하기도 했는데, 이런 과정에서 쿠바 문화예술 전체가 저항과 도전, 그리고 혼종의 역사인 것과 혁명 이후 가난한 쿠바가 얼마나 문화, 예술과 교육에 전폭적으로 매달렸는지를 깨달았다.

호세마르티 문화원에서는 한글학교가 운영된다. 저녁 6시부터 시작한다는 한국어수업반, 학생이 제법 많다. 많은 청년들이, 또 아바나에 사는 한인 후손들이 공부하러 온다. 길거리에서 종종 "안녕하세요!" 하는 한국 인사를 듣게 되는데, 반가워 물어보면 호세 마르티 한국어학교에서 공부하는 중[57]이라고 말한다.

[57] 내가 있던 당시 국제교류재단의 김익환 교수는 인품이 좋아 쿠바학생들의 존경을 받고 있었다.

| TIP 12 | 위대한 스승 마르티 |

"마르티의 품행은 비교할 수 없을 정도로 도덕적인 행동양식, 사상, 정치행위를 만들었으며 오늘날 수백만의 쿠바인들이 그것을 공유하고 있습니다. 위대한 스승, 그의 가르침이 없는 다른 세상은 생각지도 못할 일입니다.// 제가 과장하고 있다고 생각하시는 분들은 쿠바에 가서 보십시오. 그곳에서 정부와 하나된 민중들이 획득해낸 보편적인 문화의 보급과 초등, 중등, 고등교육, 그리고 자연과학과 인문학 연구 성과물들을 보십시오. 건강과 사회정의, 그리고 민중의, 민중을 위한, 민중과 함께 하는 민주주의를 보십시오. 심지어 미국 민중까지 포함시켜서, 세계의 모든 민중들에 대한 평화와 인류애를 기원하는 보편적 의지, 이런 것들이 쿠바에서 이루어낸 것입니다. 세계는 평화, 교육, 생명에 대한 길을 발견할 것인데, 그 길은 틀림없이 쿠바를 통해서일 것입니다. 사상과 행위의 고전속에 호세 마르티를 포함하게 될 것입니다."
— 파블로 곤살레스 카사노바, 2003년도 국제 호세마르티 상 수상,[58] 연설에서

[58] 호세 마르티의 중요성은 사망 100주년 되는 1995년 유네스코에 의해 '호세 마르티' 국제상이 제정되고 그해의 인물 가운데 하나로 발표함으로써 유네스코로부터 인정을 받았다. 또한 2001년 유네스코 총회에서는 2002, 2003년 2년 동안 호세 마르티 탄생 150주년 기념행사를 제휴하는 결정을 승인했다.

아바나 역 앞에 있는 호세 마르티의 생가. 위대한 시인의 기념관으로 운영되고 있다.

초등학생의 손끝에서 끊임없이 살아나고 있는 호세 마르티.

2015년 1월. 택시 안에서 찍은 사진.
그들은 애초 미국에 대한 편견이 없다.
미국은 어디까지나 정치문제일 뿐이고, 정치 문제는 정치로 해결될 거라고 믿는다.
쿠바의 열린 삶들, 순수한 삶을 보여준다.

주눅들지 않는 삶들

처음부터 거리에서 유난히 느껴지는 것이 유쾌함이었다. 물자부족이 선명한 현실에서 그 유쾌함은 도대체 무엇일까. 그건 내가 어느 나라에서도 보지 못한 것이었다. 스페인을 비롯한 유럽 몇 나라, 중국을 비롯한 아시아 몇 나라, 인도나 파키스탄, 네팔과 티벳 등 내가 여행했던 어느 문명과도 달랐다. 아이들이 둘셋 어깨 걸고 노래하고, 골목마다 음악이 출렁거린다. 낡고 슬럼화된 거리가 비루함이 아니라 당당하게 다가오는 건 사람들의 건강한 표정 때문이었다.

그다지 자유롭지 못할 것 같았던, 그들의 유쾌한 자유가 하나의 분명한 도전이 된다. 왜 그들은 당당해보일까. 체격 때문일까. 대체적으로 그들은 건장해보인다. 그 당당함이 바로 '주눅들지 않는' 삶에서 오는 것임을 발견하는데 며칠 걸리지 않았다. 주눅들지 않았으니 매사 친절하고 쾌활하다. 도대체 누구 하나 주눅들지 않은 채 공존한다는 게 가능한가.

물론 그들도 불만이 많다. 자유롭지 못한 해외여행이 특히 불만이다. 그리고 돈을 벌어야겠다는 열망도 크다.[59] 시장경제가 들어오면서부터 삶의 격차도 생기기 시작했다. 그러나 놀라운 건 삶의 많은 부분에 한계로 작용하고 있는 사회문제들이 실제로 그들의 영혼을 지배하진 않는다. 그 불편들이 그들을 주눅들게 만들지 않는다. 그것이 신기

[59] 쿠바인들이 돈을 버는 목적은 더 좋은 식사와 구두, 향수 등 멋부리기 위한 비용, 술집의 유흥이다. 그리고 사랑하는 이들에게 전할 선물비용이다. 우리처럼 성과적인 교육이나, 소유와 축적을 위해서가 아니다. 기본이 보장되어 있는 만큼 그들은 불안하지 않다. 가난은 그저 불편한 것일 뿐인 것이다.

하다. 쿠바에선 인간적으로 산다는 게 무엇을 말하는지 선명하게 다가오고, 그 실천은 가능하다고 믿게 된다. 동방에서 온, 자본에 주눅들대로 주눅든 무명시인에게 최소한 그들은 강인한 생명성으로 다가온다. 다문화 사회에 접어든지 오래인 우리 일상, 우리 삶의 풍경을 뒤돌아본다. 우리의 소비적인 자유가 부끄럽다.

아바나 거리에서 만난 활기는 뜻밖이었다. 사회주의국가라는 편견은 얼마나 왜곡되었던 걸까. 어느 누구도 주눅들어 보이지 않는다는 것이 너무 낯설었다. 모두들 웃거나 떠들거나 노래를 부르고 있었다. 유쾌함, 이해하기 어려웠다. 대학까지 무료인 교육시스템과 전체가 무료인 의료시스템 때문일까. 한국돈 1,000원이면 시내버스를 50회를 이용할 수 있는 복지시스템 때문일까. 중남미에서 가장 안전한 치안이나, 어디보다 낫다는 재해 예방 시스템 때문일까. 그건 자긍심이었다. 우리 사회에선 보기 어려운 것이었다. 성과와 경쟁은 삶을 주눅들게 한다. 대체적으로 건강해보이니 옷차림이 멋있어 보인다. 주눅들지 않았으니 매사 명쾌해보이는 것이다.

대학까지 무료교육이라 대부분이 고학력자이고 의식수준이 꽤 높다. 그와 동시에 그들의 예술적 열정이 그들의 자긍심을 이루는 큰 바탕이다. 그 힘은 아마도 여러 인종들이 혼합하여 흐르는 피의 문화가 아닐까. 호세 마르티는 "우리를 자유롭게 하는 것은 문화다"라고 말한 바 있다. 결국 혁명의 지속은 문화적 혁명의 지속을 말하는 게 아닐까. 그것은 목적의식화된 혁명이 아니라 인간을 자유롭게 하는 일상적 혁명이며, 일상적 욕망과 관계를 개선하는 혁명은 문화적으로 계속되어야 하는 것이기에 말이다. 이 문화적 열정이 자긍심의 바탕이다.

일단 그들의 자긍심이 모든 해답인 것 같다. 소유가 아니라 바로 존재인 것이다. 그들의 유쾌함과 자긍심은 희생적으로 혁명을 이루어낸 지식인 실천가들과 아프리카에 뿌리를 둔 강인한 예술적 생명성 때문이라는 답을 얻는다.

TIP 13   호세 마르티의 〈우리 아메리카〉

마르티는 미국의 신제국주의 정책에 대해 선견지명을 가지고 있었다. 범미주의의 음모에 현혹되지 말 것과 장사꾼의 속임수에서 눈을 떼지 말고, 약탈자를 경계할 것을 끊임없이 설파했다. 1891년에 발표된 〈우리 아메리카〉는 라틴아메리카 공화국들의 건립과정뿐만 아니라, 지금의 문화적 상태도 되돌아볼 수 있는 기회를 제공해준다. 〈우리 아메리카〉는 마르티의 가장 잘 알려진 작품이다. 다음은 부분을 발췌한 글이다.

아메리카의 자연은 이제 유럽의 수입 도서를 극복했으며, 가짜 지식인들을 몰아냈다. 아메리카의 토착적인 혼혈인들은 이제 낯선 크리오요들을 물리쳤다. 이 과정에 문명과 야만 사이의 전투는 없었으며, 다만 거짓된 현학과 자연 사이의 전투만 있었다. (…) 아메리카의 대학은 이제 유럽의 것을 극복해야만 한다. 아메리카의 역사교육에서는 그리스의 아르곤 대신 잉카문명에서 현재까지 이른 과정을 샅샅이 가르쳐야만 한다. 우리의 고대문명을 가르치는 것이 그리스 문명교육보다 더 바람직하며, 더욱 필요한 것이다. (…) 세계를 우리 아메리카 나라들과 접목시켜라. 하지만 몸통은 우리 아메리카 각국의 몸통이어야 한다. 그리고 패배한 현학자들을 침묵시켜라. 우리 아메리카의 고통스러운 현실보다 자신의 지식을 더 소중하게 여기는 사람에게는 조국이 없기 때문이다.

훌륭한 통치를 하려면 자신이 다스리고 있는 지역의 것에 주의를 기울여야 한다. 아메리카의 훌륭한 통치자는 독일인이나 프랑스인을 어떻게 통치하는지 아는 이가 아니다. 자기 나라가 어떤 요소들로 이루어져 있으며, 어떻게 이 요소들을 전부 이끌고 가야 하는지를 아는 사람이다. 자기 나라에서 생겨난 방식과 제도를 통해 그런 바람직한 나라, 즉 각자가 자신을 알고 행하는 나라, 스스로 일해 풍요롭게 나라를 일구고 목숨 바쳐 지키는 국민 모두를 위해 자연이 선사한 풍요로움을 모두가 누리는 나라로 이끌고 가는 방법을 아는 사람이다. 통치는 자기 나라에서 생겨나야 한다. 통치 정신은 자기 나라 것이어야 한다. 통치 형태는 자기 나라 헌법에 합치해야 한다. 통치란 자기 나라 자연 요소들의 균형일 뿐이다.

창조는 이 세대의 암호다. 바나나로 만든 포도주는 쓴맛이 나더라도 우리의 포도주인 것이다! 이 세대는 이해하고 있다. 한 나라의 통치 형태는 자연적 요소들과 어울려야 하고, 아주 훌륭한 사상이 형식적 오류로 무너지지 않으려면 상대성을 인정해야 하고, 자유는 진실하고 완전해야 존립할 수 있으며, 공화국이 모든 사람을 포용하여 함께 나아가지 않으면 멸망하리라는 것을. 내부의 호랑이도 외부의 호랑이도 균열된 틈으로 들어온다. (…) 전략은 정치다. 아메리카 국민들은 서로 비판하면서 살아야 하는 법이다. 비판이 건강하게 만들어주기 때문이다.

그렇지만 단 하나의 심장과 단 하나의 정신만 가지자. 몸을 낮춰 불행한 이들을 두 팔로 안아 올리자! 피가 응고된 아메리카를 심장의 불로 녹이자! 혈관 속에서 끓어오르고 용솟음치는 조국의 자연적인 피를 뿜어내자! 아메리카의 새로운 인간들이 떨쳐 일어나 일하는 이들의 즐거운 눈으로 각국 국민이 서로 인사를 나눈다. 자연을 직접 연구한 자연의 정치가들이 나타난다. 책을 읽되 이제는 베끼려 하지 않고 적용시켜야 한다. 경제학자들은 근원적 난제를 연구한다. 연설가들은 간결해지기 시작한다. 극작가들은 토착적 인물형들을 무대에 올린다. 아카데미는 실현가능한 주제를 논한다.

 우리 아메리카의 시급한 의무는 자신을 있는 그대로 가르치는 것이다. 정신적으로도 육체적으로도 하나가 되어, 우리가 질식할 것 같던 과거를 신속하게 극복한 승리자라는 사실을, (…) 우리를 잘 모르는 무서운 이웃의 경멸은 우리 아메리카에는 가장 큰 위험이다. 이웃이 방문할 날은 임박했다. 따라서 그 이웃이 어서 우리 아메리카를 알게 되어 경멸하지 못하도록 만드는 것이 시급하다. 아마도 무지 때문에 우리를 탐하리라. 우리 아메리카를 알고 나면 우리를 존중하여 손을 거두게 되리라.60

60 반년간지 ≪지구적 세계문학≫ 2013 봄, 창간호. 298–310쪽.(박은영 옮김)

모로 요새 : 1603년 이탈리아 건축가 보티스타 안토넬리가 건설한 철옹성. 성벽의 두께가 3미터나 되어서 그야말로 철옹성. '이 언덕을 점령한 자가 아바나를 가질 것이다.'라고 건축한 안토넬리가 말했다고 한다. 1762년 영국원정대가 이 요새를 점령했으나, 아바나를 플로리다와 맞바꾸기로 스페인과 타협하고 철수했다.

의자가 된 요새의 대포들

 58번 버스를 타고 말레콘 끝 지하터널을 지나 모로 요새와 산 카를로 요새를 다녀왔다. 생각보다 재미있었다. 모로 요새는 식민지를 통치하던 스페인이 카리브해의 해적과 적군 함대로부터 아바나를 지키기 위해 세웠다. 대서양이 새푸르게 펼쳐진 풍광과 거기서 바라보는 아바나 전경이 인상적이다. 모로 요새에서 후안 프란치스꼬 까노Juan Francisco Cano라는 노인을 만났다. 그는 모로 등대 옆에 있는 요새의 사무실에서 카리브해를 오가면서 아바나항을 들고나는 거대한 선박들과 통신하며 전체를 조절하고 있었다. 혼자 요새 안을 빙빙 도는 나를 자기 사무실로 초대했다. 거기 세계 각 나라의 국기들이 있었다. 그때 그때 일이 있을 때마다 내건다고 한다. 한국에서 왔다 하니 태극기를 찾아 보여주는데…. 크윽, 태극기가 너무 낡았다. 바꿀 수 있는 방법은 없을까.
 모로성을 벗어나 1km를 걸어 산 까를로스 요새에 갔다. 요새 안의 병영들이 정말 아름다웠다. 그 색채들. 산 까를로스 요새에서도 축제가 있었다. 3미터나 되는 두꺼운 성벽을 이용한 전시실에 설치미술 및 공예 전시가 있어 특별한 시간이었다. 성벽 공간 자체가 긴 방이고 그곳을 이용한다는 게 흥미로웠다. 더 즐거운 건 성벽에 줄지어 늘어선 대포들이 시민들이 앉는 의자가 되었다는 사실이다. 아름다운 풍경이었다. 공격을 멈춘 대포 위에 쌍쌍이 앉아 얘기하는 모습이 가슴을 눅눅하게 만들었다. 변한다면 세월은 그렇게 변해야 하는 것이기에.

책, 또 하나의 뺄셈

　쿠바뿐 아니라 남미나 유럽 등을 여행하면서 각 시대의 영웅들은 시인들이 많았다. 좀 충격적이었다. 공원에 서있는 동상들을 보고 그들의 삶을 짚어보면 시인이거나 사상가가 많았다. 그들의 문학적 감수성이 역사와 정치를 발견하게 하고 실천적 지식인으로 성장시켰음을 알수 있었다. 쿠바에선 호세 마르티가 그랬고 마누엘 세스뻬데스가 그랬고 체 게바라(시인은 아니었지만 시적 감성이 매우 풍부한)가 그랬다.

　혁명 직후 정부는 우선적으로 쿠바도서협회를 창설했다. 그때부터 본격적으로 독서국민을 만드는 데도 공을 기울였다. 사람들의 독서욕이 높아서 언제나 공급이 수요를 못 따라간다. 모퉁이 가게에서 헌 책을 늘어놓고 파는 것을 볼 수 있다. 헌책방이 많다. 버스정류소에도 헌책수레들이 줄을 선다. 아르마스 광장 헌책방 거리나 아바나 시내 골목골목에 숨어있는 헌책방은 그 어떤 것보다도 도시를 따뜻하게 만든다.

　쿠바의 교육이나 문화예술을 보면 우리와 다른 독서문화를 발견할 수 있었다. 교육 자체에서 그들은 시를 읽고 외우면서 성장한다. 그래서 감수성으로 이상과 신념을 배운다. 그렇게 그들은 책을 사랑하고 사유의 능력을 기른다. 책을 읽는다는 것은 결국 사유의 능력인 것이다.

　여기저기 책방이 많은 도시, 곳곳에 헌책수레들이 놓여있다. 그리고 모퉁이마다 쪼그려 앉아 독서에 열중하고 있는 사람들을 만난다. 아무데서나 책에 몰입해 있는 사람들을 만난다는 것만으로도 나에게 치유가 된다. 미래는 덧셈이 아니라 뺄셈에 있다. 독서는 분명한 뺄셈이고 아직 책을 따라다니는 눈빛들은 쿠바를 대안사회로 이해할 수밖에 없는 확실한 풍경이며 증거이다.

그러나 어떨는지 모르겠다. 이제 자본주의가 쿠바에 밀려오면 조만간 모두 스마트폰을 쥐게 될 것이고 천천히 책을 손에서 놓게 될지. 그들의 순수한 사유가 다시 실용적이며 기계적인 지식으로 떨어지진 않을지. 이제 시를 외우는 일을 잃게 될지. 그럴 때마다 그들의 순수한 원시적 본능을 믿고 싶은 마음이 든다. 근원적인 것을 사랑하는 힘 말이다.

책, 또 하나의 뺄셈

세계적 공원묘지 콜론

여행을 하면 멀리 오래 바라보는 것이 습관이 된다. 그것은 응시면서도 응시가 아니다. 또 하나 배회하는 게 습관이 된다. 목적도 없고 생각도 없이 여기저기 기웃거리며 걷게 된다. 아침에 조금 글을 쓰고 스페인어 공부 좀 하다가 두 시가 넘는 것을 보면서 일어나 공원묘지Cementerio 콜론으로 향했다. 왕복 세 시간 정도 잡고 걸어갔다. 그렇게 걸으면서 들어선 콜론 묘지. 몇 발짝 못가 누군가가 불러세운다. 입장료를 내라는 것이다. 5CUC.

세계 4대 공동묘지의 하나인 세멘테리오 콜론[61]은 20만 평이 넘는 넓이에 200만 개가 넘는 묘가 들어서 있어 차를 타고도 한참을 달려야 다 볼 수 있을 만큼 규모가 크다. 이 묘지는 크기 때문에 4대 묘지의 하나가 된 것이 아니라 정말 아름다워서이다. 한 마디로 너무 화려하다. 경내에 각종 조각과 빼어난 건축물들이 즐비하여 예술공원 같다. 풍부하고 다양한 장례기념물은 쿠바가 1900년 초반에서 남미에서 두 번째로 잘 사는 나라였다는 것을 믿게 만든다.

묘지의 형태는 석관을 땅 위에 돌출시키는 방식이 많은데 관 대부분의 재료가 이태리에서 수입한 대리석과 화강암, 정판암(석고)로 만들어졌다. 이집트 피라미드 형식의 묘도 눈에 뜨일 정도로 이 공원묘지의 장식은 유럽, 일본, 중국식 등 다양한 형식으로 표현되어 있다.

[61] 1871년에 만들어진 국립묘지로 쿠바의 영웅들이 잠들어 있는 이곳은 1987년 국가기념물로 지정이 되었고 이젠 개방되었다. '콜론'은 '콜럼버스'를 말한다. 쿠바 정부는 이 묘지를 관광상품으로 만들어 입장료를 받고 있다. 그 이유는 바로 묘지를 장식한 예술품 못지않은 조각상들 때문이다. 그래서 사람들은 이곳을 공동묘지가 아닌, 거대한 조각공원이라고 부르기도 한다.

쿠바에서는 가족묘를 쓰기도 한다. 한 개의 무덤에 대여섯 명의 유골함이 있는 것. 콜론 묘지의 조각들은 화려하기만 한 것이 아니라 조각마다 다 애틋한 사연이 담겨 있다고 한다. 쿠바 독립영웅들이 많이 묻혀있고 또 부에나비스따 소시알클럽에서 노래했던 이브라힘 페레르도 누워 있다. 소방관이 오기 전 불을 끄다 죽은 31명의 용감한 주민이 조각된 것도 있고, 가슴 아픈 모자의 이야기도 담겨 있기도 하다. 헤밍웨이를 위해 새로운 각테일, '다이키리'를 개발한, 나중에 부자가 되었다는 흑인 바텐더의 묘도 있고, 그 옆에 초대 대통령의 묘도 있다.

공동묘지는 예외없이 그 지역 역사의 단면을 보여주는 매혹적인 장소이다. 무덤과 비밀, 환상적인 조각과 역사적인 기념물이 뒤엉켜 오히려 고요하고 평화로운 장소를 만들고 있다. 죽은 자와 산 자의 차이는 무엇일까. 빛깔이 퇴색한 꽃부터 어제 막 꽂은 듯 생생한 꽃들이 섞여 군데군데 놓인 무덤들. 꽃을 들고온 이도 꽃을 받은 자도 죽음이라는 삶 앞에서는 서로에게 그리움 외에 아무 것도 아닌 것을 깨닫는다.

이전에 쿠바가 어떤 문화를 가졌는지 충분히 감이 간다. 너무 넓어 두 시간을 돌아도 반도 채 못 돌았다. 사람들이 죽은 자들에 대해 가진 생각을 알게 하는 풍경이었다. 인간은 죽음에 대한 두려움을 아름다움을 통해 극복하려했던 것일까.

그렇게 아름다운 무덤은 떠난 자를 위한 것일까. 남은 자를 위한 것일까. 어쨌거나 두려움은 넘고 죽음을 받아들이기 위한 하나의 의지였으리라. 하지만 저런 화려함이라면 살 때보다도 죽음에도 많은 차별이 작동했을 것 같다. 이태리 대리석으로 만든 그 화려한 무덤들이 어찌 살았을 때의 영화를 뛰어넘을까만은 이토록 호화로운 장례문화 속에서 삶이 더 가난했을, 사는 게 더 걱정이었을 가난한 민중을 떠올리게 된다.

세계적 공원묘지 콜론

TIP 14 호세 마르티 어록 중에서

"게으르지도 않고 그렇다고 성격이 고약한 것도 아닌데도 불구하고 가난한 사람이 있다면, 그곳은 불의가 있는 곳이다."

"영혼은 평등하고 영원하며, 모습과 피부색이 다양한 몸에서 나온다. 인종 간 반목과 증오를 조장하고 퍼뜨리는 자는 인류에 대한 범죄를 저지르는 자이다."

"고통받는 것이 진정으로 삶을 향유하는 것일지도 모른다. 그리고 고통받는 것이야말로 어리석고 굼뜬 삶에 종지부를 찍고 아름다운 삶, 즉 진정한 삶을 영위하는 방법일지도 모른다",

"소수의 부자가 있는 나라가 아니라 모든 사람이 조금씩이나마 부를 나누어 가지고 있는 곳이 진정으로 부강한 나라다."

"백인이기에 앞서, 물라토이기에 앞서, 흑인이기에 앞서 인간이 중요하다. 백인이기에 앞서, 물라토이기에 앞서, 흑인이기에 앞서 쿠바인이 중요하다. 진정한 인간이란 성실함과 자애로움을 지니고서 가치 있는 행동을 기쁘게 여기며, 태어난 나라를 존경하는 것에 자긍심을 갖고 흑인 또는 백인을 대하는 것이다"

"단 한 사람이라도 불행한 사람이 있다면 그 누구도 편안하게 잠을 잘 수 있는 권리를 누릴 수 없다."

"압제자들은, 민중이야말로, 고통받는 인민 대중이야말로, 혁명의 진정한 지도자라는 사실을 애써 간과하고 있다."

"자유로운 국가는 자유로운 국민의 결과다. 따라서 국가가 자유롭기 위해서는 먼저 국민이 자유로워야 한다."

"다른 사람의 자유를 억압하려 들지 않는 사람만이 자유를 위해서 투쟁할 자격이 있다."

"세계는 기다리고만 있어서는 열리지 않는다. 자신이 다가가서 열어야 한다."

"독립의 문제는 단순한 형식의 변화가 아니라 영혼의 변화다."

어록에 나타나듯 마르티의 글과 의지는 그가 다양한 이민자들로부터 인종적 갈등을 밀착해서 관찰하고 얼마나 깊은 깨달음을 얻었는지를 보여준다. 이러한 관찰을 바탕으로 확실한 원칙을 세웠으며, 끊임없는 투쟁 과정에서 이를 지켜나갔다. 그는 인종차별을 반인류적인 행태로 규정하고 경계했다. 또한 마르티는 독립 후 신제국주의와 맞서기 위해서는 쿠바의 단결이 반드시 필요하다고 인식했다. 이러한 그의 사상은 1901년 제헌헌법에 그대로 영향, 공식적 담론이 되었다.

까뻬똘리오는 아바나에서 가장 거대하고 위엄있고 아름다운 건물이다. 아바나 비에하의 풋대이기도 한 이 건물은, 수시로 나타나는 저녁놀이나 아침 놀을 배경으로 더욱 그 위풍을 자랑한다. 이 건물은 1926년 미국을 등에 업은 독재자 Gerardo Machado에 의해 시공되어 3년에 걸쳐 완성되었다. 1959년까지 국회의사당으로 사용되었으나 1959년부터는 쿠바 과학원과 과학기술 도서관으로 사용되었다. 하지만 2013년도 두 번이나 다니러 간 동안 내내 수리 중이었다. 어떻든 밖에서 보는 화려함과 웅장함만으로도 그 내부의 아름다움이 그대로 느껴질 정도이다. 까뻬똘리오 뒷편으로 세계 어느 나라에나 있는 중국인 거리(바리오 치노)가 있다 괜찮은 중국 음식요리를 만날 수 있다.

'어린 왕자'를 좋아했던 숙녀, 로렌사

늘 롤리라 불렀는데 본래 이름이 Lorenza였다. 73살인 그녀는 올긴의 마야레 출신인데 스페인의 마드리드에 살고 있은지 8년째다. 그녀는 내가 머문 까사의 여주인 오르끼데아의 절친한 친구인데 손자 알레한드로의 스페인 비자를 받기 위해 아바나에 다니러 왔다. 보름 정도 아침 저녁으로 마주하다 보니 많은 이야기를 나누게 되었다.

오르끼데아는 그녀가 역사선생이었고, 박물관에도 근무했다고 소개했다. 여윈 체격인 그녀에게는 소박한 지성미가 있다. 그녀는 어릴 때부터 가르치는 삶이 좋아보였고 그래서 선생님을 꿈꾸었다. 그러다보니 9학년까지 역사를 가르치게 되었다.

1959년 혁명 당시 그는 19살이었다. 19살까지 자본주의를 살던 그녀가 혁명 이후 급작스레 변한 분위기를 어떻게 받아들였을까. 그녀는 혁명과 관련해 뭔가를 보여주겠다 하더니 신분증 하나를 가져왔다. ACRC(Asociacion de Combatiente de Revolucion Cubano, 쿠바혁명 전투원 협회) 신분증이었다. 그만큼 그녀는 혁명이라는 이상에 대해서 자신이 있었고 깊이 관여했다. 많은 메달을 받을 만큼 그녀는 열심히 일했다. 하지만 사상은 위대했음을 인정하면서도 동시에 그녀는 시간이 그 모든 이상을 변화시켰음을 강조했다. 좋게 변한 것도 있지만 그러지 못한 것은 한계로 작용하고 있음을 말하는 것이다.

인간적으로 사는 데에 무엇이 가장 필요할까 물었다. "가족 같은 마음이지요." 간결한 대답은 그의 연륜을 보여준다. 모든 사람들을 서로 돌보는 가족처럼 느끼는 삶이 가장 인간적이라고 답한다. 그것이 그만큼 어렵기도 하다는 말이리라. 다른 의견, 다른 관점이 수용되지 않는 시스템은 또 하나의 경직 상태를 만들 수밖에 없고, 어느 시스템이든지 빛과 그늘이 있기 마련이라는 게 그녀 설명이다. 사상은 완벽하지만 실현되기 어렵다는 말로 그녀는 쿠바의 현실에 대한 모든 것을 표명했다. 또한 교육이 평등해지긴 했지만 전반적으로 교육의 질이 떨어져 있다는 것이다. 27년간 교사로 지내면서 열악한 교육환경에 대해 고통스러웠음을 그녀는 기억했다.

그러나 쿠바인의 문화에 대해서는 그녀는 결국 쿠바인의 특성임을 말한다. 친절하고 유쾌하고 자긍심 많은 그들의 성격이 다양한 문화로 표현되었다는 것이다. 여러 사회적 모순에도 불구하고 결국 문화란 전반적인 국민의 성향을 보여주는 거울일 수밖에 없으리라. 90년대 초의 '특별시기'에 대해서는 너무 지독한 일이었다고 술회한다. 하지만 그때의 충격은 아마도 모든 삶의 방식에 큰 교훈이 되었을 것임은 확신했다.

그녀에게 가장 많은 영향을 끼친 사람은 의사였던 아버지이다. 아버지는 매우 철학적인 삶을 딸에게 보여주었다. 그녀는 세 아들이 잘 되는 것이 하나의 소망이다. 그녀는 딸이 그라나다에서 언론인으로 살고 있는 것을 자랑스러워 했다. 그러고 보면 그녀가 가족을 가장 소중한 가치로 꼽은 건 자연스러운 일이다.

어릴 때 읽었던 책 중에는 『어린 왕자』를 좋아했고, 많은 영향을 받았다. 73살의 나이에도 불구하고 그녀는 소녀 같기도, 사려 깊은 여인 같기도 하면서 다정한 미소를 자주 보여준다. 한 마디로 그녀의 인상에 남는 부드러운 이미지는 쿠바인의 또다른 모습이었다.

'어린 왕자'를 좋아했던 숙녀, 로렌사

꽃집들. 꽃이 얼마나 아름다운 것인지, 얼마나 귀한 것인지, 얼마나 큰 기쁨인지 쿠바에선 금방 느끼게 된다. 꽃집이 쿠바의 경제상태를 가장 잘 설명해 주는 것 같았다. 동시에 한 송이 꽃이 그만큼 고귀하게 다가왔다. 화려한 꽃집이 아니라, 길거리 작은 양동이에 담긴 몇 송이 꽃들이 팔리기 위해 놓인 것을 볼 때마다 참 갸륵한 느낌이 든다. 꽃집이 너무 작다. 쿠바에선 꽃들도 소비되지 않고 존재한다는 느낌. 그 몇 송이 꽃들을 바라보는 사람들을 볼 때마다 삶도, 생명도, 꽃 자체도, 꽃을 선물하고 싶어하는 마음도 갸륵하고 또 갸륵한 인간의 심성으로 다가온다. 아름다움도 선량함도 원래 그렇게 귀한 데서 비롯하는 것이 아닐까.

'어린 왕자'를 좋아했던 숙녀, 로렌사

'고마워요'를 가르쳐 준 리디세

리디세는 두 번째 쿠바 방문에서 옆집에 머물게 되면서 친해졌다. 숙소는 Calle 12. Mira mar 건너가기 직전 터널 부근이다. 그래도 리네아Linea(중심도로)를 통과하고 있어 교통은 그리 불편하지 않을 듯.

첫날부터 이것저것 챙겨주며 환대하는 리디세. 두 살난 아들 사율리우스와 중학생 딸 이딸라와도 인사를 했다. 손수건과 커피를 선물로 건네었다. 사율리우스는 이방인이 온 게 신기한지 온몸으로 관심을 표명, 문소리가 날 때마다 수선스럽다. 리디세는 내가 머무는 동안 도와주느라 고생이 많았다. 수돗물이 끊기기도 했고, 전기가 끊기기도 했고, 엘리베이터가 멈추기도 했다. 그때마다 벨을 눌러 도움을 요청해야 하는 매번 미안한 마음이었다. 게다가 전화도 자주 빌려썼다.

옆집 리디세는 늘 '미안하다' 말하는 내게 화를 낸다. '미안해요'가 아니라 '고마워요' 하고 말해야 한다는 것이다. 자기들은 '미안하다'라는 말을 교육적으로 잘 가르치지 않는다고 분명히 말한다. '고마워요'가 훨씬 긍정적이라는 것이다. 마음에 닿았다. 그래서 그들의 자긍심이나 낙천적인 성격을 다시 이해하게 된다.

내가 고마운 마음에 쥬스나 요구르트를 선물하면 리디세도 뭔가 꼭 하나를 건넨다. 하루는 리디세가 토마토 한 알 갖다준다. 아이고나. 한 알. 하지만 거기다 마음을 담는 법을 아는 것도 쿠바인이다.

마지막 빨래를 하고, 씻고, 저녁을 먹고, 이것저것 정리하면서 남은 돈 20MN과 1,75CUC를 딸 이딸라에게 용돈으로 주었다. 되게 좋아한다. 좀 깍쟁이 같아 보이더니 이내 자기가 그린 그림들을 보여주면서 자랑한다. 내친 김에 16기가짜리 메모리칩도 선물했다. 어쨌거나 학생이니 도움이 되리라.

리디세의 남편은 아침 일찍 나가서 밤늦게 돌아왔는데, 주말엔 종종 농구공을 들고 놀이터로 나간다. 덩치 큰 남자가 반바지를 입고 농구공을 들고 있는 모습이 그들의 젊게 사는 방식을 그대로 보여주는 듯. 떠나기 전날 마지막 밤, 자신의 자동차에 탑승해서 기념사진을 찍으라고 선심을 쓴다. 괜찮다는데도 53년도에 나온 차를 다시 만나기 어려울 것이라고 강조하며 그 밤에 굳이 주차장에서 차를 끌고 나와 사진을 찍게 한다. 그런 골동품차를 자랑스럽게 여기는 그들만의 방식이 부럽기도 했다. 그들은 충분히 아름다운 이웃이었다.

TIP 15 평화시대의 특별시기(Periodo Especial)

1990년 소련이 붕괴하면서 쿠바의 경제는 곤두박질쳤다. 원유공급은 예전의 10%에도 못미쳤다. 아바나에서도 전기와 물이 종종 끊겼다. 위기를 넘어 대재앙이었다. 피델은 소련 붕괴로 절망에 빠진 인민들에게 피델은 '특별시기(periodo especial)'를 선포했다.

"우리는 특별한 시기를 살고 있습니다. 쿠바 역사상 가장 힘든 시기 중 하나입니다. 왜냐고요? 이제 우리는 홀로 거대한 제국과 맞서야 하기 때문입니다. 그러려면 뭐가 필요할까요? 바로 혁명 정신입니다! 나약한 겁쟁이들만이 투항하고 다시 노예의 삶으로 돌아갑니다. 명예롭고 용기 있는 인민들은 절대 노예로 돌아가지 않을 것입니다!"

그 외침대로, 고통스러웠지만 이 위기는 실용적이면서 긍정적이고 창의적인 삶을 만드는 기회가 되었다. 도시농업, 친환경, 생태농법, 예방의학, 대체 교통수단의 발달, 웬만한 건 재활용을 통해 창의적 삶을 열어가기 시작했다. 주어진 자원과 여건에서 창의적으로 작업하기 시작한 것이다. 때문에 쿠바는 '특별시기'를 이겨낸 자부심이 강하다. 1991~1993년까지 쿠바인들은 거의 당나귀에 의존해 짐을 날랐고, 정부는 차량 대신 중국에서 150만대의 자전거를 수입해야 했다.

"당시엔 휘발유가 없으니까 자전거를 이용해 식량을 배급소로 날랐다네. 몇 시간씩 그 땡볕에서 기다리는 우리를 위해 보급품을 가득 싣고 자전거로 쉴 새 없이 오가는 청년들이 정말 고맙고 또 고마웠지. 실신할 때까지 식량을 나르는 그 청년들에게서 우리는 성인(聖人)의 모습을 봤어. 그 '성인'들 덕에 우리도 기운을 잃지 않았을 거야. 그거 아나? 누가 가르쳐주지 않았지만 우린 스스로 깨달을 수 있었지. 미국이 제재를 가하고 소련이 망하는 건 어쩔 수 없는 노릇이지만, 우리가 서로 격려하고 의지하며 즐거움과 희망을 잃지 않는 것은, 그러니까 어떻게 상황에 '반응'하느냐는 전적으로 우리 몫이라는 걸 말이야. 고통과 고난에 휘둘리지 않고 인간의 존엄성을 지키는 선택이야말로 우리의 진정한 자유란 말일세. 그 자유야말로 우리가 혁명을 지키고 또 우리 자신을 지키는 유일한 방법이었어."[62]

쿠바인들에게 혁명이란 외세가 심은 이념이 아닌, 국민들이 창의적으로, 자발적으로 일궈낸 사회이자 문화이자 그들의 정체성이었다. '특별시기'를 이겨낸 쿠바의 저력은 바로 쿠바 인민들의 '자유'였던 것이다.

가디언에 따르면 '특별 시기' 덕분에 국민들이 건강해진 것도 있다고 한다. 미국, 스페인, 쿠바의 대학 연구자들은 이 기간 식사량이 줄고, 자전거를 타거나 걷는 시간이 늘고, 육체 노동이 증가한 것이 건강에 어떤 영향을 미쳤는지를 확인하려고 했다. 다이어트가 필요 없었고 당뇨 같은 병도 사라졌다는 것이다. 쿠바는 무상 의료가 상당한 수준으로 진척된 국가로 '맨발의 의사'들이 광범위한 기초 진료를 행하고 있으며 국민 건강 상태에 대한 자료도 잘 구축되어 있다.

이후 중화인민공화국이 새로운 원조자로서 등장하였다. 또한 쿠바는 베네수엘라의 우고 차베스 대통령과 볼리비아의 에보 모랄레스 대통령과 새로운 유대 관계를 맺었다. 두 나라 모두 석유와 천연가스의 주요 수출국이다.

62 2006년 6월 6일자 중앙일보 〈쿠바에서 보는 쿠바의 미래 7〉에서, 영화감독 정승구.

(위) 아바나대학 정문에서 지혜의 여신상이 아바나 시가지를 내려다보고 있다. 지혜의 여신상 밑에는 모교 대학의 의미인 'Alma mater'라 적혀 있다.
(아래) 대학 건물의 오래된 도리아식 기둥에 기대어 생활하는 학생들.

아바나 대학. 베다도 지역에 있는 아바나 대학은 그다지 교정이 넓진 않지만 고풍스러운 건물들이 지적인 분위기를 흠씬 풍기고 있다. 쿠바 최고의 대학이며 쿠바의 미래라는 자부심 때문인지, 몇 번 가볼 때마다 학생들이 당당히 말을 걸고 자기 대학을 소개한다. "우리 학교에 들러주셔서 감사합니다." 이렇게 시작한 환영인사는 학교가 얼마나 되었으며, 건물 소개와 어떻게 공부하고 있는지, 왜 이곳이 중요한지 설명한다. 그리곤 "좋은 여행 되시길 바랍니다." 하고 깎듯이 인사하고 곁을 떠난다. 그들의 자부심이 엿보인다. 그 예의바름과 당당함이 부럽기도 했다. 그런 청년을 두어 명 만나고 나니, 학교에서 그렇게 교육시켰나 싶을 정도다.

꼭 아는 체를 해주는 학생들. 어쨌거나 학교를 구경하러 온 이방인에게 그렇게 반겨주고 관심을 가져준다는 것은 기뻤다. 쿠바에선 어딜 오든지 가든지 무심한 게 아니라는 것이 매력이다. 관심이란 대단한 근원적 에너지가 아닌가. 대학생들의 분위기와 학교 전체를 구경했다. 모퉁이 모퉁이 오래된 건물과 도리아식 기둥 사이에 기대앉아 책을 읽는 아이들이 그리 넉넉해보일 수 없다. 도서관을 이용해볼까 했더니 fiesta인지 입구 현관에서 몇몇이 살사를 추고 있었다. 몇몇은 아예 퍼질러 앉아 놀고 있다. 도서관 앞에서 춤이라니, 쿠바답다.

베다도 23번가에 있는 로시난테를 타고 있는 돈키호테.
아프리카 문화와 함께 있는 돈키호테의 정신을 본다. 그들 역시 돈키호테의 피를 이어받고 있음이 틀림없다.

버려진 낡은 버스. 언제 버려졌을까.
혁명 전이었을까. 쿠바와 미국이 손잡고 있는 모습. 이제 다시 화해했으니.

쿠바인들이여,
'모두 함께, 그리고 모두를 위해'라는
이 또다른 신앙 속에서 단결합시다
— 호세 마르티

제3부

쿠바의 얼굴

– 문화를 따라서

혼종문화와 아프로쿠바노

 쿠바의 국가적, 문화적 정체성은 아프로쿠반이다. 쿠바는 세계 어느 나라보다 훨씬 인종차별이 적은 나라로, 또 유럽 문화와 아프리카 문화가 잘 융합된 나라로 꼽힌다. 쿠바인들은 이런 현실에 강한 자긍심을 지니고 있다. 자신을 파괴하고자 하는 그 누구와도 치열하게 투쟁해 얻은 쿠바의 정신과 도덕적 가치는 다양성을 획득해냈다. 덕분에 쿠바엔 그 타자성을 정당화하는 문화가 쿠바적 특성으로 존재한다.

 쿠바성은 인종 간, 문화 간의 이종혼합, 풍요로움의 바탕인 자연, 그것을 지키기 위한 투쟁 등이 복합적으로 작용하여 태어났다. 쿠바의 이미지는 두 가지로 표현된다. 하나는 오래전부터 항해 기록에서 아름다운 섬으로 칭송되었듯 햇볕과 야자수가 만들어낸 눈시린 풍경과 기후 그리고 토양이다. 다른 하나는 승산 없는 싸움에서도 죽을 각오로 투쟁해온 사람들과 그들의 자긍심이다. 이 두 이미지는 다양한 계층이 살고 있는 현실적인 공간이며, 이 공간은 인간다운 삶을 향한 열망으로 공존을 꿈꾸는 다층적인 세계로 확대된다. 이 상승이 혼종문화 곧 쿠바성을 만들어내고 있는 것이다.

 특히 쿠바의 자연은 그 풍요로움을 바탕으로 쿠바성의 형성에 커다란 역할을 한다. 작가인 호세 포르나리스José Fornaris는 자연을 쿠바의 정체성의 핵심으로 보고 "쿠바의 자연은 우리들을 이 땅에 살던 옛 원주민들과 형제가 되게 한다"고 강조한다.[63] 쿠바인들은 혈통을 통한 이종혼합뿐만 아니라 자연을 통해서도 유대감도 느낀다는 것이다. 풍요로운 자연과 타자에 대한 개방성은 쿠바인들에게 춤과 음악과 시를 쉽게 사랑하며, 여유롭고 관용적인 성격을 부여했다. 이것이 쿠바가 라틴 아메리카 문화의 중추적인 역할을 수행해 나가는 기반이다.

이처럼 쿠바는 다원적인 문화와 인종의 충돌의 역사를 가지고 있고, 쿠바는 다양성과 혼혈을 특징으로 하고 있다. 혼종문화의 뿌리는 깊다. 이 혼종문화는 모든 분야에서 개성과 다양성을 확보해내었다. 인종, 젠더, 섹슈얼리티, 종교, 문학, 영화, 음악, 스포츠, 춤, 정치, 문화, 음식에 이르기까지 일상생활의 모든 영역에서 출렁이는 그 다양성은 쿠바의 저력이 되었다. 이 다양성의 힘으로 쿠바는 음악과 미술, 문학 등 세계문화에 공헌했고, 특히 20세기 후반에는 도덕적 저항으로, 또한 아메리카에서부터 생존함으로써 역사를 초월했다. 이제 쿠바는 고유한 특성을 가지고 공생의 문화를 향유하는 나라이다. 정서적 차이와 이념적 차이, 단순한 문화적 차이를 넘어, 이 섬에 사는 쿠바인이든, 디아스포라로 흩어진 쿠바인이든 쿠바성의 전형은 강인한 혼종문화 속에 있음을 인정하고 있다.

19세기 쿠바의 핵심적인 현실은 노예무역, 식민주의적 노예제도, 독립운동이었다. 쿠바성을 이해하려면 그들의 역사를 이해할 필요가 있다. 1492년 콜럼버스 이후 원주민의 절멸, 끊임없이 이주해온 스페인 정복자, 고대 지중해 문화권에서 건너온 이민자들, 초기 스페인 혼혈, 아프리카 대륙의 해안가 전 지역에서 끌려온 노예들, 앙골라에서부터 대륙 동쪽 모잠비크에 이르기까지 아프리카 노예들의 다양한 문화는 이베리아문화와 섞이면서 쿠바성을 창조했다. 두 차례의 독립전쟁과

[63] 「쿠바문화의 기원과 쿠바 문학」, 신정환, 2013, 《라틴 아메리카 문학 21》

1959년에 일어난 혁명은 혼종문화를 정체성으로 확보해나가는 과정이었다.

민중 정서적 전통을 가진 흑인 문화는 오랜 시간을 거치면서 쿠바성의 핵심 요소를 이루었으며 흑인이 쿠바화되고 쿠바는 흑인화되면서 아프로쿠바노afrocubano라는 용어로 정착되었다. 쿠바에 아프리카의 문화가 보존되어 있는 이유는 스페인 식민정권이 19세기 초부터 아프리카계 노예들에게 '카빌도cabildo'[64]라는 조직의 결성을 허용했기 때문이다. '평의회'라는 뜻의 카빌도는 출신 민족에 따라 노예들을 분류했고 그 결과 제한적이나마 아프리카에서 가져온 문화를 보존할 수 있었다.[65] 혼종문화의 형성과정을 보면 이질적인 요소들의 사이좋은 공존이 그 기반이 되어왔음을 알 수 있다. 지역간·인종간 차별이 없다는 것은 또 한 전통이 다른 전통을 억누르는 억압기제로 작용하지 않았음을 말한다. 다른 생김새, 다른 기호, 다른 생각이 다른 사람과 함께 어우러지는 방법이 쿠바에선 무수한 적층을 이루고 있다. 그에 비한다면 오히려 동일화의 논리로 지배해온 서구의 제국주의 문명은 그야말로 한 칸에도 미치지 못하는 얄팍한 순간에 불과하지 않을까.

1990년대 초반 구소련의 붕괴 후에도 쿠바 정권은 무너지지 않은 것 또한 유연한 이종혼합을 가능케 한 관용적 문화에 기인한다. 그들은 말장난choteo이나 과잉친절을 통해 관심을 끄는 특유의 관습을 즐기는 반면 권위에 대해서는 매우 비판적이다. 이러한 에너지가 쿠바가 자본의 강대국 미국의 코 앞에 있으면서도 지난 오십여 년 간 정치적으로 결코 굴하지 않게 했던 것이리라. 이러한 문화적 관용성이야말로 공존의 뿌리를 밝혀주는 열쇠이며 '쿠바성'의 핵심이 아닐까.

[64] 카빌도에서도 루쿠미(Lukumi)와 콩고(Konggo)가 양대 산맥을 이룬다. 루쿠미는 현재의 나이지리아에 거주하는 요루바족의 네이션으로서 요루바어로 '친구'라는 뜻의 '올로쿠 미(oloku mi)'에서 파생된 단어다. 이들은 자신들의 신, 이른바 오리샤를 카톨릭의 성인과 연관지으면서 '아프로쿠바인' 특유의 신앙 체계, 즉 산테리아의 종교의례를 발전시켰다.

[65] 이는 출신 지역의 뿌리를 알아보지 못하게 노예들을 분리 거주시키고 아프리카에 기원을 둔 악기를 금지했던 다른 식민지와 결정적으로 다른 점이었다. 이것이 쿠바가 아프리카 뿌리 문화를 유지하면서 유럽 문화를 흡수할 수 있었던 비결이었다.

길거리지만 부모 앞에서 무용연습을 하는 학생들.

문화횡단 그리고 바로크 미학

아메리카[66]문화는 복수의 기원, 인종, 민족, 언어, 종교, 예술, 지혜 등을 가지고 있는 다양성 그 자체이다. 세르주 그루진스키는 『혼종 사유』에서 지구의 네 방향에서 이루어지고 있는 문화의 혼합과 혼혈은 맨 처음 아메리카에서 시작되었다고 주장한다. 그는 정복에 뒤이은 카오스 상태에서 다양한 형태의 혼혈이 이루어졌다는 것이다.

페르난도 오르티스[67]는 담배와 설탕 생산이 쿠바에 끼치는 사회적 문화적 영향을 분석해 『쿠바적 대위법, 담배와 설탕』(1947)을 썼다. 오르티즈는 "담배와 설탕은 쿠바 역사상 가장 중요한 두 가지 상징들이다"라면서 담배와 설탕의 절묘한 대위법으로 경제 정치를 비롯한 쿠바 문화의 특질을 설명하고 있다. 여기서 통문화라는 새로운 용어를 창조하면서, 진정한 쿠바의 역사는 정교한 문화횡단의 역사임을 주장했다. '주고-받기'의 원리, 즉 쿠바 문화 기저에 존재하며 보통 혼혈이라고 부르는 원리에 기반한 문화횡단은 문화변용에 대응하는 개념이다. 아프리카 혹은 스페인 속성이 각각 강하게 드러난 사회적 현상을 명명하는 '아프로-' 혹은 '이스파노' 같은 두 요소들은 문화횡단 과정 속에서 계속 융합되는 '주고-받기'의 과정이다. 개체들의 유전적인 결합에서 발생하는 것과 똑같은 현상이 모든 문화 결합에서 발생한다는 말이다. 양쪽 부모의 유전인자를 동시에 지니지만, 그것은 부모의 개별인자와

[66] 아메리카는 중남미를 말한다.

[67] 쿠바의 인류학자. 민속학자, 법률가, 언론인. 저서 『쿠바의 대위법, 담배와 설탕』, 『쿠바 민속에서의 흑인들의 춤과 연극』 등이 있다. 『쿠바의 대위법, 담배와 설탕』에서 문화횡단 이론을 주창했다. 이를 담배와 설탕이라는 쿠바의 두 상징적 축의 대위법에 대한 서사로 전개했다. 문학적 상징과 알레고리로 사용되던 담배와 설탕이 비유의 경계를 넘어 쿠바문화의 사회적, 경제적, 정치적 현실에 대한 분석으로 확장되고 있다.

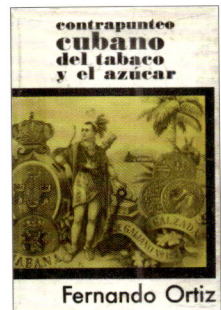

는 다른데, 이 과정을 통문화(transculturacion) 과정으로 설명하고 있다.[68]

에드워드 사이드가 『문화와 제국주의』(1993)에서 "대위법적 시각"을 말하기 46년 전에 이미 동일한 관점에서 오르티스가 『쿠바적 대위법, 담배와 설탕』을 통해 탈식민주의적, 탈서구적 이론을 펼친 것이다. 대위법은 '근대와 전근대', '주체와 타자', '중심과 주변', '지배와 종속'이란 지배자 중심의 이분법을 해체하고자 한다. 에드워드 사이드가 서구 고전음악 세계에서 대위법적 시각을 끄집어내지만, 오르티스는 이미 오래 전에 아프로-쿠바 음악의 세계에서 그것을 엿보았던 것이다.

"아메리카의 장엄한 문명은 정복에 의해 중단되었지만, 유럽인들의 도래와 함께 새로운 민중이 창조되었다. 새로운 활력이 낡은 신체를 거부했기에 그것은 스페인의 것이 아니었으며, 파괴적인 문명의 간섭을 겪었기에 더 이상 원주민의 것도 아니었다. 두 개의 적대적인 힘의 충돌과정에서 혼혈 민중이 탄생했으며, 자유의 회복과 함께 새로운 영혼을 발전시켰다. (…) 우리의 모든 문명은, 건강하고 씩씩한 우리 아메리카의 문명은 어쩔 수 없이 정복자들의 흔적을 지닐 것이다. 하지만 새로운 민중들의 창조적 활력으로 그것을 개선하고 발전시켜 세상을 놀라게 할 것이다. 비록 상처는 입었지만, 우리는 아직 죽지 않았다. 이제 다시 살아날 것이다!"[69]

마르티는 청년시절에 이미 문화횡단의 역사 속에서 혼혈토착주의를 그대로 감지했다. 이 혼혈토착주의가 자유의 회복과 함께 새로운 영혼을 발전시키는 힘이라고 믿은 것이다. 그래서 그는 '독립의 문제는 단순한 형식의 변화가 아니라 영혼의 변화'라고 강조할 수 있었던 것이리라. 그가 감지한 이 새로운 신념은 '별'이라는 그의 이상으로 작동했을

---

[68] 『쿠바의 대위법, 담배와 설탕』에서, 페르난도 오르티스

[69] 호세 마르티, 1877년 24살의 청년 마르티의 기술. – 2004년 ≪카사 데 라스 아메리카스≫ 제236호에 실린 레타마르의 산문에서. 마르티의 이런 혼혈토착주의는 나중에 유명한 산문 「우리 아메리카」에서 더 빛을 발한다.

것이다.

"우리의 문화는 총합의 문화이다. 총합이란 새로운 출발점을 의미하며, 새로운 구조물의 시작을 의미한다. H_2O는 수소와 산소의 단순한 결합만이 아니라, 물을 의미하기도 한다. 숫자 3은 숫자 1과 2의 결합인 동시에 1도 2도 아닌 새로운 어떤 것이다. 아메리카의 비옥한 정신세계에는 이런 능력이 존재한다. 외견상 아무런 연관이 없는 풍경을 바라보면서도 동시에 그것의 객관적 구조를 세우는 능력 말이다." 다채로운 경력을 가진 20세기 멕시코의 뛰어난 문필가인 알폰소 레예스의 자신감은 쿠바의 혼종문화에 그대로 닿는다. 문화란 주고받는 과정이며, 잡종화와 뒤섞임(transculturation)의 과정에서 창출된 새로운 정신세계라는 말이다.

이러한 혼종의 현실과 문화횡단 의식은 알레호 카르펜티에르[70]의 '경이로운 현실'과 '바로크주의'에 닿는다.[71] 알레호 카르펜티에르는 보편성에 대한 지대한 열망. 만국적 가치를 작품에 수용하려 했고, 민족예술을 보편예술에 접목시키려 노력했다. 유럽중심주의나 편협한 토착주의에 모두 비판적이었다. 미학적인 면에서 라틴아메리카의 문화적 정체성 강조, 혼혈에 대한 자긍심이 강했다. 그는 아프로쿠반의 정령주의에서 마술적 요소가 현실 속에 녹아있음을 발견했던 것이다. 쿠바의 고유한 정체성은 파리의 초현실주의자들의 기괴한 상상과는 다른, 정령주의에서 자연스럽게 현실의 총체성을 드러낸다.

그는 중남미 대륙을 경이로운 현실 그 자체라고 강조했다. 인식론이 아닌 존재론적 양태로서의 생활의 터전, 뼈아픈 현실이 경이로움 자체라는 것이다. 이는 마르케스의 '마술적 사실주의'에 영향을 미쳤다. 또한 바로크적 요소가 중남미 현실과 글쓰기의 특징임을 강조했다. 바로

[70] 알레호 카르펜티에르는 보르헤스나 네루다와 함께 20세기에 중남미 문학의 토대를 이룸 '경이로운 현실'과 '바로크주의'를 정립한 작가이다. 프랑스계 건축가인 아버지, 러시아계 어머니 사이에서 1904년 아바나에서 태어남. 청소년기를 파리에서 보내면서 쿠바에 대한 귀향의식과 토착문화에 대한 강렬한 향수를 지니게 된다. 돌아온 후 독재에 맞서다가 감옥에 가고 다시 파리로 도피, 초현실주의자들과 교류하면서 영향을 받으나 이후 자신만의 고유한 미학을 그려냈다. 『더듬기와 차이』, 『에쿠에-얌바-오』, 『잃어버린 발자취』, 『계몽의 세기』, 『방법에의 회귀』, 『바로크 콘서트』 등의 작품에서 바로크적인 글쓰기가 다양한 문체로 나타나 있다.

[71] 《지구적 세계문학》 제4호(2014. 가을), 279–338쪽.

크는 17세기 건축, 회화, 미학이 아니다. 이미 고대에서부터 시대와 장소에 구애받지 않는 보편적인 문화양식이다. 멕시코 피라미드의 기하학적 부조, 고문서 등에 나타나는 메소 아메리카 신들의 기이한 형상 등에서 표현되어온 세계가 바로크이다. 스페인문화와 원주민의 바로크 문화가 혼합되면서 중남미 특유의 양식이 창출되었다는 것이다.

바로크 미학은 이념에 연루된 절대왕정의 기획이 아니라, 새로운 쿠바민족의 기획들이고 혁명이 요구하고 표방한 기획이었고, 때로는 더 개인적인 시학의 차원에서 출현한 기획들이었다. 알레호 카르펜티에르는 바로크가 일개 역사적 양식이 아니며 17세기 미학이나 문화로만 국한될 수 없는 인간 정신의 상수임을 강조했다. "공생의 대륙, 변화의 대륙, 역동적인 대륙, 혼혈의 대륙 아메리카는 애초부터 바로크적."이라는 것이다.[72] 이는 쿠바의 문학을 가능성의 장으로 순환의 장으로 열었다고 볼 수 있다.

쿠바의 혼종문화는 이런 바탕 위에서 유쾌한 다양성으로 성장해갔던 것이다.

[72] 《지구적 세계문학》 제4호, 2014년 가을, 309–338쪽 참조.

식민지 이전의 쿠바섬 원주민의 삶을 보여주는 거리 퍼포먼스.

공존의 씨앗, 감수성

다양한 문화들이 공존할 수 있는 바탕엔 감수성이 있다. 라틴 문화를 만들어낸 감수성은 아프리카에 그 뿌리를 둔다. 북소리에 맞추어 기도를 올리고 춤을 추는 아프리카 제의의 형식[73]이 쿠바의 세련된 리듬이 된 것이다. 때문일까. 그들은 인식으로 이해하는 게 아니라, 그냥 몸으로 지각하는 문화를 체득하고 있었다. 음악이란 밸런스이고 사람과 사람 사이에 조화의 결정이라는 것을 그들은 몸을 통해 안다. 몸 속의 자기 리듬을 따라 살면서 자연의 조화를 만들어내는 것이다. 그 조화는 저절로 감동의 발원지일 수밖에 없다.

공존에는 자연적 감수성이 우선이다. 그들은 젊다. 팔십 노인도 새로운 사랑을 꿈꾸며 산다. 바로 감수성과 공존의 문화가 그들을 젊게 만드는 것이다. 몸으로 가슴으로 관계를 충실히 느끼는 것이 공존의 출발이 아닐까. 그것이 고스란히 자신을 표현하는 일상으로 연결되는 걸 보면서 문명의 극단적인 위기에서 한때 악의 축으로 규정되기도 했던 쿠바가 왜 전 세계에서 대안사회의 모델이 되는지 알게 된다. 자신의 내면을 끌어낼 줄 알고, 다른 사람의 감성을 즐길 때 공존이 가능하다. 공존이란 '함께' 자유로운 것이고, 그 자유가 배려가 시작되는 자리이기 때문이다. 그들의 정체성을 이해하는 일은 음악선율처럼 자연스러웠다.

[73] 서아프리카 콩고족과 요루바족의 노예가 대다수였던 흑인들은 선조로부터 이어온 부족의 신들을 받들었는데, 그중 북을 사용하는 창고라는 음악의 신이 쿠바 음악의 기원이다.

극단적인 빈곤 속에서도 그들의 문화수준은 높다. 물론 오랜 식민지에 축적된 유럽문화와 새로운 미국문화의 영향도 있을 것이다.[74] 빈한하지만 활기찬 웃음소리 속에는 예술에 대한 감성이 고스란하다. 어떠한 고통과 굴욕 속에서도 그들은 자신의 영혼을 포기하지 않았다고나 해야 할까.

그들이 모순과 부조리를 극복할 수 있는 데는 감수성이라는 뿌리가 있었다. 고단한 현실이 일상을 압박하고 있는 건 사실이지만 그들은 영혼의 세계를 지속적으로 감지한다. 그들은 자신이 누려야 할 것이 눈에 보이지 않는 세계에도 거대한 잠재력으로 존재함을 직관적으로 깨닫고 있다. 이는 아프로쿠바노 문화[75]에서 그대로 드러난다. 모순 속에서 공존이 가능한 것은 감수성의 힘인 것이다.

이 감수성이 곧 존재감에 맞닿는다. 점점 감수성이 상실되고 있는 우리 사회의 문화는 진보한 것일까. 스스로 되묻지 않을 수 없다. 억압을 벗어나지 못하는 것은 진보일 수 없다. 황금만능은 더 많은 억압을 가져왔다. "사회의 진보는 계량화된 수치로는 표현할 수 없고, 머리로 이해하는 것보다 마음으로 느껴 평가해야 하며, 거기서 필요한 것은 풍부한 감성이다."[76] 에서 말하듯 진정한 진보는 감수성이 살아있는 문화에서 비롯되는 것이리라.

감수성은 성과가 아니라, 과정의 삶과 연결된다. 곰곰이 헤아리는 동안 여러 방면에서 그들에게는 격차가 적다는 것을 알았다. 물론 시장경제가 시작되면서 빈부격차가 생기기 시작했고, 관리의 부패와 모순도 많다. 그러나 민중들에게는 무료교육과 무료의료, 기본 식량이 배급되는 현실이 그들을 경쟁적으로 만들지 않는다. 특별히 돈을 많이 버는 직업이 따로 없으니 누구든지 자기가 원하는 삶을 선택한다. 그들은 머리 싸

---

[74] 그들은 두 대국으로부터 모든 문화를 습득했고, 게다가 거기에 종속된 것이 아니라, 혁명을 통해 그들의 간섭을 벗어나기도 했다. 그 힘이 자긍심으로 성장했다.

[75] 사백 년 전에 끌려온 노예들은 그들의 신을 버리지 않았고, 그 기도를 잃어버리지 않고, 그 특유의 존재감으로 아프리카 몸의 리듬을 유지하면서 라틴문화를 만들어냈다.

[76] 오바타 세키, 가미야 히데키, 「세계 경제는 이렇게 변한다」에서, 『몰락 선진국 쿠바가 옳았다』, 18쪽.

매고 고뇌하면서 경쟁을 통해 성과를 만들어내지 않는다. 욕망을 다스리려면 감수성의 회복이 우선이고 이를 위해선 문화예술을 구조적으로 정착시키는 게 절실하다.

아프로쿠바노인 그들이 음악이나 미술, 스포츠 등의 문화적인 삶을 선택하는 건 당연해 보인다. 노래와 춤을 좋아하는 그들로서는 자신을 언제 어디든 흔쾌하게 결정짓는다. 그러한 과정의 삶은 유쾌할 수밖에 없다. 때문에 비록 가난해서 불편한 삶이지만 그들은 존재감으로 충만할 수 있는 것이다. CUBA LIBRE, 도심 곳곳에 적혀 있는 말이다. 자유로운 쿠바. 정말 아이러니하다. 사회주의 국가인데도 불구하고, 실제로 많은 것이 통제되고 있음에도 그 일상은 자유로워 보인다. 사회주의이기 때문에 그들이 자유롭지 못하다는 게 일반적인 인식이다. 그러나 여기 와서 보면 생각이 바뀐다. 그들이 자유롭지 못한 것은 물질일 것이다. 아니, 그것도 아닌 것 같다. 그들은 충분해 보인다. 걸인처럼 보이는 사람은 거의 없고, 노숙자 등 정말 비극적 삶은 없어보인다. 삶을 자유롭게 하는 것이 무언지 여기에선 다시 생각하게 된다.

"이상하게 다행이었던 점은 어떠한 때에라도 국민들 사이에 웃음만큼은 사라지지 않게 되었다는 점이예요. 어느 날에는 어째 음악도 들을 수 없게 되었다면서 암흑 속에서 모두 합창을 부른 적이 있었어요. 이웃 사람이 노래를 부르자, 다른 이웃이 이어 부르고 우리들도 손에 들 수 있는 여러 도구를 두드리면서 노래 불렀어요."[77] 쿠바가 소련붕괴 후 경제 위기로 한참 고통스러울 때의 이야기다. 그들은 노래를 들을 수 없으면 노래를 부른다. 마지막 순간에도 노래할 수 있는 것, 이것이 쿠바의 강인함이다.

[77] 『작은 나라 큰 기적』, 요시다 사유리, 검둥소, 2011, 123쪽.

공존의 씨앗, 감수성

공존의 씨앗, 감수성

〈아메리카의 집〉과 쿠바의 문화정책

　호세 마르티 문화원에서 '쿠바, 저항과 해방의 문학'이라는 주제로 마우리시오와 얘기를 했다. 비가 엄청 쏟아지는 날이었다. 빗소리 속에서 두어 시간 정도 얘기를 나누는 동안 쿠바 문화예술의 특성이 요약되어 내게 전달되었다. 부족한 나의 서반아어 실력에도 열심히 설명해주려는 마우리시오의 음성은 삶에서 잊혀지지 않을 시간이 되었다.

　저항과 독립은 쿠바 문화의 뿌리이다. 하지만 음악과 미술, 문학으로 세계문화에 공헌해왔고, 특히 20세기 말에는 도덕적 저항으로, 또한 아메리카에서부터 생존함으로써 역사를 초월했다. 쿠바는 고유한 특성을 갖고 있으면서 공생의 문화를 향유하는 나라다.

　가장 인상적으로 다가온 건 〈아메리카의 집〉이었다. 혁명 직후 1959년 4월, 쿠바 정부는 마침내 문학적 성공을 위한 창구로서 〈아메리카의 집Casas de las Americas〉을 설립했다. 아바나에 있는 이 기관은 1960년대 이후 라틴 아메리카 문학 논쟁을 주도한 본산 같은 곳이다. 미국의 쿠바 고립화 정책에 맞서 쿠바와 다른 라틴 아메리카 국가들의 문화 기관을 연결하는 교량이었으며, 라틴 당대 최고의 지식인과 예술인들을 파격적인 조건으로 초청, 창작 활동을 지원함으로써, 라틴 아메리카 문화 활동의 메카로 떠오른 것이다. 그러면서 문학, 미술, 음악, 출판, 연극 등 제반 문화 활동을 지원하여 라틴의 결속을 위한 정신적 토대를 마련하면서 〈아메리카의 집〉은 라틴 아메리카의 지식인을 선도했을 정도로 권위를 인정받았다.

59년 4월 28일 문을 연 〈아메리카의 집〉은 라틴아메리카 문화와의 연대 속에서 쿠바의 독자적인 사회문화의 발전을 추구해 왔다. 〈아메리카의 집〉은 문학, 연극, 미술, 음악 부서 및 캐리비언 문화 연구소, 여성들을 위한 특수 프로그램 연구소, 문학 연구소, 잡지 발간부로 구성되어 있다. 창립 당시 최고의 예술가들과 지식인들 사이에 치열하게 오고 갔던 토론은 정책 수립의 과정에서 미국과 유럽중심의 문화를 벗어나 라틴 아메리카의 고유문화를 진화, 발전시켰다.[78] 동시에 경제적 빈곤 속에서도 새롭게 대두되는 문화정책을 진행해왔다.

이곳은 문학작품을 통해 힘을 발휘해가는 지식인들의 행동을 그대로 보여준 곳이다. 혁명의 성취로 쿠바는 사회주의 국가가 되었고, 이후 쿠바 현대문학을 논의할 때 쿠바혁명은 모든 것의 출발점이 된다. 하지만 혁명이라는 명제와 달리, 쿠바문학은 다원적으로 성장했다. 문화부와 밀접한 관계를 맺고 있지만 이들은 독자적으로 라틴 아메리카와의 문화연대 속에서 쿠바의 정체성을 찾고, 쿠바의 독창적인 문화생산, 문화소비 구조를 연구, 발전시킨 것이다.

쿠바 문화정책은 '혁명'이라는 이름 아래 실험문학과 혁명문학을 모두 수용했다. 혁명이 시작됐을 때 쿠바는 민족주의였으나 그 이후 사회주의 성향을 띄게 되었지만 사회주의 국가들의 문화정책, 특히 소련의 정책을 이식하지 않았다. 낡고 진부한 공식을 받아들이지 않고 쿠바정부는 예술가들에게 최대한 자유를 보장하고자 했다. 참여적인 영역과 함께 순수한 서정시 또한 힘을 발휘했다. 쿠바 모든 작가들은 정신적 스승인 호세 마르티로부터 배운 풍부한 자산을 보여주면서 동시에 자신

[78] 양국 국교 단절 이후 54년만에 미국은 쿠바를 테러지원국 명단에서 해제했다. 카리브해의 작은 나라 쿠바가 세계 최강 미국의 반세기 이상 계속된 온갖 억압과 방해를 견뎌내고, 사회주의라는 자신들이 선택한 생활방식을 유지한 채, 마침내 국제사회에 화려하게 복귀한 것이다. 이 150년에 걸친 피어린 투쟁 뒤에는 중남미 국가들의 연대가 있었다.

의 고유한 영역을 구축해낸 것이다.

라틴 아메리카에 있어서 쿠바 혁명이 갖는 중요성은 매우 크다. 쿠바혁명은 남미 전역에 혁명의 도화선이 되었고 사회적 격변을 몰고 왔다. 문학 외적인 면, 혁명, 미사일 위기, 체 게바라와 같은 정치·사회적인 요인으로 세계는 라틴아메리카에 대한 관심을 가지기 시작했다. 1960년에 이르러 서구는 비로소 이 지역의 문학작품들을 인정하기 시작했다. 카르시아 마르케스, 파블로 네루다. 옥타비오 파스, 루이스 보르헤스 등이 있다. 중남미 문학의 가장 큰 특징은 기성 문학관념과 체제에 대한 도전이다. 〈아메리카의 집〉이 '붐 세대'와 치열한 논쟁을 벌이면서 라틴 아메리카 문학을 보다 생산적이고 다양하게 만드는 데 주도적인 역할을 했다. 이곳에서 많은 전시회, 콘서트, 많은 강연들이 열리고, 1960년대 후반 전 세계 지식인들의 이목을 집중시키고 있는 잡지 ≪아메리카의 집≫은 라틴아메리카 문학의 실질적인 구심점 역할을 감당한다. 이러한 문화적 파급 효과는 대단했다. 이는 라틴 아메리카에 유례없는 단결을 가져다주었으며, 그 민족주의 정신의 물결은 남미 전역을 휩쓸어 지식인·예술가 집단에서 강력한 호응을 얻어 새로운 문화의 창출에 큰 역할을 했다.

혁명정부를 이룬 첫 해부터 피델은 강력한 문화정책을 폈다. '민족문화의 계승과 보전과 옹호'를 정책으로 삼은 피델의 선택은 탁월했다고 할 수 있다. 한 문화의 체질을 개선시킨다는 것은 얼마나 강인한 집중력을 필요로 하는 것일까. 모든 악의 근원은 무지에서 온다고 믿은 피델의 생각은 '글자를 모르면 왜 총을 잡는지 이해하지 못한다'는 체 게바라의 신조[79]와 일치했다. 그래서 혁명정부는 문학과 예술의 모든 영역에 투자했다. 특히 교육에 많은 힘을 기울였다. 의식주보다 중요한

[79] 체 게바라의 읽기와 쓰기에 대한 열정은 편집증에 가까웠다. 밤이면 오두막사는 인문학 강의실로 변했고, 직접 게릴라들에게 읽기와 쓰기를 가르치며 강요했다. "글자를 모르면 왜 총을 잡는지도 이해하지 못한다."는 신조를 체는 강력하게 주장했다.

건 가치관이며 가치관은 지식과 문화에서 나온다는 것을 일찍이 설파한 피델이었다. 문자해득 운동과 교육에 대한 압도적인 강조를 통해 아메리카에서 문자해독률이 가장 높은 인구를 창출했으며, '카리브의 집Casa del Caribe' 같은 제도, 출판사, 문학상을 만들었을 뿐 아니라 쿠바 문학의 역사를 재발견하여 출판하기도 했다. 혁명 정부를 세운 그해에 이미 예술과 문화를 발전시킬 기관을 차례로 설립했다. 이후 아메리카의 집, 국립영화예술산업청, 국립극장, 국립발레단과 교향악단, 국가민속학그룹과 그 조직 기관을 강화해왔고, 1960년도에 미술교사를 양성하는 학교를 처음 세웠다. 쿠바 정부의 예술 지원 정책으로 아바나에 영화 예술 및 영화 산업 연구소Instituto Cubano de Arte e Industrias Cinematogrficas: ICAIC가 세워졌으며, 각지에서 예술가들이 모여 활동했다.

쿠바가 정치적으로 고립되었을 때에도 〈아메리카의 집〉은 라틴국가들뿐만 아니라 세계 모든 국가들과 끊임없는 교류를 해왔다. 아이디 싼타마리아Haydee Santamaria를 초대 대표로 해서 미술가 마리아노 로드리게즈Mariano Rodriguez, 시인 로베르토 페르난데즈 레타마르Roberto Pernandez Ratamar로 이어지고 있다.

쿠바는 60년 가까이 이어진 미국 경제봉쇄에도 무상교육과 무상의료의 사회복지 제도를 유지했으며, 최근 드러난 신자유주의 한계에 저성장 시대를 대비한 대안사회 모델로 떠올랐다. 여기에는 문화예술의 힘이 크게 작용한다. 문화도시가 된다는 건 산업구조 혁신에만 있지 않다. 더 중요한 것은 시민의 삶이다. 미술관이나 박물관을 찾는 문화향유 활동, 스스로 만들어가는 문화 활동이 있어야 문화도시가 될 수 있다. 경제의 악화로 오랫동안 보수공사를 하지 못한 동네 극장에서는 최고급 발레를 공연하고, 가난한 시민들도 일주일에 두세 차례 공연을 관람하는 아바나. 문화도시란 단순히 자본의 논리가 아니라 공감이라는 정신적인 수준에 주목해야 함을 본다. 문화생활이란 자본의 잉여적인 잔치가 아님을 확신하게 된다.

쿠바의 문화정책은 예술의 대중화와 민주화이다.[80] 평균 월급 400~500MN(2~3만원)로 생활경제를 꾸려야 하는 가난한 쿠바인들이 춤, 음악, 발레, 연극 등 문화를 생산하고 향유하는 수준은 세계 최고를 자랑하는 현실이 그 사실을 증명해준다. 혁명 후 전국에 50여 개의 예술학교를 골고루 분포시켜 시골이건 도시건 예술에 재능이 있는 사람이면 그런 재능을 잃어버리지 않도록 노력, 국민들이 양적으로나 질적으로 골고루 예술의 혜택을 입도록 하고 있다. 마치 인종의 도가니 같은 된 쿠바의 다양한 종족은 피델이 혁명을 달성한 이후 가장 큰 숙제였을 것이다.

각 지역마다 카사 데 꿀뚜라[81], 카사 데 뜨로바[82]가 있다. 이는 지역문화의 바탕을 이룬다. 문학, 연극, 미술, 음악 등 각각의 부서로부터 고유영역의 특징 및 행사기획과 그 성과. 라틴아메리카 연극 축제, 라틴아메리카 책 축제, 국제 재즈 페스티벌을 비롯한 수많은 음악 축제, 발레 및 살사 포플라salsa popular 축제 등 일년 내내 끊임없이 문화의 물결이 일렁인다. 이 축제는 끊임없이 지역으로 확산된다. 중요한 것은 문화활동은 절대 영리를 목적으로 하지 않는다는 것이다. 의료와 교육이 그렇듯이.

[80] 혁명 후 정부는 미국 문화의 영향을 바로잡기 위하여 아프로쿠바노 문화단체에 보조금을 지원하고 전체적인 문화공연을 활성화했다. 그렇게 차츰 소비문화를 극복하고 스포츠나 예술 등 여가문화를 만들고자 했던 것이다.

[81] 쿠바의 까사 데 꿀뚜라(Casa de Cultura)는 실질적인 지역문화예술 총본부라 할 수 있을 것이다. 전문가집단과 지역주민들 사이의 교량 역할을 세밀하게 하고 있으며 지역사회의 커뮤니티로서 조직되고 있는 매개공간의 역할을 수행하고 있다.

[82] trova 는 시(詩), 곡조는 같고 가사만 바꾼 노래. (음유 시인들이 지어 불렀던) 연가 등을 뜻한다. 신음유시 운동. 전국에 있는 이곳에서는 언제나 쿠바음악의 진수를 맛볼 수 있다.

TIP 16   모데르니스모 운동

중남미의 모데르니스모(Modernismo) 운동은 개인의 서정성이 높은 표현 형식을 획득한 문학 혁명이다. 이를 통해서 중남미 문학은 세계 문학에 통합되는 동시에 진정한 의미의 아메리카 의식의 가능성과 독립성을 획득하는 계기가 되었다. 모데르니스모와 더불어 중남미문학이 서로의 국경을 넘고, 그리고 스페인과 프랑스에서까지 명성을 얻게 되었다.

중남미문학의 국제화에 기여한 자는 바로 루벤 다리오(Ruben Dario)이다. 니카라과에서 태어난 그는 칠레에 살면서 1888년 그에게 명성을 가져다 준 "푸름(Azul)"을 발표한다. 다리오는 19세기 말 2차례에 걸쳐 스페인을 방문하게 된다. 이로써 그의 작품은 모든 지역에서 알려지고 대서양의 양쪽에 영향을 주면서 처음으로 문학적 영향의 방향이 역전되게 된다.

모데르니스모는 아메리카 어느 한 곳에서 갑자기 나타난 것이 아니다. 19세기 말엽, 히스패닉 아메리카 북부지역에서도 동시에 출현한 것이다. 초기 자본사회의 형성으로 인해 세련된 독자층이 나타나고, 멕시코시티, 아바나, 보고따 같은 북부 도시에는 신문과 잡지 등이 증가했고, 처음으로 전업작가 층이 생겼다. 남쪽으로는 산띠아고, 부에노스 아이레스, 몬떼비데오 등이 근대 도시의 틀을 다져가고 있었다. 멕시코의 시인, 디아스 미론, 마누엘 구띠에레스 나헤라, 쿠바 시인인 호세 마르띠와 훌리안 까살 그리고 콜롬비아인인 호세 아순시온 실바 등은 이미 80년대에 시의 변혁을 시도하였다.

모데르니스모란 용어는 처음엔 "옛것에 대한 경멸과 새로움에 대한 찬양하는 태도"로 사용되었다. 그러나 1890년경, 중남미 몇몇의 작가들이 이 용어를 자신들의 문학 활동을 규정하는 용어로 받아들이면서 이 용어는 중남미 문학사의 중요한 개념으로 자리매김한다. 모데르니스모 운동의 근원은 시민계급 생활 형태에 대한 염증이다. 그 작가군은 소시민 계급의 불만을 대변하고 다양한 방식으로 체제에 반항한다. 모데르니스모의 시적 세계의 의미는 위기감에서 파생되는 근원에 대한 희구와 불안정한 세계 내에서의 완벽한 조화에 있다.

이러한 세기말적 운동은 스페인의 유산을 배척하고 프랑스의 영향을 깊게 받는데 이들 중 고답파와 상징주의는 직접적으로 영향을 주게 된다. 모데르니스모의 주요 테마는 첫째로 전설적이고 이단적인 것과 이국적이고 범세계적인 것에 관한 것이고 둘째로는 시인의 내적 정서, 감수성, 우울증과 번민에 관한 것들이다. 모데르니스모 운동이 식민지의 유산을 부정하고 새로운 전통을 확립하지 않았더라면 20세기 라틴 아메리카 문학은 달라졌을 것이다.

세 개의 시편에서 읽는 아프로쿠바노

　쿠바의 시문학에서 쿠바성은 호세 마르티, 니콜라스 기옌, 낸시 모레혼 등의 언어와 사유를 통해 정체성을 확보하고 있다. 이 정체성은 '하나 된 쿠바'에 대한 지속적인 염원으로 전개된다. 아프리카 문화의 구술성은 공동체 지향적인 흑인들의 구술성을 문학작품에서 보존하면서 1898년 쿠바 독립과 1959년 쿠바 혁명을 통해 인종 문제를 초월한 국가주의 담론을 형성하게 된다.

　진정한 쿠바문학의 시작은 19세기 말 호세 마르티로부터 시작된다. 시인이며 쿠바 독립의 아버지이기도 한 그는 일생을 쿠바란 무엇인가에 천착하면서 쿠바 문학에 깊은 정신적 유산을 남겼다. 한 인간의 정신성이 한 국가를 지배한 예도 흔치 않을 것이다.

　　핏빛 햇살이 작열한다,
　　음산한 구름을 가르며.
　　배가 승강구를 통해
　　흑인들을 떼로 토해낸다.
　　세찬 바람이
　　무성한 유향수 나무를 가르고
　　벌거벗은 노예들이
　　줄지어 걷고 또 걷는다.

　　소나기가 뒤흔든다,

썩은 냄새 진동하는 노예 막사를.
아이를 데리고 가던 엄마가
비명을 지르며 지나간다.

사막에서 떠오르는 태양 같은,
붉은 태양이 수평선 너머로 고개를 든다.
그리고 주검으로 남은 노예를 비춘다,
황야의 위 세이바 나무에 목을 매단.

한 소년이 그를 보았다. 그를 애도하는
사람들 때문에 격하게 몸을 떤다.
소년이 주검 발치에서 맹세한다,
삶을 바쳐 이 죄악을 씻겠노라고!

— 호세 마르티, 「소박한 시」에서[83]

[83] 《지구적 세계문학》 제3호(2014. 봄), 284–285쪽.(강문순 옮김)

    소년 시절, 그가 경험한 타자의 발견은 이 시에서 고스란히 읽힌다. 아직 아홉 살이 안 된 마르티는 사탕수수밭에서 힘든 노동을 하고 있는 사람들 사이로 오가야 했는데, 더러운 움막에서 무더기로 지내는 흑인 노동자들을 보는 것이 고통스러웠다. 그들의 슬픈 눈빛과 탄식 같은 노래가 마음 아팠다. 흑인노예에게 폭력을 가하는 양심도 없는 감독을 보면서 몸서리쳤다. 갇힌 흑인소년의 눈동자와 마주쳐야 했다. 능력이 없어 그들을 옹호할 수 없었던 그 순간에 그의 어린 영혼은 분노로 성장했다. 나중에 "나의 흑인들"이라고 부르게 된 연민이 그 당시부터 그의 가슴 속에 싹텄다. 시간이 지날수록 그것을 떠올렸고 그리고 글로 쓰면서 그 싹은 정의감으로 자랐다. "누가 흑인들에게 채찍질하는 것을 보았습니까? 늘 그들에게 빚진 자인 것을 생각하지 않습니까? 나는 그것을 보았고, 그때는 어릴 때였습니다. 아직도 치욕으로 물든 뺨들이 지

워지지 않았습니다. (…) 나는 그것을 보았고, 당시부터 그들의 옹호를 맹세했습니다."⁸⁴

 '그들에게 빚진 것'을 생각하는 삶. 그것이 그가 '평등'이라는 신념을 갖게 되는 모티프였다. 그들의 치욕을 잊지 않는 것. 그 연민과 분노가 내성적인 소년이었던 그를 혁명을 꿈꾸는 시인으로 성장시킨 것이다. 억압받는 존재의 발견은 그를 고뇌하는 시인으로, 독립운동의 아버지로, 다재다능한 사상가로 만들었다. 마르티는 유년시절 두려움이 가득한 자기 또래 노예의 눈동자를 잊을 수가 없었다. 또한 마딴사스에서 지내면서 자신에게 자연의 비의를 가르쳐준 늙은 노예의 순수함을 그는 사랑했다. 그 사랑이 그가 백인이면서도 아프로쿠바노라는 정체성을 확신하게 한 힘이 아니었을까. 이런 정신은 니콜라스 기옌의 사유에 그대로 스며든다.

[84] Jose Marti : Obras completas, Editorial de Ciencias Sociales, La Habana, 1975, t 22, p.189 En lo sucesivo OC. (N. de la E)

 오로지 나만 볼 수 있는 두 그림자,
 두 할아버지가 나를 호위한다.

 뼈촉을 장착한 창,
 가죽과 나무로 만든 북은
 우리 흑인 할아버지,
 넓은 주름 깃,
 전사의 회색 갑옷은
 우리 백인 할아버지

 맨발에 돌처럼 단단한 가슴은
 우리 흑인 할아버지 것이고,
 남극 설원 같은 눈동자는
 우리 백인 할아버지 것이거늘! (중략)

저렇게 많고 많은 노예선!
저렇게 많고 많은 흑인들!
저렇게 쑥쑥 자란 사탕수수!
저렇게 휘둘러대는 채찍!
흐느낌의 돌, 피의 돌,
반쯤 벌어진 살점과 눈동자,
텅빈 아침,
제당공장의 오후,
침묵을 찢어 놓는
크고 우렁찬 목소리.
저렇게 많고 많은 노예선!
저렇게 많고 많은 흑인들!
오로지 나만 볼 수 있는 두 그림자,
두 할아버지가 나를 호위한다.

페데리코 할아버지가 네게 소리칠 때
파쿤도 할아버지는 침묵한다.
밤이면 두 분은 꿈을 꾸고
걷고, 또 걷는다.
나는 두 분의 합이다.
―페데리코!
파쿤도! 두 분은 얼싸안고
탄식한다. 두 분은
고개를 똑바로 쳐든다
풍채가 똑같은 두 분이
별빛 아래서
풍채가 똑같은 두 분이
검은 열망과 하얀 열망
풍채가 똑같은 두 분이
소리치고, 꿈꾸고, 울고, 노래한다.
꿈꾸고, 울고, 노래한다.
울고, 노래한다.
노래한다!

―니콜라스 기엔, 「두 할아버지의 발라드」 부분[85]

[85] 《지구적 세계문학》 제3호, 2014년 봄호, 308-311쪽.(박병규 옮김)

이 작품은 아프로쿠바노의 진정한 근원을 잘 보여준다. 페데리코와 파쿤도라는 고유명사로 대변되는 두 세계, 두 개의 역사와 두 개의 열망이 어떻게 공감하는지 우리는 가슴 밑바닥에서부터 감지할 수 있게 된다. 이러한 공존의식은 쿠바 문화를 쿠바 문화로 보이게끔 하는 힘을 보여준다. 기옌의 시는 아프리카적이고, 아프리카적이라기보다는 쿠바적이다. 아프리카와 히스패닉이라는 두 개의 얼굴은 선택 가능한 사항이 아니라 문화횡단의 정수인 것이다.

기옌의 첫 시집 『손의 모티브』와 1년 뒤 발표한 『손고로 코손고』의 두드러진 특징은 물라토[86]의 어법과 어휘의 사용이다. 그의 문학을 한 마디로 대변하는 단어는 물라토이다. 자신이 물라토였으며, 쿠바가 물라토의 국가가 되기를 희망하고, 또 이를 위해 투쟁했다. 기옌의 이러한 선택은 실험적이라고 할 수 있다. 기옌은 시에서 쿠바 고유의 음악인 손son의 리듬감과 일상 생활의 질박한 정서를 구현하는 데 성공하였다.

[86] mulato: 스페인계 백인과 흑인의 혼혈

그의 시에서 아프리카 의성어, 종교, 리듬이 주 모티프로 등장한다. 짧고 간결한 시행, 북소리를 비롯한 각종 의성어의 반복을 통한 미학적 효과는 피압박민들의 고단한 현실의 고발이라는 무거운 주제에 윤기를 부여하고, 독자를 무리 없이 물라토의 서정 세계로 끌어들여 공감을 자아낸다. 니콜라스 기옌은 물라토로 한평생 민중의 고통과 고난, 꿈과 희망을 노래하면서 쿠바의 아프리카계 문화를 복원하고자 노력했다.

다음 시는 어떤가. 그 스스로 정체성을 확보하는 명쾌한 의지를 읽을 수 있다.

아직 물거품 내음이 난다, 그들 때문에 건너야 했던 바다의.
그날 밤은 기억나지 않는다.
그 바다조차 그날 밤을 기억하지 못하리라.

하지만 내가 본 첫 번째 가마우지만은 잊을 수 없다.
구름은 높았지, 마치 천진난만한 목격자처럼.
잃어버린 고향의 바닷가도 조상의 언어도 내 어찌 잊으리오.
하지만 나는 이곳에 팽개쳐졌고, 이곳에서 살아왔다.
개돼지처럼 일한 덕분에, 이곳에서 다시 태어났다.
얼마나 많은 만딩고 서사에 의지하고자 했던가.//(중략)
이 땅에서 나는 흥건한 피와 썩은 뼈를 만졌다.
끌려온 사람이든 아니든,
이 땅의 사람들의.
나는 기니로 가는 길을 결코 다시 상상하지 않았다.
기니였던가?
아니면 베냉이나 마다가스카르, 혹은 카보베르데? // (중략)
자본과 고리대금업자,
장군과 부르조아를 끝장내려고,
이제 내가 존재한다. 오늘 비로소 우리는 소유하고 창조한다.
우리는 더 이상 타자가 아니다.
우리 것이다, 대지가.
우리 것이다, 바다와 하늘이.
우리 것이다, 마법과 키메라가.
나와 동등한 사람들, 나는 그들이 춤추는 것을 보고 있다.(후략)
— 난시 모레혼, 「흑인여성」에서[87]

[87] 《지구적 세계문학》 제3호, 2014 봄, 254–266쪽. (우석균 번역)

　　사백 년 전 노예선을 탔던 아프리카 흑인들은 20세기에 한 여성이 자신들의 존재를 시로 노래하리라고 생각했을까. 시인의 언어는 매우 명료하고 단호하다. '우리는 더 이상 타자가 아니다'라고 강조할 수 있는 것은 보다 근원적인 세계를 확보하고 있음을 자신하는 까닭이리라. 그녀 스스로 시적 목소리를 통해 흑인성을 찬양하며 숨겨진 흑인 언어를 사용한다고 자부할 정도이다. 시인의 언어와 사유 속에는 쿠바 문화에 뿌리 깊게 자리한 아프리카성이 진한 물감처럼 담겨있다. "쿠바성은 피부색, 계급, 출생지, 혹은 이념적 성향, 이 모든 것은 초월하는 정신이다. 심지어 정치적 입장을 뛰어넘어 우리를 일체화시킨다. 다 같이 공유하는 표현과 억양에서, 쿠바식 유머인 초테오에서, 당김음을 사용하는 춤과 음악에서, 다차원적인 구어적 표현을 능란하게 구사한다는 점에서, 생존을 위한 내밀한 명민함에서, 위험을 무릅쓰는 저항 정신에서, 나아가 우리의 쿠바성에 위협이 되는 모든 시도에 기꺼이 맞서 싸우려는 데서 쿠바의 정체성이 확인된다"[88]는 난시 모레혼의 발언은 쿠바성에 담긴 공존의, 흙냄새 나는 뿌리를 그대로 보여준다.

"자신과 다른 것을 배제한 채 하나만을 위해 봉사하려는 사람은 그 누구에게도, 심지어 자기 자신에게까지도 도움이 되지 않습니다. 그것은 단지 사회적 부정의 또 다른 얼굴일 뿐입니다."라고 말하는 그녀는 자신의 시가 익명의 사람들을 대변하고, 국가정체성에 보탬이 되며, 여러 문화들이 서로 관계를 맺도록 도움이 되기를 기원한다.

모레혼은 자신의 문학에서 흑인성과 혁명성을 가장 중요한 주제로 삼았고, 쿠바 혁명의 이데올로기와 문학사상을 충실히 반영한다. 그녀의 주제들은 인종, 성, 역사, 정치, 흑인 쿠바인의 정체성과 함께 현대 쿠바의 뜨거운 에너지 자체이다. '종족적 요소에 대한 인간적이고 이성적인 이해가 없이는 어떠한 현대성도 기대할 수 없다' 그녀의 견해는 문학의 진정한 힘이 어디서 오는지를 보여준다.

단 세 편뿐이지만 쿠바문학의 정수를 보여주는 작품들이다. 그들의 뼈와 근육과 정신을 관통하는 아프리카의 피는 절실하다. 고단한 역사를 공존의 능력으로 바꾸어내는 힘을 가진 이 언어들 속에서 읽히는 쿠바의 영혼. 아픔을 고스란히 감지하면서 수용해낸 혼종문화, 곧 쿠바가 가진 횡단문화에서 인문을 배운다.

[88] 난시 모레혼, 「쿠바와 쿠바 문화에 뿌리 깊게 자리한 아프리카성」, 《지구적 세계문학》 제3호, 270쪽. 1996년에 발표한 이 글은 아프로쿠반의 고향과 쿠바성의 본질을 그대로 담고 있다. 그녀는 이 글에서 '우리는 마술적 사실주의의 자식이다. 역사적이고 초자연적인 힘들이 결현이 만(Gulf) 한가운데 우리를 살도록 만들었다'고 결론을 내리고 있다.

| TIP 17 | 쿠바문학의 대표 작가 |

* 호세 마르티(Jose Marti, 1853-1895) : 이 책에서 계속 언급되고 있듯이 국부로 추앙되는 위대한 시인. 루벤 다리오와 함께 라틴아메리카 모데르니스모 문학의 주역이며, 라틴아메리카의 비판적 사유의 선구자이다. 쿠바에 이상과 신념과 꿈의 '별'을 선물했다. 시집으로 『어린 이스마엘』, 『소박한 시』, 유고시집 『자유로운 시』 등이 있으며 기고문 「우리 아메리카」는 라틴아메리카 사상의 한 획을 그었다.

* 알레호 카르펜티에르(Alejo Carpentier, 1904-1980): 소설가, 에세이스트, 음악학자로, 라틴아메리카의 붐 소설에 지대한 영향을 끼쳤다. 유럽에서 태어났음에도 쿠바 작가로서의 정체성이 분명하였고, 〈경이로운 현실〉과 〈바로크 미학〉을 주창, 마술적 사실주의를 끌어냈다. 미의 중시, 라틴아메리카의 정체성 예찬, 탈식민적 열망, 사회변혁을 위한 예술가의 적극적 참여 옹호했다. 대표작으로는 「이 세상의 왕국」, 「쿠바의 음악」 등이 있다.

* 니콜라스 기엔(Nicolás Guillén, 1902-1989) : 기엔은 1930년 시집 『손의 모티브』를 출판하면서 그의 개성을 드러냈다. 1936년 독재정권에 맞서던 기엔은 반정부인사로 투옥된 이후 줄곧 저항적인 삶을 살게 된다. 『서인도 회사』에서부터 기엔의 시는 정치적 불의와 제국주의에 대한 투쟁의 기치를 높이 든다. 『스페인, 네 가지 걱정과 희망 하나』에서는 파시즘을 비판하면서도 낭만적인 우수와 죽음이라는 형이상학적 테마를 잘 아울렀다. 쿠바 혁명의 기쁨을 노래한 『내 가진 것』에서 마지막 동시집 『카리브 해의 종이배』에 이르기까지 기엔은 다양한 관심과 새로운 표현을 추구했다.

* 레타마르 (Roberto Fernandez Retamar, 1930~) : 시인이자 에세이스트. 쿠바 혁명의 산물인 '아메리카의 집'을 중심으로 라틴아메리카의 여러 문학 논쟁들을 주도한 중심인물. 27살에 예일대학에서 강의한 그는 현대 라틴 아메리카 소설의 과거와 현재를 말할 수 있는 유일한 산증인이다. 그의 대표작인 『칼리반』은 셰익스피어의 『태풍』을 다시 서술한 것으로, 라틴 아메리카 탈식민주의의 출발점으로 평가받는 작품이다. 프레드릭 제임슨은 그를 '라틴 아메리카의 에드워드 사이드'라고 극찬하기도 했다.

89 "소외된 사람의 기억도 귀중한 유산이며, 기억은 상상의 일부입니다. 내 글들은 기억에 바탕을 둡니다." 그는 역사 없는 비천한 사람들의 구전 증언에 바탕을 두어야 함을 강조했다. 수백 년의 전통 속에서 핵심적인 언어들을 되찾는 것. 다른 문화를 인정하고 문화적 차이를 받아들이는 것이 타인에 대한 진정한 존경임을 주창한 그의 증언문학은 다문화적 관점을 대표한다.

* 미겔 바르넷(Miguel Barnet, 1940~) : '증언문학'이라는 새로운 장르를 개척한 소설가, 민속학자. 증언문학이란 역사 속에서 소외된 사람들을 인터뷰하고, 그 내용을 문학성을 지닌 1인칭 소설로 만든 것을 일컫는다. 그는 증언문학을 통해 '기존의 지식인들이 무시했던 쿠바인들의 유산'을 복구했다.[89] 증언문학의 효시인 『어느 도망친 노예의 일생』은 노예였으며 90년대 후반 독립전쟁에 참여했던 에스테반 몬테호의 전기이다. 증언문학은 현실에 근거하면서 역사 속에서 무시된 사람들의 목소리를 통해 그들의 사회적, 개인적 특징들을 그대로 드러낸다.

* 난시 모레혼 (Nancy Morejón, 1944~) : 아프로쿠바 시인, 여성주의 시인, 혁명의

시인으로 불린다. 특히 최초의 아프로쿠바 문학 여성작가로 인정받았고, 항상 '최초'와 '흑인'이라는 수식어가 따라 다닌다. 모레혼은 1959년의 쿠바 혁명이 만든 대표 시인이며, 전 세계에서 인정받은 최초의 쿠바 흑인 여성 작가이고, 아바나대학 최초의 흑인 졸업생이다. 시인 이외에도 비평가이자 번역가로 활동하고 있으며, 현재 '아메리카의 집'의 카리브 해 연구소를 이끌고 있다.

* 호세 레사마 리마(Jose Lezama Lima, 1910~1976) : 시인, 20세기 라틴아메리카의 가장 위대한 작가들 중 한 사람. 많은 작가들의 문학적 대부 역할을 했으며, 특히 그가 창간한 ≪기원≫(Origenes, 1944~1956)은 혁명 이전의 쿠바 문학을 이끄는 중추적 문학 잡지였다. 쿠바 바로크 문학의 대표적 작가이기도 한 그는 신화의 세계에 침잠하여 예술을 자유를 실현하는 장소로 이해했고 시인을 '형상의 창조자'라고 명명했다. 소설가, 수필가, 비평가로도 활동했으며, 소설로는 『파라다이스』 등이 있다.

(위) 〈Alma mater〉 서점의 문화공간. 매월 두 번째 화요일마다 문화행사를 진행하는 시인 David Lopez Ximeno와 인사를 했다. 오늘은 글로리아 올란드라는 여자 다큐멘타리 영화감독을 만나고 영화를 보고 대화를 나누는 자리였다. 영화가 제법 길다. 영화주제는 1912년에 일어났던 흑백인종의 문제와 미국이 무기를 팔고, 그 무기로 그 시위를 탄압하는 과정을 비판하는 내용이다. 여기는 평등하다 믿었는데 내부적으로 완전히 해결된 문제가 아닌 모양이다. 현 정부에서 별로 좋아하지 않을 주제라 해서 더 관심이 갔다. 쿠바 문화의 현실을 제대로 이해하는 것은 중요하다.

(아래) 〈시인의 집〉 행사에 초대받았다. 지방에서 온 젊은 시인의 시를 읽는다고 한다. 진행 내용을 쉽게 이해할 수 없지만 낭송과 음악을 통해 분위기는 충분히 공유할 수 있었다. 시인 예니에르와 모랄레스와 인사를 나누고 거의 두 시간 가까운 행사를 다 들었다. 모랄레스 씨의 시집도 선물 받고 다비드의 시집도 받았다. 시인은 시집을 받을 때가 제일 행복한 법.

1998년 빔 벤더스(Wim Wenders) 감독의 작품, 〈부에나비스따 소시알 클럽〉이 세계적인 인기를 끌면서 쿠바 문화 이해의 폭을 넓혔다.

산테리아 종교에 담긴 아프로쿠바노

오후 3시 릴리아의 언니 릴리의 Santa축일이라고 해서 초대받았다. 그녀는 평상시 언제나 아래 위로 흰 옷에다 흰색 머릿수건, 레이스가 달린 흰 양말과 흰 신발을 신고 있었다. 산테리아 종교의 전통복장이다. 가톨릭과 아프리카 종교가 혼합된 산테리아 종교의 축일. 릴리는 오늘 노랑 드레스와 노랑 머릿수건으로 단장하고 있었다. 전혀 새로운 문화를 본다. 좁은 집안은 가족과 친구들로 앉을 데도 없이 가득찼다. 거실의 한 벽에 커다란 꽃바구니들과 케이크, 과자 등 쿠바에선 보기 어려운 화려한 제상이 차려져 있다.

악사들이 도착하고 이내 콩가[90]와 기타, 두 대의 바이올린이 좁은 집안을 리듬으로 채운다. 제의가 시작되자, 주인공인 릴리가 제단에 촛불을 켜고 오체투지하듯 바닥에 몸을 엎드리고 기도를 올리면서 오른쪽 손으로 종을 울린다. 그녀의 엄마인 마리아도 같은 형식으로 기도하고 종을 울렸다. 성모 바르바라상 앞에서 플라스틱으로 만들어진 붉은색 소리가 나는 마라카스를 흔든 후 기도하기도 한다.

흥겨운 음악 속에서 가족들이 나와 계속 몸을 흔들며 춤을 춘다. 북소리 속에 아프리카적인 노래를 하면서 춤을 추는데 가사 중간중간에 계속 '아베 마리아'가 반복되고 있었다. 흥미로웠다. 아프리카의 정글 속에서 추던 춤을 저렇게 추는구나. 무속적인 느낌 속에서 아베마리아

[90] 아래위로 길쭉한 북. 쿠바의 북은 콩가, 봉고, 젬베, 카혼 등이 있는데 콩가는 그 중 제일 크고 울림도 크다. 라틴 음악의 베이스 드럼 역할을 한다. 그외 악기로 클라베, 마라카스, 기로, 팀발레스 등이 있다.

가 울려퍼진다. 아프리카 종교가 가톨릭의 옷을 입고 있는 셈이다. 혼종문화를 그대로 감지할 수 있는 장면이었다.

산테리아는 아프리카 출신 노예들이 쿠바에 오면서 전승된 종교적 전통에 스페인 사람들이 보급시킨 가톨릭이 융합된 쿠바 토착 신앙이다. 다른 중남미와 마찬가지로 쿠바의 가톨릭도 쿠바 현지의 정령숭배주의가 혼재된 이른바 혼합주의의 길을 걸었던 것이다. 쿠바에서 발생한 혼합 카톨릭 산테리아는 성서에 바탕을 두기보다는 마술과 정령숭배에 뿌리를 두고 있다. 이는 스페인 정복자들이 아프리카 노예들에게 가톨릭을 강요하면서 시작되었다. 고유한 음악과 종교가 가졌던 아프리카인들은 예수와 마리아상을 바라보며 자신의 고유한 신들을 대입시켰다. 당시 노예들은 자신들이 아프리카에서부터 믿던 전통신들과 죽음의 영들을 가톨릭 성자들의 이름을 붙여 고쳐 부르기 시작했다. 이런 식으로 두 전통의 결합이 생성한 새로운 종교 전통으로 브라질에서는 깐동블레Candomble, 쿠바에서는 산테리아Santeria, 트리니다드에서는 샹고Shango, 아이티에서는 부두Voudoo가 발달하였다.

이들 전통에서 전형적으로 나타나는 혼합은 가톨릭 성인과 아프리카의 신, 혹은 정령인 오리샤Orisha들이 결합하는 현상이다. 아이티의 부두교, 브라질의 캉동블레교, 쿠바의 산테리아는 요루바 신화에 기원을 두고 있다. 요루바의 신화를 얘기하지 않고는 아프리카의 문화횡단 현상을 설명할 수 없다. 문화횡단이라는 과정 속에서 이들은 언어적, 문화적 측면과 결합, 자신만의 신앙세계를 구축해냈다.[91] 이런 현상이 일어난 데에는 억압적인 상황 때문인 것도 있지만 두 전통의 특성도 작용하였다. 민간 신앙을 잘 흡수하는 편인 가톨릭의 성인 숭배는 각 지역의 민간 신앙의 대상들을 성인이라는 체계로 흡수해온 역사이다. 가

[91] 그들은 쿠바의 수호성인인 누에스뜨라 세뇨라 델라 카리다드 델 코브레(Nuestra senora de la Caridad del Cobre)를 섬긴다. 1998년 바오로 2세가 그를 성인으로 인정했는데, 이때 산테리아 신봉자들은 자부심을 느꼈는데 이는 그들이 세뇨라 코브레와 산테리아교의 사랑의 풍요의 여신이 오쭌을 동일시하기 때문이다.

톨릭보다 더 혼합적인 종교는 없는 셈이다. 서인도 제도의 혼합종교들도 그런 가톨릭의 특성과 무관치 않다. 서구의 문화보다 더 혼합적인 문화가 있는가?[92]

아프로쿠바노 전체의 종교 문화를 대변하는 산테리아가 요루바(또는 루쿠미) 문화에 기원을 두고 발생했다면, 아프로쿠바노의 음악문화 전체를 대변하는 룸바rumba는 콩고의 문화에 기원을 두고 있다. 콩고 카빌도 또는 콩고 네이션은 문자 그대로 중부 아프리카 출신의 여러 부족들의 후예로 구성되었는데, 이들 역시 종교와 음악이 혼융된 카니발 문화를 보존하고 있다. 콩고 카빌도의 카니발에서는 유카 드럼yuka drum으로 연주하는 음악이 특징적이고, 골반을 흔들어대는 춤인 바쿠아노bacuano도 중요한 요소다.

민중종교 산테리아는 유럽의 유산과 아프리카의 유산을 융합시킨 통문화이다. 이 종교의 전통을 지키고 있는 자가 얼마나 되는지 정확히 파악하기 어렵다. 이들 산테리아 추종자들은 자신들이 가톨릭 신자라고 생각하고 실제로 가톨릭의 공식 종교행사에 참석하고 있기 때문에 산테리아의 존재는 더욱더 은밀하게 느껴질 수밖에 없다.

어쨌거나 신을 경외하는 동시에 자연을 경외하는 힘을 그들의 산테리아 의식에서 발견하게 된다. 그렇게 그들은 어떤 신이든 신을 수용하는 일에도 충분히 관대한 것이다.[93] 우리에게도 얼마나 아름다운 제의가 많았던가. 장독대에 맑은 물을 떠놓고 절하던 할머니의 새벽, 갓난아기의 머리맡에 차리던 제왕판, 둥구나무 아래 쌓던 작은 돌탑. 그 모두 삶에 정성을 들이는 것이다. 精과 誠을 다 한다는 것. 그건 곧 '관계'의 지극함을 이해하는 의지가 아니었던가. 이런 제의는 삶을 지극하게 하고 동시에 유쾌하게 하는 교감의 에너지이다. 동서양을 막론하고 상

[92] 레타마르는 2003년 발표한 「에리얼의 선택」이라는 글에서 산테리아보다 더 혼합적인 종교가 가톨릭이며, 서구문화가 가장 혼합적이라고 강조한다. (≪현대문학≫ 2005. 7월호에 실림)

[93] 쿠바 혁명 직후 쿠바는 종교를 탄압했으나, 현재는 종교의 자유를 허용하고 있다. 스페인 식민의 영향으로 가장 중요한 종교는 가톨릭이다. 다른 종교로는 장로교 등의 개신교, 여호와의 증인, 유대교, 그리고 기독교와 아프리카 요루바족의 전통종교가 섞인 혼합종교인 산테리아도 민중 종교로 존재한다. 아이티에서 온 이민자의 영향으로 부두교 신자도 있다. 정부에서 허가하면 야외에서 종교 집회를 열 수 있다. 이는 교황 요한 바오로 2세의 방문과 로마 가톨릭교회의 사회선교에 따른 것이다. 가톨릭교회와 일반 개신교들을 제외한 교파로는 세계성공회 공동체 소속 쿠바 성공회가 있다.

고시대엔 다양한 제의의 형식들이 춤과 노래로 표현되었다. 이를 통해 인류는 생명의 신비를 끌어내고, 우주와 무한히 교류하며, 존재감을 누렸던 것이다. 눈앞에 있는 기계적 체계가 아니라, 보다 본래적인 자연의 리듬 속에 진정한 인문이 있다는 말이다.

지금 우리에게 절실한 공존의 방식은 근원적인 세계에 직결된 문제이다. 이는 철학과 역사, 그리고 영성의 문제와도 맞닿아 있다. 이 시대 소비 방식은 존재감은 커녕 신과 이웃을 외면하고, 제의를 상실하게 했다. 공감과 공존과는 멀 수 밖에 없는 현실이다. 하지만 쿠바는 산테리아를 통해서 오늘도 그들만의 신들에게 귀를 기울이고 있었다.

세 개의 시편에서 읽는 아프로쿠바노

까예홍 아멜에서 만나는 아프로쿠바노

꼬히마르에 사는 엑토르가 안내한 까예홍 아멜Callejon de Hamel(Calle San Lazaro). 들어가는 입구부터가 심상치 않다. 센트로 아바나 한가운데지만 아프리카를 그대로 연상시키는 미술이 온 동네 가득이다. 1990년 화가 살바도르 곤살레스Salvador Gonzalez는 자신의 작업실 벽에 그리던 그림을 아멜 동네 전체에 그리기 시작했다. 아프리카 흑인들에 관한 그림이었다. 동네 사람들의 양해를 구하고, 지역의 젊은 예술가들과 함께 실험적인 그림을 그렸다. 아프리카 문화와 전통을 담은 벽화와 조각, 설치미술을 통해 골목 전체를 하나의 전시장으로 탄생시켰다. 결국 한 거리를 보기 위해 많은 사람들이 찾아오기 시작했다. 한 미술가의 신념이 마을을 변화시켰고, 많은 사람들을 행복하게 했다. 자신들만의 문화를 스스로 보존하고 스스로 즐기는 장소를 구축해낸 것이다.

매주 일요일 오후 12시부터 룸바공연이 열린다.[94] 룸바는 아프리카에서 온 춤이다. 그들의 신들린 흥은 언제 보아도 경이롭다. 입장료는 없지만 너도나도 감흥대로 팁을 건넨다. 그들의 춤, 그들의 목소리, 그들의 음악은 일단 돈보다는 그들 스스로 리듬에 흠뻑 빠져든다는 데서 감동적이다. 북소리에 맞춘 창조적 흔들림과 살아있는 표정, 제의와 같은 음악의 절정 아프리카의 영혼을 만난 듯했다. 모든 체제를 무시하는 그들의 음악과 춤은 골목 동네를 우주처럼 만든다. 오로지 몸으로 춤으

[94] 결코 쉬는 적이 없다는 이 공연은 내가 있을 무렵 딱 한 번 문을 닫았다. 넬슨 만델라 대통령의 장례일이었다. 넬슨 만델라 대통령 장례일은 전세계적으로 추모가 있어 영화제도 쉬었다. 국립미술관은 휴관. 하멜도 공연을 쉬고 있었다.
　쿠바는 1975년 앙골라에 군대를 파견, 미국이 지원하는 남아공화국 군의 공격을 저지했다. 만델라는 쿠바가 아프리카의 독립, 자유, 정의에 지대한 공헌을 했다고 평가했다. 1991년 쿠바를 방문한 만델라는 피델에게 말했다. "모든 것이 당신 덕분에 가능했소" 피델이 백인 중심의 정권을 타도하고 아프리카 민족회의를 지원한 것에 대한 인사였다.

95 쿠바 음악은 뚬바오라는 굉장히 대중적인 언어로 되어 있다. 그 리듬에 빠져들게 되면 음악이 굉장히 에로틱해진다. 저절로 몸이 움직여 춤을 추도록 한다. 그 음이 더 빨라질 경우 춤을 추는 사람들은 그 박자를 따라가기가 힘들어진다. 바로 그 박자가 부에나비스따 소시알 클럽 같은 밴드가 유명해지도록 한, 진정한 쿠바의 음악이자 쿠바의 리듬이다. 그리고 그 리듬 위에 모든 다른 요소가 얹어지는 것이다.

로 말하는 그 열정. 미친 듯이 연주하고 미친 듯이 춤춘다. 어느 비트가 이러한 몰입을 가져올까.95 환희와 엑스터시, 끈적끈적한 생명의 기운. 자신의 몸 속에 있는 원형적인 세계를 끊임없이 끌어내고 있는 공연은 거의 두 시간이 넘도록 계속되었다.

쿠바에서 음악은 일상 그 자체다. 어디선가 수시로 음악이 흘러나온다. 음악이 있으면 걸음마 아기부터 백세 노인까지 리듬을 타고 흥얼흥얼 몸을 흔든다. 부에나비스따 소시알 클럽 수준의 밴드가 거리마다 식당마다 연주하고 있는 나라. 나무 막대기로 양철통이나 프라스틱 통을 두드리면서 노래하고 춤추는 아이들이 골목마다 넘친다. 아무리 작은 마을이라도 수준 높은 뮤지션들이 감동적인 연주를 들려준다. 그렇게 누구든지 그 음악에 빠져들고 향유하는 것이다. 쿠바의 가장 큰 매력은 누구든 살사를 춘다는 것이다. 언제 어디서든이다. 살사춤을 보면 '이것이 쿠바다'라고 바로 느낌이 온다. 아이들도 악기를 들고 분위기에 빠진다. 가족끼리, 연인들이 함께 춤을 춘다. 그들이 즐기는 음악은 삶을 언제나 축제로 만든다. 때문에 그들에게는 세대를 뛰어넘어 할 수 있는 것들이 많다. 그것이 쿠바의 저력이다.

96 쿠바에서 가장 두드러지는 것은 여러 음악 장르가 다루어진다는 것. 쿠바의 전통적인 손son 음악은 1997년에 '부에나비스따 소시알 클럽' CD와 영화가 나오면서 1990년대에 전 세계적으로 다시 유행했다.

원주민과 스페인 문화의 혼혈, 아프리카인과 백인 간의 혼혈, 18세기 대거 이주한 중국인 간의 혼혈 등 혼종문화 바탕에다 스페인 음악(플라멩코)과 아프리카 리듬이 혼합되면서 전형적인 쿠바 음악이 태어났다. 그리고 독립 후 미국 대중음악이 침투, 기존의 쿠바 음악과 뒤섞여 아바네라, 룸바, 맘보, 차차차, 필링, 살사 같은 독특한 혼합적인 음악이 태어났다. 이 모든 것의 혼합이 손son이다.96 손은 여러 세대를 거치면서 노래와 악기가 합쳐 굳어진 것으로 세대를 이어오는 전통으로 '쿠바인들의 음악 언어'다. 지구상에 존재하는 유일한 작품으로 세상을 향한 쿠바의 선물이라고 할 수 있다.

스페인, 무어, 아프로쿠바노, 아이티, 카리브의 요소들이 뒤섞인 그들의 음악은 마술 요리라고 불리기도 한다. 20세기 초반에는 기타 반주에 의해 노래를 부르는 음유 시인들이 처음 등장했다. '누에바 트로바Nueva Trova'[97]는 방송 전파의 상업성과 외세 지배에 도전하고 진정으로 지역적이고 의미 있는 음악을 목표로 하고 있다. 또한 전통적 형식의 새로운 변이들인 랩과 레게톤 등도 월드뮤직의 최신 유행 음악으로 자리매김하고 있다.

어떤 식으로든 자신의 존재감을 확보해내는 게 이 사회의 장점이다. 빈부격차뿐 아니라 세대격차, 이데올로기 격차도 적다. 직업이나 지위에 의한 소득격차나 편견이 없기 때문일 것이다. 빈한한 삶을 넉넉한 웃음과 춤으로 지탱하는 느낌이었다. 사회주의의 장점은 분배의 철저함에 있다. 병을 앓았을 때 누구나 똑같은 치료를 받을 수 있다는 것, 누구든 배우고 싶을 때에 배울 수 있다는 것, 그리고 식량이 배급된다는 것은 절대적인 안도감이다. 아프리카의 본능에 그대로 닿아 있는 캐러비안적인 낙천성은 이 환경에서 유쾌한 리듬을 유지한다. 쿠바 사회의 그 무수한 모순들이 어둡고 우울하지 않는 이유이다.

쿠바음악은 한 마디로 대화하는 것 같고, 조화를 이룬다. 모든 악기들 사이, 목소리들 사이 음악이 서로 주고받으며 흘러다닌다. 끊임없이 흔들어대는 그들만의 특유한 몸짓이 참 재미있다. 그래서인지 웬지 그들은 죄가 없어 보인다. 인종차별과 성차별 없이 인간 본성이 그대로 드러나는 순수함 때문이리라. 그리고 뚱뚱하고 멋대가리 없어보이는 늙은 가수들이 참 귀엽다는 생각이 든다. 음악이 강물처럼 모든 것을 씻어가는 느낌.

[97] 신음유시운동: 그들은 혁명 후 새롭게 건설되는 인간적 삶에 대한 믿음을 합창했고, 민중들을 대변하고자 했다. 당시 쿠바 문단의 대표적 시인이었던 파야드 하미스와 페르난데스 레타마르가 음유시를 짓기 시작했다. 1966년 월간지 ≪수염난 악어≫를 창간하면서, 창간사에서 젊은 예술인들은 시와 음악의 만남을 추구한다는 것을 선언했다. 이후 이 잡지는 쿠바 신음유시 운동 이론의 산실이 되었다.

2014년 1월, 어느 하루 알레한드로 가르시아 음악학교를 방문했다. 감수성이 뛰어난 쿠바국민들을 만나면서, 특히 음악교육 현장이 무척 궁금했다. 교장선생님의 설명도 듣고 1시간 30분 가량 7살부터 18살까지 다양한 학생들의 연주를 들었다. 저학년부터 고학년까지 다양한 관악과 피아노, 합창 등 뜻밖의 공연으로 풍요로운 시간이었다. 수줍음 많은 그러면서 밝은 아이들의 표정을 보면서 모든 교육이 무료인 현실이 부러웠다. 자신이 선택하는 재능이란 그 자체로 얼마나 순수한 에너지인지 깨닫는다.

TIP 18　신음유시 운동

쿠바 내의 풍부한 음악적 전통을 이어 받고, 50~60년대의 라틴 아메리카 각국의 노래 운동의 영향에 의해 쿠바의 신음유시가 탄생했다. 신음유시의 탄생에 가장 큰 역할을 한 것은 쿠바 혁명이었다. 신음유시의 내용은 주로 조국과 사랑에 관한 것이며, 여기에 혁명과 혁명 영웅의 찬양, 저항의 노래가 첨가되었다. 또한 극적인 상황과 뚜렷한 시적·음악적 서정성이 잘 결합되어 매우 다양한 음향과 정서를 보여 주었다.

이 토양을 바탕으로 젊은 예술가들은 자신의 목소리를 민중에게 전달할 효과적인 매체로 음유시 형식을 선택하게 되었다. 시인들은 읽혀지기 위한 시를 쓰는 대신 불려지기 위한 시를 썼고, 그 시에 곡을 붙여 노래했다. 이후 쿠바의 신음유시 운동은 활발해졌다. 그들은 새로운 미학적 감성을 문화 운동으로 승화시키는 과정에서 노래를 통해 잊혀진 전통을 복구했고, 역사를 기록하며, 민중을 대변, 사회에 끊임없이 의견을 제시했다. 지역마다 〈La Casa de Trova〉가 있다.

대표적인 음악가로 실비오 로드리게스와 파블로 밀라네스가 있다. 밀라네스는 쿠바 민속 음악의 곡조를 주로 사용, 노래를 만들었다. 그의 음악적 주제는 사랑이나 혹은 시간의 흐름과 죽음 그리고 인권과 자유의 문제 등이었다.

거리미술에 담긴 혼종문화

쿠바의 거리미술은 놀랍다. 사회주의 국가인 만큼 리얼리즘 미술이 강할 거라는 생각은 착오였다. 쿠바 미술은 초현실주의 색채가 강했다. 거리 벽화들이 그것을 선명하게 보여주고 있었다. 거리미술에 담긴 내용들은 그들의 상상력과 감성의 깊이를 보여주는 지표이기에 충분했다.

다 둘러보기 힘들 만큼 오비스뽀[98] 거리는 몇 집 걸러 갤러리이다. 내가 그만큼 미술에 무지했던 탓인지 주로 쿠바의 음악이나 다른 스포츠, 정치체제에 대해서만 관심을 가졌던 까닭인지 그들의 미술 세계는 뜻밖에 상상력의 세례로 다가왔다. 국립미술관에서 시간을 보내면서 느낀 것도 강렬했다.[99] 쿠바의 초현실주의의 풍요로움에 깜짝 놀랐다. 그들의 영혼이 얼마나 자유로웠는지 깨달았다. 이렇게 예술이 풍부한 나라가 미국의 봉쇄에 의해, 사회주의라는 체제 때문에 가난에 시달리고 있다는 것이 가슴 아팠다.

거리의 벽화를 따라 걷다보면 그 느낌은 더 뜨거워진다. 미술은 영혼을 그리는 게 맞다고 수긍하게 된다. 그림들은 모든 삶에 환상이 있기 마련임을 그대로 보여주고 있었다. 리얼과 초현실이 얽히는 그들의 근원은 음악과 마찬가지로 아프리카가 미술에도 깊이 담겨 있었다. 영혼들이 나를 에워싸고 끊임없이 중얼거리는 느낌. 오래된 시간들이 나

[98] 아바나 비에하의 번화한 중심로. 오래된 건물과 현대적 건물이 조화를 이루고 있다. 라이브를 연주하는 카페들이 많다. 헤밍웨이가 자주 다니던 거리로 유명하다.

[99] 화가는 윌프레도 람(Wilfredo Lam, 1902-1982)과 마리아나오 로드리게스(Marianao Rodriguez, 1912-1990) 등이 쿠바가 배출한 중요한 화가로 손꼽힌다.

를 끌고가기 위해 그 자리에서 기다리고 있었던 모양이다. 그들은 함께 춤을 추기도 어둠 속에서 서로를 가만히 들여다보기도 하면서 계속 누군가를 부르며 살아가고 있는 것이다. 아마 죽음 이후 영혼의 세계가 그렇지 않을까.

거리미술에선 혼종문화의 형식이 그대로 내비친다. 중요한 것은 그림들이 울림, 어떤 진동을 확보하고 있다는 것이다. 거리의 표현이 기능적이 아니라, 어떤 미술보다 치열한 감수성과 현실성을 담보하고 있음이 그대로 다가왔다. 그건 그냥 재미있는 표현이 아니었다. 철학이 담긴 그림들이었고, 절실한 존재감이었다. 거리벽화를 통해 쿠바의 미술이 광대한 바다임을 엿보게 된 셈이다. 유럽과 아프리카, 혁명과 환상이 어떻게 겹치고 있는지, 아니 그것보다도 그들이 존재하는 방식은 얼마나 자유로운지….

아바나에 머물면서 벽에 그려진 그 미술을 따라 다닌 것이 내 산책 코스였다. 하지만 천천히 자본주의적 욕망으로 다시 일어서는 쿠바를 보면서 정말 이것이 우리 삶의 모델일까, 고민하게 된다. 그들은 시장경제에 익숙해지고 있고 차츰 소비적 일상에 길들여지기 시작할 것이기 때문이다. '궁극의 평등'이라는 혁명정신을 파고드는 관광 바이러스를 어떻게 이겨낼 것인가. 휴대전화, 컴퓨터, 자동차 구입 등 자본주의의 소비와 탐욕에 노출되기 시작하는 그들의 일상. 늘 생각하지만 빈부의 격차 또는 이데올로기의 격차로 개인의 인격이 망가지는, 불신과 불안의 사회보다는 함께 가난한 것이 낫다. 인간이 인간다울 수 있는 성실한 공식은 어떤 것일까.

거리미술에 담긴 혼종문화

TIP 19　쿠바적 대위법

　페르난도 오르티스는 『쿠바적 대위법: 담배와 설탕』에서 담배는 언제나 설탕보다 더 쿠바적이었다고 강조한다. 설탕의 생산은 제국주의적 현상, 즉 농장 노예제도가 이 섬을 관통하는 형태이기도 하다. 반면에 담배는 원래 토착적이고 지역적이며, 소규모 자작농을 형성한 것이었다. 오르티스에 따르면 각자는 "언제나 대조적으로!" 특정 작물과 그 특징들을 지닌 채 "토지, 기계, 노동, 화폐" 등의 특수한 결합으로부터 나온다고 한다. 그렇다면 이것은 쿠바의 문화횡단 과정과 관련된 작업—노동의 형태, 사회적 관계, 잉여의 전유—의 일종이다. 여기서 문화횡단 개념은 국제 경제 내의 종속에 대한 더 첨예한 인식과 함께 나타난다.

담배	설탕
토착적	외래적
어두운 색	밝은 색
야생적	문명적
개성적	일반적
남성적	여성적
장인	대량생산
계절적 시간	기계적 시간
개인적	협동적
생산관계자	생산관계 독점
영농중산층	계급갈등 유발
형성 토착	스페인
자유주의 대표	절대주의 옹호
국가독립 상징	외세 개입
세계 전체가 시장	미국이 시장 [100]

　"설탕은 신의 선물이지만, 담배는 악마의 선물이다." "설탕은 여성이지만, 담배는 남성이다. 설탕은 아폴로의 딸이고, 담배는 페르세포네의 자손이다." "담배는 니코틴이란 독을 갖고 있지만, 설탕은 탄수화물이란 영양분을 공급한다." "니코틴은 정신을 고양시켜 악마적 상상력을 자아내지만, 과도한 당분이 혈액에 투입되면 머리가 둔해지고 심지어 바보가 되기도 한다. 그래서 담배는 자유주의 개혁 집단에, 설탕은 반동적 보수주의자들에게 어울린다." "설탕은 항상 노예노동을 선호했지만, 담배는 자유인을 택했다. 설탕은 흑인들을 강제로 끌고 왔고, 담배는 백인의 자발적인 이민을 부추겼다." "담배는 중간계급이나 자유로운 부르주아지를 창출하지만, 설탕은 두 개의 극단, 곧 주인과 노예, 프롤레타리아와 부자를 창출한다." "설탕은 시끄러운 기계음의 오케스트라 아래 생산되지만, 담배는 침묵 속에서, 아니면 이야기가 곁들여지면서 생산된다. 설탕은 화성적 합창을, 담배는 솔로 멜로디를 요구한다."

— 『쿠바적 대위법: 담배와 설탕』에서

[100] 페르난도 오르티스의 통문화론과 탈식민주의에서.(우석균 옮김)

카르페 디엠

쿠바에 도착한 다음날로부터 매일같이 듣던 노래가 있다. 골목길에서도 택시 안에서도 내 방을 청소하던 릴리아의 입에서도 수시로 흘러나오던 노래.

Voy a reír, voy a bailar (난 웃을 거예요 춤을 출 거예요)
vivir mi vida la la la la (내 삶을 살 거예요)
voy a reír, voy a gozar (난 웃을 거예요.즐길 거예요)
vivir mi vida la la la la.(내 삶을 살 거예요)

이렇게 시작되는 되는 가사는 노래 전반에 계속 후렴구로 깔린다. 다음은 가사의 부분 부분에 담긴 내용이다. 유쾌한 리듬에 비해 내용은 절실하다.

Y para que llorar, pa' qué/ si duele una pena, se olvida (왜 울고 있나요. 불행이 아프다면 잊어버려요.)
y para qué sufrir, pa' qué/ si así es la vida, hay que vivirla la la le (왜 고통스러워하나요. 삶이 그런 거라면, 그냥 그렇게 살아요)//
Voy a vivir el momento/ para entender el destino/ (난 운명을 이해하기 위해 순간을 살 거예요)
voy a escuchar el silencio /para encontrar el camino (길을 찾기 위해 침묵에 귀 기울일 거예요)//
mi gente, la vida es una (친구들이여, 인생은 한번뿐이랍니다)

이 노래의 제목은 'vivir mi vida내 삶을 살 거야'이다. 푸에르토리코계 미국인 마크 앤소니의 11번 째 앨범에 담겨 있는 곡이다. 배우와 가수 생활을 동시에 시작한 그는 5회의 그래미상을 수상하면서 살사음악가로 우뚝 섰다. 모던 살사와 라틴 음악의 대표주자인 그는 라틴 음악의 열정적인 영혼으로 언급될 정도이다. 너도 나도 흥얼거리는 노래를 듣다 보니 어느새 내 귀에도 익숙해졌다.

빈곤이 보이는데도 다양한 인종으로 구성된 얼굴들은 하나같이 유쾌하다. 거리에 물자부족과 식량 부족이 눈에 띄는 데도 그러면서 즐거운 거리의 유쾌한 분위기를 차츰 이해할 수 있었다. 이 노래만큼 쿠바 사람과 그들의 삶을 잘 표현한 게 없다. 바로 '카르페 디엠'이다. 순간을 중시하고 순간에 존재하는 것. 고단함으로 점철된 역사 속에서 쿠바인들은 그것을 지혜로 얻어낸 것이다. 『그리스인 조르바』에서 조르바는 이렇게 말했다. "현재에 집중하라. 내 앞에 답이 있다". 이는 영화 〈죽은 시인의 사회〉에서 키팅 선생님의 목소리도 같다. "카르페 디엠, 오늘을 즐겨라, 소년들이여, 삶을 비상하게 만들어라."

카르페 디엠Carpe diem은 호라티우스의 라틴어 시 한 구절로부터 유래한 말이다. 이 명언은 '현재를 잡아라'로 번역된다. 본래, 단어 그대로 '카르페Carpe'는 '뽑다'를 의미였으나, 그는 '즐기다, 잡다, 사용하다, 이용하다'라는 뜻으로 사용하였다. 디엠Diem은 '날'을 의미하는 '디에스'의 목적어이다.

신들이 그대, 혹은 나에게 무슨 운명을 줄 것인지 알려고 하지 말게나.(중략) 지금 이 순간에도 티레니아 바다의 파도는 맞은 편의 바위를 점점 닳아 없애고 있다네. (친구여,) 현명하게 살게나. 포도주를 줄이고 먼 미래의 욕심을 가까운 내일의 희망으로 바꾸게나. 지금 우리가 말하는 동안에도, 질투하는 시간은 이미 흘러갔을 것이라네. 오늘을 즐기게, 미래에 최소한의 기대를 걸면서.
― 카르페 디엠 「호라티우스의 라틴어 송가」에서

　에피쿠로스 학파에 속했던 호라티우스의 "현재를 잡아라, 가급적 내일이란 말은 최소한만 믿어라," Carpe diem이라는 이 송가는 현대적인 살사곡 'vivir mi vida'에 그대로 닿아있다. 카르페 디엠은 이미 오래 전부터 인류의 지혜였다. 조상의 잠언들을 수집하여 모은 윤리적인 가르침인 피르케이 아보트1:14(탈무드)에는 구절은 이렇게 카르페 디엠을 말한다. "그리고 만약 지금이 아니라면, 언제?And if not now, when?" 이처럼 하루하루를 살아간다는 것, 그 자체가 축복이고 강인한 존재감인 것이다.
　'한 순간의 반짝임'에 지나지 않는 이 짧은 인생에서 우리가 해야 할 일은 무엇인가. 한국사회는 미래에 대한 두려움으로 가득하다. 그래서 무언가 사회적인 공유보다는 개인적인 축적이 우선이었다. 인생은 한 순간, 무서워하면 끝장이다. 누군가는 사람은 일평생을 두려움을 극복하는 데 소비한다고 말했다.
　"앞날이 걱정된다고 했소? 난 어제 일은 어제로 끝나오. 내일 일을 미리 생각하지도 않소. 나한테 중요한 건 지금 이 순간에 일어나는 일 뿐이오. 나는 늘 나에게 묻소. '자네 지금 뭘 하나?' '자려고 하네.' '그럼 잘 자게.' '지금은 뭘 하는가?' '일하고 있네.' '열심히 하게.'"
　조르바의 목소리다. 그 목소리를 쿠바 골목골목에서 듣는다. 쿠바인들은 어디서든 노래한다. 그들은 어디서든 춤을 춘다. 그리고 그들은 웃고 끌어안는다. 빈곤과 억압이 그들을 불행하게 만들도록 그들은 자신을 방치하지 않는다. 웃음소리도 크다. 몸짓도 활기차다. 당연히 당당하고 유쾌해보인다. 라틴음악의 발상지이니 음악이 거리에 깔려 있을 것이라 생각했지만 그 웃음이 바로 음악이었다. 아이들도 어른들도 노래를 부른다. 버스정류장에서 계속 흥얼거린다. 가난하면서 무엇이 저렇게 즐거울까. 그들의 웃음이 활기찬 이유는 허위의식이 없음이라고 보면서도 일면 당황스럽기도 했다.

　미국과 국교를 회복하면서 다시 시장이 개방되고 자본주의가 다시 상륙하는 일은 어쩔 수 없을지도 모른다. 배고픈 혁명을 지속할 수는 없기에 말이다. 다만 그들의 자긍심과 이웃정신, 물질에 병들지 않은 그들만의 유쾌한 카르페 디엠을 믿을 수밖에 없다. 원시적이고 근원적 생명력을 가진 그들의 저력을 믿고 싶다. '내일 할 수 있는 일은 오늘 하지 말라'라는 쿠바의 낙천적 격언을 믿고 싶다. 이것이 쿠바의 느린 희망이다. 가혹한 역사를 통해 익혀온 감성과, 자연의 리듬, '함께 사는' 법을 잃지 않으리라 믿고 싶다. 욕망을 다스리는 방식으로 문화예술을 선택한, 그 결과로 받은 유쾌함이라는 유산이 부럽다.

카르페 디엠

릴리아의 가족들

쿠바를 두 번째 방문. 새벽 6시에 택시를 타고 너무나 익숙해진 멕시코시티 이사벨 라 까톨리꼬 거리를 떠났다. 공항에서 수속하는데 아바나행 비행기라 그런지 쿠바로 들어가는 승객들의 짐이 장난이 아니다. 거의 이삿짐 수준. 쿠바의 현실을 잘 설명해주는 풍경이었다.[101] 1시쯤 호세 마르티 공항에 도착했다. 복잡한 수속을 마치고 나가니 엑토르가 기다리고 있었다. 비행기가 연착되는 바람에 그는 두 시간 이상 기다린 셈이다. 반갑고 미안했다. 엑토르는 릴리아의 남편이다. 지난해 아바나에 머무는 동안 이런저런 도움을 받으면서 서로 식구로 여기게 되었으니, 큰 인연인 셈이다.

가족으로 삼은 릴리아는 올해 41살, 그녀의 딸 릴리안느는 21살, 그녀의 손자 안젤로는 3살, 그녀의 엄마 마리아는 66세, 그녀의 할머니 에이미는 94세이다. 5대가 한 자리에 모여 춤을 춘다. 5대를 한 눈에 본다는 경이로움. 관절이 안 좋다는 에이미도 가족 춤엔 같이 끼여든다.

2013년 11월 5일 쾌활한 릴리아가 손자의 첫돌이라 자랑하여 깜짝 놀랐다. 그 자리에 참석하고 싶어, 증조할머니가 되는 마리아를 따라 릴리아의 집을 방문했다. 릴리아는 아르마르, 동쪽 해안가 제법 먼 곳에 살고 있었다. 버스를 타면 1시간 반은 족히 걸리는 곳. 마끼나 택시를 타고 아바나 비에하까지 가서 다시 마끼나를 갈아타고 20분 정도 달

[101] 비행기 화물은 보통 20kg이내지만 아바나행은 50kg까지 허용되어 있다는 말을 들었다. 전자제품을 비롯한 생활필수품 보따리들이 두려워보일 정도. 저걸 다 실으면 비행기가 뜰 수 있을까 걱정되었다.

렸다. 넓고 조용해보이는 동네였다. 비가 억수로 쏟아지는 날이었지만 그들만의 파티, 그들만의 행복을 엿보는 일은 신났다.

어른들의 축복 속에서 첫돌을 맞는 안젤로는 종종 하품을 하다가도 이내 모든 일에 호기심을 적극적으로 드러낸다. 가난하지만 풍요로움을 마음껏 누린 자리였다. 조촐한 그들만의 축제 fiesta는 쿠바 특유의 리듬으로 출렁거렸다. 어른도 아이도 가만 있지 못하고 몸을 흔들고 다닌다. 팔십 먹은 할머니부터 돌박이까지 리듬을 타고 있다. 몸치인 나도 음악 때문에 자꾸 몸을 흔들게 된다. 그들의 예술과 감성이 여기서부터일까. 짧았지만 새로운 느낌을 익힌 시간이었다. 돌잔치를 하며 사탕봉지를 천정에 걸어놓고 함께 당겨 환호성과 함께 나누는 그들의 모습이 재미있었다. 바깥에는 비가 엄청 쏟아지는 중이었다.

두 번째 릴리아를 방문한 건 쿠바 요리[102]를 배우기 위해서였다. 릴리아의 남편 엑토르가 데리러 왔다. 미리 시장봐 놓은 것 함께 들고 출발했다. 가다가 비야 빠나아메리카나 Villa panamericana에 있는 한 클럽에 들러 릴리아의 친구 제니에게 모히또와 다이끼리 만드는 법[103]을 배우고 술도 몇 잔씩 얻어 먹었다. 오후 4시쯤 알라마르 Alamar에 도착했는데 밤늦게 돌아올 때까지 잠시도 쉬지 않고 살사춤과 그 리듬에 빠져 있었다. 이들의 노는 문화는 도무지 따라갈 수가 없다. 그녀의 부엌에서 남편 엑토르가 열심히 고로케를 튀기고 오븐에 돼지고기 넣고 굽기 시작했다. 쿠바 전통음식인 모로스 이 크리스티아노 Moros y Cristianos(밥) 요리 과정도 오래 기억에 남는다.

돈 때문에 살기 어렵다는 말을 릴리아는 이해하지 못한다. "물론 돈은 필요해요. 그것뿐이지요. 돈이 없다고 못살진 않아요. 나를 살게 하는 것들은 너무 많지요. 지갑에 돈이 없으면 불편하지요. 그게 뭐 어떤

102 쿠바 요리는 스페인, 카리브해, 아프리카 영향을 다양하게 받아서 섞였다. 또한, 스페인과 미국의 영향이 강하여, 쌀, 콩, 돼지고기를 많이 사용한다. 쿠바 요리는 특이하게도 스페인과 아프리카식 요리법을 자국에 도입한 한편 타국과는 다른 독특한 향이 많이 나타나서 자국의 향취를 풍긴다. 적기는 하지만 수도 아바나를 중심으로 중국 요리의 영향이 나타난다.

103 그녀는 아름다운 바에서 일하는데 특별히 시간과 장소를 내주었다.
모히또 만드는 법 : 설탕, 박하잎, 럼, 라임, 얼음 그리고 'Angostura'라는 음료첨가제가 필요하다.

다이끼리 만드는 법 : 설탕, 럼, 레몬, 얼음을 넣고 쉐이크 한다.

(위) 릴리아가 추는 살사는 정말 흥겹다. 그녀는 딸과 자주 누가 더 엉덩이를 유연하게 흔드는지 내기를 한다.
(아래) 릴리아의 손자 안젤로의 첫 돌상. 엄마, 할머니, 증조할머니와 함께한 자리. 고조할머닌 못 오셨다. 내겐 쿠바의 가족들이라고 할까.

릴리아의 가족들

가요. 난 내 나라를 사랑해요. 우리 아이들도 사랑하구요. 당신 나라에서는 일년 내내 원하는 과일을 먹을 수 있는 걸 알아요. 그러나 우리는 제 철에 나오는 과일만 먹어요. 그것이 몸에도 좋고 자연에도 좋다는 걸 알지요." 릴리아의 말이다. 감자가 없다고, 사과가 없다고 아쉬워하는 내게, 그녀는 맨날 질책이다. 무안하면서 저절로 반성이 되었다. 그녀에게 돈이 필요한 이유는 더 특별한 것을 먹거나 더 멋을 내기 위해서, 사랑하는 사람에게 선물하고 싶어서이다.

이것이 그들의 자긍심인지도 모른다. 어린 시절 눈을 다친 그녀는 한쪽 시력을 잃었다. 하자만 그녀는 개의치 않는다. 열심히 춤추고 노래한다. 그녀는 내게 자주 말한다. "인생은 한 번뿐이예요. 행복해야 해요." 손자를 키우는데 필요한 돈을 벌기 위해 청소부로 일하면서도 늘 유쾌하게 춤춘다. 청소를 하면서도 늘 노래하는 그녀는 매사 흔쾌하다. 그야말로 카르페 디엠이다. 이번에도 릴리아는 인생은 한 번뿐, 즐겁게 살아야한다고 강조한다. 그녀는 내가 너무 진지한 게 가여운 모양이다.

싹싹하고 부지런한 릴리아는 쿠바의 자유로운 감수성을 그대로 보여주는 친구다. 항상 유쾌하면서도 중간중간 말할 때마다 눈시울이 젖기도 한다. 쉽게 감동하고 쉽게 아파하는 모습이 경직된 내 삶과는 많이 다른 것 같다. 이러한 자유로운 감수성은 풍요의 진짜 의미를 보여준다. 예를 들면 우선 성적으로도 자유롭다. 쿠바인의 이혼율은 85%로 대단히 높다. 평균적으로 한 사람이 세 번 정도 결혼한다고 한다. 결혼의 의미라는 관념이 없다. 이야말로 자유로운 존재의 한 형식을 보여준다.

릴리아도 엑토르와 결혼해 사는데 같이 있는 두 아이는 전 남편의 아이들이다. 또 엑토르에게도 전부인의 딸이 있는데 엄마와 함께 살고 있고, 주말마다 아빠와 지내기 위해 릴리아에게로 온다. 그렇게 섞여 가족을 이루며 지내는데 어떤 불편도 보이지 않는다. 주말마다 음악을 틀어놓고 함께 춤추며 지낸다. 혈연관계가 없는데도 물어보지 않으면 알 수 없을 정도로 그들은 사이가 좋고 매사 원만하다.[104] 집이 부족해 함께 사는 경우가 많지만 서로의 존재와 자유를 인정해주는 것이다. 그러한 상황이 처음엔 이해되기 어려웠다. 그러나 서로를 인정해주는 그들이 부러웠다. 우리 사회 같으면 어림없는 일들이 너무나 자연스럽게 자유롭게 어울려 있다.

일단 사회적 질서에 우리를 얽어매는 것이 가족주의인 것을 생각할 때, 가족 구성의 다양한 방식은 새로운 감수성을 만들어내는 것 같다. 이는 오히려 한 개인의 상처로 남는 것이 아니라, (물론 개별 차이가 있겠지만) 보다 더 차이를 이해하는, 자연적인 공존의 관계를 만들어내지 않을까. 우리가 가진 이성의 한계는 오히려 보이지 않는 억압으로 작용하지만 그러한 감성이 인정되는 사회는 그야말로 책임과 의무가 아닌, 사랑의 방식을 보여주는 게 아닐까. 문제는 감수성이 살아있는 사회라는 것이다. 감수성은 곧 공감의 능력 그 자체이다.

최근 아바나는 한국 드라마로 넘친다. 한국어를 배우는 시민들도 많다. 그들에게 우리는 부유하고 자유로워 보인다. 그들은 묻는다. "한국은 살기 좋은가요?" 다른 여행지에서도 몇몇 외국인도 그렇게 묻는다. 그때마다 나는 흔쾌하게 대답하지 못한다. 머뭇거리다가 대답한다. "돈이 있으면요…". 잘 사는 데는 돈이 필수조건인 우리 사회. 돈이 없으면 살기 어렵다는 말을 그들은 결코 이해하지 못한다.

[104] 그런 현실이다 보니 부모의 이혼에 정신적인 충격을 받거나 상처를 받는 경우는 거의 없다. 부모의 연애에 관대하고 그러다보니 아이의 연애에도 부모는 관대하다.

릴리아의 가족들

내가 지나는 이 대륙의 길 어귀마다 서려있는 그 무엇은 인간의 아픔이다.
때로 가슴을 쓸고 지나가야할 아픔들이 너무 많다는 데서 나는 깜짝 놀라기도 한다.

— 체 게바라

제4부

아름다운 배회

– 시간을 따라서

쿠바의 문, 쿠바의 유혹

　카메라를 들고 여기저기 배회하는 동안 쿠바의 문들에 감동받는다. 어느 지역을 가든 쿠바의 문들은 일단 높고 크다. 유럽의 건축양식이 겠지만 문은 쿠바의 과거의 부를 보여준다. 빛이 바랜, 고풍스러운 문들을 볼 때마다 사람들이 살아낸, 열고 닫아낸 무수한 시간들이 그대로 다가온다. 유럽풍의 큰 창틀. 화려하게 혹은 단아하게 낡았지만 기품있는 그 문들은 어떤 동화나 소설을 가지고 있는 것 같다.

　그 문들에 닿는 햇빛을 자꾸 응시하게 된다. 강력한 카리브의 색들 속에 때묻은 역사들이 고스란하다. 문을 찾아서 배회하는 동안 만나는 문들. 문은 아주 오래된 문학적인 메타포이다. 신화에서 하늘로 트인 통로이기도 한 문은 새로운 시작 또는 새로운 세계와의 만남을 내포하고 있기도 하다. 안과 밖, 환대와 추방, 빛과 어둠이 함께 담긴 문은 어쨌거나 아름다운 유혹으로 작동한다.

　또 다른 세계로의 여행과 일상적 조건으로부터의 일탈이라는 유혹 그리고 돌아가 안주하고 싶고 그리움에 닿고 싶은 욕망의 유혹을 함께 가지고 문은 닫히거나 열린다. 색채 때문일까. 고풍스런 느낌 때문일까. 시간 때문일까. 쿠바의 문들은 정말 유혹적이었다.

쿠바의 문, 쿠바의 유혹

쿠바의 문, 쿠바의 유혹

TIP 20 쿠바의 영화

쿠바는 브라질, 아르헨티나, 멕시코에 비해 제작 편수는 적지만 열악한 제작 여건에도 불구하고 질적으로 매우 우수한 영화들을 만들어 왔다. 혁명 정부가 1959년 세운 쿠바영화예술산업원(ICAIC)의 지원, 기획 하에 영화가 제작되었다. 혁명 몇 달 후인 1959년 3월에 설립된 ICAIC은 토마스 구티에레스 알레아, 움베르토 솔라스, 파스토르 베가, 사라 고메스, 훌리오 가르시아 에스피노사, 세르히오 히랄 같은 명감독을 배출했고 놀랄 만큼 다양하고, 우수한 영화를 만들어 냈다.

쿠바엔 국제적 명성을 가진 2개의 영화학교가 있다. 하지만 영화제작은 적은 편이다. 사회의 모든 분야와 마찬가지로 영화에도 다양한 모순이 존재한다. 쿠바 영화는 시기별로 4가지 단계로 정리된다. ① 1897년 루미에르 형제, 새로운 영화 기술 전수 ② 1930-1950 상업적 영화 개발, 영화산업을 부흥 시키려 하지만 실패 ③ ICAIC 설립 이후 국가가 영화 육성하기 위해 노력, 영화는 새로운 문화와 예술의 장 ④ 1980- 오늘날까지 전환기, 포스트 모던단계로 나아가는 중이다. 현대 쿠바영화의 특성은 1959년 쿠바 혁명 이후 신영화 운동으로 나아간다. 이는 쿠바를 제3세계 영화운동의 중심으로 만들었다.

영상교육과 함께 정체성을 고양하는 교육쿠바영화산업위원회는 1950년대부터 현대까지 쿠바 영화를 통해 '쿠바 현대의 책임감'에 중점을 두고 있다. 비판적인 시선이 쿠바 현대영화를 대표하고 있다. 하지만 졸업 후 독립 영화사를 만드는 것이 꿈인 쿠바의 젊은 청년들이 보여주는 것은 비판요소가 아닌 문화적인 요소이다. 쿠바의 작은 영화사들, 다양한 청년 감독들이 여러가지 다양한 시도를 하는 중이다.

그들의 주제는 역사적 트라우마와 망각되지 않는 기억, 사회주의적 리얼리즘과 실험적모더니즘, 쿠바 음악과 편집, 사운드, 디자인 미학적 특성 등에서 잘 드러난다. 유명한 영화인으로는 《저개발의 기억》(1968년), 《딸기와 초콜릿》(1993년)의 토마스 구티에레스 알레아(Tomás Gutiérrez Alea) 감독, 《인생은 휘파람을 부는 것》(1998년), 《아바나 조곡》(2003년)의 페르난도 페레스(Fernando Pérez), 움베르토 솔라스(Humberto Solas) 등이 국제적인 찬사를 받는다.

한국의 KOFLC과 쿠바 ICAIC의 정책적 교류 지원 가능성과 한국영화아카데미와 쿠바 국립영화학교의 교육 교류 가능성을 타진 중이다. 산업적 성과 보다는 문화적 다양성 확대와 예술 상호 교류를 목표로 추진할 예정이다.

ICAIC은 쿠바체제를 비판하는 영화는 지원하지 않지만 영화 컨텐츠 자체를 간섭하지 않는다. 정부와 감독들간의 의견 출동이 있었지만 결론은 영화는 하나의 예술이고 문화로 인정하다는 것이다. 세계에 쿠바 영화를 더 알리기 위해 고민하며, 앞으로 미국과의 관계회복에서 자신들의 다양성을 보여줄 새로운 시대가 도래할 것으로 확신하고 있다.

해마다 11월이면 국제 뉴시네마 라틴아메리카 영화제가 열렸고 제35회부터는 한국영화가 참가하기 시작했다. 한쿠바협회가 주최하고 (주)멕시코 한국대사관과 코트라가 후원. 양익준 감독과 강이관 감독이 초청되었다. 제36회 영화제 때에는 김동호 전 부산국제영화제 위원장과 임권택 감독이 쿠바에 들러 한국영화를 응원하기도 했다.

독립영화 〈쿠바의 연인〉을 만든 정호현 감독은 쿠바인과 결혼, 영주권을 획득하고 한국과 쿠바 문화교류에 전초병 역할을 하고 있다.

기다릴 줄 아는 사람들

코펠리아[105]에는 사방으로 입구가 있다. 저녁 7시경 각 입구마다 50여 명도 더 되어보이는 사람들이 줄을 서 있다. 종종 보는 풍경이라 궁금해 물었다. "이 줄, 무슨 줄이에요?" 답이 너무 우습고 즐겁다. "아이스크림 사먹으려구요." 정말 신기하다. 코펠리아 아이스크림이 유명하다고 듣긴 했지만 이렇게 사방 입구로 줄을 서서 몇 시간씩 기다리다니. 한 명이 나오면 한 명 들어간다. 이것도 낭만으로 이해해야 하나. 어쨌든 아이와 어른이 섞여 있는 하염없는 기다림이 즐거워보인다.

은행도 MN 환전소도 마찬가지다. 한 사람이 나와야 한 사람이 들어간다. 너댓 명씩 잘라 들어가고 나오기도 한다. 환전소 앞은 늘 긴 줄이다. 가게도 마찬가지다. 작은 슈퍼인데 긴 줄이다. 한 사람이 나오면 한 사람씩 들어가는 방식이다. 의아했다. 대신 가게 안은 북적거리지 않는다. 한참 기다렸다 들어간 슈퍼에는 구입하려고 했던 쌀, 야채 등이 하나도 없다. 있는 종류가 몇 가지 안 된다. 물자가 부족하다는 말을 실감했다. 물과 국수만 사고 나오면서 이런 불편함에 익숙해져야 함을 깨닫게 된다.

시내를 걷다 보면 어디서든 길게 줄선 사람들을 보게 된다. 그들은 언제 어디서든 기다린다. 물건을 사기 위해서도 버스를 타기 위해서도 환전을 위해서도[106] 기다려야 한다. 그 시간이 하염없다. 지방가는 버

[105] 쿠바에서 가장 유명한 아이스크림 레스토랑. MN으로 계산되는 저렴한 가격. 몇 시간씩 기다리는 긴 줄을 서야 한다. 베다도 23번가에 있다.

[106] 여행자들은 달러나 유로를 CUC로 바꾸어야, 쿠바인들은 CUC을 MN으로 바꾸어야 일상이 가능하다.

스 티켓을 예약하는데 기다리는 시간만 기본이 3시간이다. 시내버스도 4,50분 기다림이 예사다. 어떤 버스도 행선지가 적히지 않았다. 걸어가도 벌써 갔을 시간에 버스정류장에 서있다 보면 저절로 화가 치민다. 기다린 게 아까워서 또 기다린다. 하지만 아무도 서두르지 않는다. 물론 타고난 천성이라기보다 어쩔 수 없는 환경 탓이 더 클 것이다.

쿠바를 상징하는 것은 다양하다. 위대한 혁명가 게바라와 혁명 지도자 카스트로. 담뱃잎을 굵게 만 시가와 끝없이 펼쳐진 사탕수수 밭과 사탕수수로 만든 럼주, 살사와 룸바. 그리고 〈부에나비스따 소시알 클럽〉과 50년대 올드 카. 헤밍웨이. 그러나 그 모든 것 위에 기다림, 그 기다림의 용어 'Ultimo울티모'가 있다.

기다림을 유쾌하게 만들기 위해서 'Ultimo울티모'를 이용한다. 어디든 줄을 설 때는 이 'Ultimo'를 외쳐야 한다. 'Ultimo'는 마지막이라는 말이다. "Ultimo?" 이것은 "누가 마지막인가요?"를 묻는 것이다. 그러면 앞 사람 또는 주변에 있던 누군가가 대답을 한다. 좀 꼼꼼한 사람은 앞의 앞사람까지 확인해 놓고 제 편한 자리에 가서 기다린다. 그 때문에 줄이 그다지 길어보이지 않아도 막상 버스가 오거나 가게가 문을 열면 저절로 그 Ultimo 순서대로 긴 줄이 생긴다. Ultimo를 확인해놓지 않은 이방인은 도무지 줄에 끼일 수 없는 것이다. 대신 Ultimo를 활용하고 모퉁이 모퉁이 제 편한 자리에 가서 기다림을 누리는 사람들이 많다. 공존하는 데 이만한 지혜가 어디 있을까.

중남미 어떤 곳보다 고유한 특성을 갖고 있으면서 공존의 문화를 향유하는 데는 이 기다림의 힘이 절대 크다. 불편함과 느림, 감수성, 이웃정신 등 공존에 반드시 필요한 바탕에 기다림은 그 모든 가치를 견디게 하는 모퉁이돌 같은 것이다. 일상이 된 기다림과 인내가 느림의 문화와 이웃을 돌아보는 문화를 만든 것이다. 아무리 가난해도 서로 격려하면서 살아가는 것이 그들에게는 혁명이었다. 기다림도 하나의 혁명이 아닐까. 모든 불편을 편리처럼 바꾸는 힘은 이웃정신이다. 그들에게는 이웃이 있었다. 바로 혁명의 선물이었다.[107]

버스정류장에서 거의 한 시간 가깝게 지루하게 기다리던 중이었다. 앞에 있던 쿠바사람이 땅콩 한 봉지를 산다. 사서 반을 나누어준다. 그 땅콩 몇 알과 사탕 하나를 잊을 수 없다. 나중에 그는 내 버스비도 내주었다. 어찌 그들을 가난하다 할 수 있겠는가. 물론 몇 푼 아니더라도 말이다. 그것이다. 기다림이 그들을 친절하게 하고 유쾌하게 하는 하나의 비법인 것이다. 이것이 쿠바의 느린 희망을 보여준다. 가혹한 역사를 통해 익혀온 감성과, 자연의 리듬, '함께 사는' 법을 잃지 않으리라 믿고 싶다.

[107] 이웃과 함께 하는 이 기다림의 힘이 아무리 많은 불만이 있어도, 어떠한 욕망이 있어도 그 불만이나 욕망이 자신을 삼켜버리지 않게 하는 근원적인 에너지가 아닐까.

TIP 21　신제국주의

경제적 제국주의라고도 불리며, 거대한 금융 자본 또는 산업 자본을 이용하여 약소국의 경제를 수탈하는 행위이다. 이러한 특징을 가진 신제국주의는 자본주의와 경제적 민족주의와 밀접하게 관련이 되어있다. 신제국주의가 등장한 시기는 19세기에서 20세기 초반, 유럽, 미국, 그리고 나중에 일본의 식민지 자본주의 확장과정에서 여러 차례 등장했으며, 현재도 태평양의 약소국, 아프리카의 약소국과 강대국 간의 신제국주의 관계가 성립되고있다.

신제국주의가 고전적 제국주의와 다른 점은 신제국주의는 직접적인 침략행위로 약소국의 영토를 군사적으로 지배하진 않지만, 정치·사회·문화의 하부 구조를 이루는 경제를 수탈하여, 그 민족의 정치·사회·문화의 자주성을 말살하고 서서히 신식민지화 시키는 게 특징이다. 그리고 이 수탈 수단으로는 금융과 같은 3차 산업이 주를 이룬다.

신제국주의는 자본주의가 발달하면서 생긴 세계화와 동반했기 때문에, 여러 국가의 민족주의자들은 반세계화를 주장, 사회주의자들은 신자유주의에 반대하는 동시에 그에 대한 대안으로 대안 세계화를 주장한다. 쿠바 혁명이 성공하면서 쿠바는 신제국주의에 저항하여 성공하는 첫 경우가 되었다. 마르크스주의에서 자본주의 사회에서 나타나는 신제국주의 현상 발생의 문제점을 정립했으며, 블라디미르 레닌은 자신의 저서 『제국주의론』에서 자본주의, 경제적 민족주의의 혼합이 신제국주의 발생과 관련있다는 것을 학술적으로 남겼다.

TIP 22   여행에 관한 체 게바라의 어록

자신을 '시인이 되지 못한 혁명가'라고 부를 만큼 시에 심취했던 체. 여행이 없는 그의 일생은 상상하기 힘들다. 그는 여행하면서 대륙 구석구석에서 접한 인간과 사회의 질병에 깊은 연민과 분노를 느끼는데, 그 최초의 전기는 1954년 과테말라에서였다. 뒷날 "나는 아르헨티나에서 태어나, 과테말라에서 혁명가가 되고, 쿠바에서 싸웠다"고 술회했다. 호세 마르티의 말대로 '최선의 언어는 행동'이었던 것. 막사 안에서 시가를 문 채 괴테 자서전을 읽고 있는 사진을 우리는 익히 알고 있다. 책은 게바라의 고통을 덜어주는 것 같았다고 주변인들은 기억한다.

- 나도 다른 사람들처럼 성공하고 싶었다. 하지만, 나는 그 길을 걷지 않기로 맹세했다. 그것은 개인적 승리에 불과하므로. 나는 라틴아메리카 전역을 여행했고, 거기에서 빈곤과 기아, 질병에 죽어가는 무리들을 보았다. 나는 돌이킬 수 없는 길보다는, 돌아오지 않는 길을 선택하겠다.

- 나는 모국이 없다. 나는 아르헨티나 태생이지만 라틴아메리카 전체가 나의 모국이라고 생각한다. 나는 쿠바인, 아르헨티아인, 볼리비아인, 페루인, 에콰도르인 등이다.

- 난 아무 것도 후회하지 않으며 나의 무덤을 향해 걸어가리라. 오직 못다 부른 노래만을 아쉬워하리라.

- 우리는 여행을 통해 자신을 본다. 세상과 마주 서는 법을 배우는 자신을. 일말의 두려움을 떨쳐버리기 위해 눈을 부릅뜨는 자신을.

- 혁명의 근원은 사랑이다. 진정한 혁명가는 거대한 사랑의 감정으로부터 안내받는다.

- 태양을 마주할 용기가 있는 젊은이라면 누구나, 뜨거운 가슴을 찾아 헤맬 줄 알아야 한다. 그 길이 돌이킬 수 없는 길이라 할지라도. 심지어 가서 돌아오지 못할 길이라 할지라도.

- 물레방아를 향해 질주하는 돈키호테처럼 나는 녹슬지 않는 창을 가슴에 지닌 채 자유를 얻는 그날까지 앞으로만 앞으로만 달려갈 것이다.

- 나를 이끄는 유일한 열정은 진실을 전하는 것이다.

- 우리 모두 리얼리스트가 되자. 그러나 가슴 속에 항상 불가능에 대한 꿈을 가지자.

- 불가능한 것을 가슴에 품는다는 건 내가 이 대륙의 아주 작은 일원임을 느끼게 하다가도 내가 곧 대륙 자체임을 아주 강렬히 느끼게 해준다

TIP 23   피그스만 침공과 쿠바 미사일 위기

국교가 단절된 후 미국은 수차례 쿠바정부의 전복을 시도했다. 1961년 피그스만 침공과 1962년 쿠바 미사일 위기이다. 피그스만 침공은 1961년 4월 17일 미국 CIA가 훈련시킨 1,400명의 침공군이 피그스만의 히론 해변에 상륙. 미공군의 전투기와 함정이 가짜 표식을 매달거나 위장한 채 이 침공에 참여했으나, 114명이 사살, 나머지 전원이 포로가 된 사건. 이는 실패로 끝나면서 오히려 주권침해로 비판을 받았다.

이후 미국은 외교적·경제적으로 완전한 봉쇄정책을 단행한다. 그 속에서 카스트로는 혁명의 사회주의적 성격을 선언하면서 라틴 아메리카에서 최초로 사회주의 국가가 된다. 1975년 미국 상원위원회 조사는 1960년부터 1965년 사이에 CIA가 관여한 적어도 여덟 차례의 피델 카스트로 암살시도를 보고했다.

냉전 기간 중 가장 위험한 순간이었다는 쿠바 미사일 위기는 그 당시 양극체제였던 국제사회의 단면을 그대로 보여준다. 소련은 쿠바에 미사일을 배치하려고 하고, 미국은 쿠바에 설치된 미사일의 즉각적인 제거를 요구, 강력하게 반발했다. 소련에선 카리브해 위기, 쿠바 측에선 10월 위기라고 부른다.

이 미사일은 미국이 터키와 중동에 설치한 핵미사일에 대응한 것이었다. 소련은 수개월 내에 쿠바의 모든 미사일을 철수한다는 조건을 내걸었으며, 미국은 터키와 중동 국가에 설치된 ICBM기지를 은밀히 제거한다는 내용의 조약을 체결하였다. 케네디 또한 앞으로 쿠바를 침략하지 않겠다는 데에 동의하였다. 이 여파로 피그스 만 침공에서 붙잡힌 쿠바 출신 망명자들은 미국이 몸값을 지불하고 풀려났다.

'사이'를 보다

　'우리는 하나의 심연에서 또 하나의 심연으로 가는데 두 심연 사이가 삶이다.' 『그리스인 조르바』에 나오는 말이다. 두 심연 사이, 바로 실존의 세계이다. 사이는 모순을 만들기도 하는데, 이 모순의 양식이 곧 공존의 방식이 되기도 한다. 선과 악, 미와 추, 허구와 진실, 강한 자와 약자 등 상반된 가치들은 상호 부정하면서 인간에게 인식의 역사를 선물했다. 서로를 합리화하는 논리과정은 동일화와 배제의 허구 속에 우리를 가두었다. 착각과 오류로 얼룩진 이 허세는 공존의 불가능성으로 작동해온 게 사실이다.

　하지만 모든 차이는 '사이'로 공존한다. 동양철학에선 상호생성의 관계에 놓여있는 상반된 가치와 무위의 통찰을 이미 설명하지 않았는가. 모순의 상호작용은 왜곡된 존재를 만들기도, 유쾌한 조화를 만들기도 한다. 모순의 공존은 곧 삶의 기술 그 자체이다. 논리로 병립될 수 없는 것들이 무수한 '사이'로 얼크러지며 삶의 절묘한 진리로 발전하는 것이다.

　쿠바에서 마주친 것들은 무수한, 동시에 건강한 '사이'들이었다. 쿠바인 개인들에게서 나타나는 다양성은 '사이'가 살아있는 세계를 그대로 보여준다. 세포막은 평소에 감지하지 못하는 '사이'의 세계이다. 생물체의 기본단위인 세포막이 바로 우리가 지향해야 하는 인문의 세계를 잘 설명한다. 하지만 병들었을 때 우리는 '사이'가 끊긴 비생명성을 예민하게 감지한다. 세월호가 침몰되고야 우리의 '사이'들이 얼마나 오염되었는지를 깨닫듯 말이다. 人間의 삶도 마찬가지다. '間'이 보여주듯 생명의 근원은 바로 관계, 곧 '사이'에 있다. 인간은 '사이'의 존재인 것이다. 그러나 자살율 1위, 극단적인 황금만능, 소비중심주의, 세월호의 침몰 등은 무엇을 지시하는가. 그런 '사이'가 상실된 미래가 아닐까.

아바나 골목을 두어 시간 걷다 보면 진정 삶을 자유롭게 하는 것이 무언지 다시 생각하게 된다. 차이를 적대하지 않는 법, 학교에서 경쟁하지 않고 배우는 법, 공공의 논리로 움직이는 교육과 의료 등에서 무수한 '사이'들이 반짝이고 있었다. 사회주의라서 획일적이라고 생각했던 것과는 반대였다. 그 사이는 무수한 리듬과 색채와 춤으로 반짝이며 흔들리고 있었다. 그래서 그들에게서 자유를 느꼈던 것이다. 물질은 부족하지만 '사이'를 사는 그들만의 방식이 있음을 깨닫는다.

'사이'를 만드는 세포 하나하나가 감수성과 존재감으로 가득할 때 사회는 건강하다. 결국 '사이'가 건강해져야 개인도 사회도 건강하다. '사이'라는 유동성은 가치의 문제이기도 하다. '사이'를 제대로 자각할 때 사람은 세계를 반성할 수 있으며, 타락한 가치와 맞설 수 있다. 끝없는 식탐을 채우기 위해 외동딸도 팔고 자기 몸까지 먹어치워 이빨만 남은 에릭시톤의 허기가 오늘 우리 현실이다. 가난하지만 스스로 '애틋한 사이'가 되어 있을 때 문화는 생명성으로 작동한다. 그들이 가지고 있는 혼종문화의 에너지와 아프로쿠바노의 정신이 구축한 문화예술이 그것을 말해주고 있었다.

욕망과 소비, 성과와 경쟁, 비교와 폭력 등 우리 사회에서 경험한 사이는 공존의 방식이 결코 될 수 없음을 절감한다. 우리의 모든 '사이'는 병들었다. 우리는 무엇을 선택할 수 있을까.

'사이'를 보다

쿠바의 색. 여행하다 보면 어느 도시든 그 도시의 색깔을 가지고 있음을 알 수 있다. 파리의 색깔, 마드리드의 색깔, 로마의 색깔, 아바나의 색깔, 라싸의 색깔이 다 달랐다. 그중에서도 스페인 똘레도라는 작은 도시의 오렌지빛과 몽골 초원의 긴 초록, 라다크의 고동빛은 오래 가슴을 설레게 했다.

쿠바인의 영혼이 얼마나 감성적인가는 거리의 색깔들이 말해주고 있다. 대체적으로 파스텔톤으로 이어지는 아름다운 빛깔들은 따스하고 밝고 환하다. 그들의 고단한 삶이 그 색깔 속에서 어느 정도 유쾌해지는 것 같다. 물론 그 파스텔톤의 밝은 건물들은 남미 어디서나 볼 수 있듯이 식민지 시대의 유산이기도 하리라. 하지만 유독 쿠바에서는 그들의 춤과 노래와 웃음소리들이 그 색깔을 만들어내는 것처럼 유쾌하게 다가온다.

다른 색들, 그러나 서로 어울리는 색들. 그래서 그건 질서가 되기도 하고 자유가 되기도 한다. 사람이 사는 곳이 되는 것이다. 그들의 감수성과 공감의 능력이 어디서 오는지도 엿보게 되는 색. 도시의 매력은 시간을 뿜어내는 색채에 있음도 배운다.

'사이'를 보다

뜨리니다드Trinidad와 시엔푸에고스Cienfuegos

　뜨리니다드는 1514년에 건설된 도시다. 이 고풍스러운 관광도시는 지난해에 도시 500주년 행사를 치렀다. 금을 찾아 도착했던 정복자들은 금이 없자, 사탕수수를 재배하기 시작했다. 강제 노동과 개종을 시도하면서 원주민은 절멸하게 되고, 노예들이 본격적으로 들어와 사탕수수를 재배하게 된다. 아이티의 노예 폭동으로 프랑스 농장주들이 뜨리니다드로 도망쳐오면서 그들만의 작은 제국을 재건했는데 그것이 오늘의 뜨리니다드가 되었다.

　사탕수수와 노예무역으로 번성했지만 독립 운동의 과정에서 사탕수수 산업은 쇠퇴하고, 쿠바인들은 여행 중심지로 개발하기 시작했다. 그 역사와 문화를 인정받아 마침내 1988년 유네스코 세계 문화 유산으로 지정되었다. 동화 속인 듯 따뜻하고 신비롭게 다가온다. 한 마디로 아름답다. 파스텔톤으로 이어지는 거리를 보면서 무릇 도시는 이 정도의 감성으로 지어져야 한다는 생각이 저절로 든다.

　아무 장면을 찍어도 그림이 된다는 동화 같은 도시. 북회귀선의 태양이 닿은 파스텔톤 도시는 더 풍요로워진다. 가내수공업으로 만든 식탁보나 흰 레이스 뜨개질 상품이 유명한 골목에 들면 머나먼 여행지에 있다는 느낌이 진해진다. 그러다 다양한 자갈돌이 깔린 길바닥에 노을이 물들면 삶은 신기루일지도 모른다는 생각에 저절로 사로잡힌다.

사탕수수가 끝없이 펼쳐져 바람에 흔들리는 장관을 따라 시엔푸에고스 (100개의 불)에 도착했다. 시엔푸에고스는 대표적인 사탕수수 주산지이다. 시엔푸에고스의 중심부에 위치하는 호세 마르티 공원은 전체가 역사유적지로써 유네스코 세계문화유산이다. 가로 100m, 세로가 200m인 이 직사각형 광장은 19세기와 20세기에 건축된 역사적인 건물들이 광장을 둘러싸여 있다. 공원의 중앙에는 쿠바의 영웅인 호세 마르티의 동상이 위엄 있게 서 있으며 또 다른 한쪽에는 1902년 쿠바공화국 건국을 기념하는 아치가 서 있다.

이외에도 야외음악당이 있으며 공원의 한가운데는 이 지점에서 모든 길이 시작된다는 의미로 제로 킬로미터라는 표시가 바닥에 새겨져 있다. 공원의 동쪽 끝에는 1870년에 완공된 네오 클래식 양식의 프리시마 콘셉션 성당이 있는데 스테인드글라스가 아름답다. 성당 정면에는 1927년에 지은 콜레지오 산 로렌조 건물이 있고 현재는 학교로 사용하고 있다. 다른 한 코너에는 최고의 전망을 자랑하는 페레르 궁전이 있다.

시엔푸에고스. 북쪽에 위치한 1889년에 준공된 토마스 테리 극장. 대리석으로 장식되어 있고 천장의 프레스코가 특히 아름답다. 이곳에서 1895년 베르디의 아이다를 공연했고, 엔리코 카루소 그리고 안나 파블로바와 같은 가수들도 공연을 했다고 한다. 대통령 취임식이 열리기도 했다.

마딴사스와 한인후손들

마딴사스 가는 날. 언제나처럼 쿠바에선 어떤 여행이든 쉽지 않다. 우선 아침 일찍 터미널 가는 27번 시내버스를 타는 일부터가 만만찮다. 정류소에서 한참 기다려도 버스가 오지 않길래 불안해졌다. 시간을 놓칠 것 같아 차라리 걷자 싶어 30분을 허둥지둥 땀을 닦으며 콜론 묘지를 지나는데 그제야 27번이 지나간다. 반가움에 손을 들었더니 정류소가 아닌데도 세워준다. 고마워라.

비아술 터미널에 도착. 예약표 확인, 버스표를 건네받았다. 비아술을 타려는데, 예약이 안 되어 난감한 표정을 짓고 있는 두 한국남자를 만났다. 도와줄 수가 없었다. 오히려 가방을 맡기고 화장실을 다녀오는 도움을 받았다. 쿠바에선 혼자서 여행하면 화장실이 문제다. 보따리를 들고 들어갈 만큼 화장실이 깨끗하지 않다. 문도 잘 안 닫기는 화장실. 화장실 다녀와 한 달 예정으로 배낭여행을 시작한 그들과 얘기를 나누다 헤어졌다. 어쨌든 웬만하면 계획대로 진행되는 한국과 달리 매사가 불확실한 낯선 타국에서 부딪히는 난감함이란 사실 막막하다. 쿠바의 하루란 얼마나 좌충우돌인지 그들도 한참 겪어야 알리라. 8시 40분 비아술을 탈 수 있었다.

10시 5분에 마딴사스 도착. 한국쿠바협회 정호현 감독이 소개한 한인후손 Martha 임이 나와 있었다. 안녕하세요. 한국말로 먼저 인사를

108 2013년 아바나에서 한인후손회 송년모임에 참석한 적이 있다. 저녁식사 외엔 별다른 행사가 없었지만 긴 시간을 뛰어넘고 있는 핏줄이 당기던 느낌. 한인후손회 회장인 안토니오 김이라는 할아버지가 A4 용지 한 장으로 된 소식지를 나누어 주었다. 설날이 가까워서인지 세배하는 법이 그려져 있고, 최근의 한국소식도 담겨 있다. 눈물겨웠다. 조국이란 무엇일까. 그때부터 내 마음은 마딴사스를 향하고 있었다.

주신다. 76세의 노인이라기에 너무 정정하신 분이다. 마른 체격에 단아한 외모. 자신의 삶이 한인의 이민사였던 할머니. 그분의 아버님이 임천택 선생이다. 일단 택시를 타고 Martha 임 댁으로 향했다. 3CUC. 내가 낸다고 하는 데도 굳이 그녀가 택시비를 낸다. 이건 확실히 한국문화다.

1921년 일제 강점기 때 300여 명의 한국인들이 쿠바에 도착했다. 마딴사스는 당시 도착한 한인들이 자리잡았던 도시이다. 지금은 5세대, 6세대를 건너면서 천여 명에 이르는 한인 후손들. 그들은 아바나, 마딴사스, 카르데나스 등 쿠바 전역에 흩어져 살고 있다. 한인후손회[108] 가 있어 이들은 지금도 서로 연락망을 갖고 생활한다. 한국말을 거의 못하지만 그런데도 한국문화를 잊어버리지 않겠다는 열망이 상당하다.

Martha 임의 집에 들어서는데 깊은 데서 무언가 뭉실 떠오르는 것 같다. 가족들의 사진이 왠지 찡하게 다가온다. 단정하고 깔끔하게 정돈된 살림이 그녀의 성격을 보여준다. 뒤뜰 정원으로 가니 많은 화분과 아름다운 정원이 있었다. 난초가 종류별로 많았다. 그중 벽에 붙은 난에서 보랏빛 난이 환하게 피어있었다. 나의 자긍심이라고 난을 소개하는 Martha 임. 표정이 맑다. 식물을 참 좋아하시나보다.

커피를 끓이는 동안 집안을 둘러보다가 커

Martha 임의 거실 벽에 붙어 있는 가족 사진.
한국인의 피는 쿠바라는 먼 땅을 유유히 흐르고 있었다.

피향기가 한참 번지고서야 얘기를 시작했다. Martha 임은 선친 얘기부터 먼저 꺼냈다. 임천택 선생은 아홉 남매를 모두 공부시켰다. 그땐 혁명 훨씬 전이었고, 모두 공부하기가 어려운 시대였다. 그러나 아버지는 딸들이 쿠바에서 하녀가 되거나 공장 노동자가 되는 것을 걱정했다. 그래서 무엇보다 교육에 심혈을 기울였고, 아홉 남매는 다들 성공, 쿠바에서 지식인으로 살아갈 수 있었다. 형제 중 넷은 미국으로 건너가서 살고 있고 다른 가족은 쿠바 국내에 흩어져 있다.

Martha 임 또한 교사가 되어 학교에서 근무했다. Marta 임 선생은 마에스트로 노르말리스타대학 철학 석사. 초중학교 교사 및 대학교 교수 역임, 쿠바교육훈장, 호세 테이 문맹퇴치상 등 화려한 이력을 가지고 있었다. 역사학자였던 남편 라울과 함께 평생 교직에 몸담았다.

1921년 일제 강점기 때 멕시코를 통해 쿠바에 도착한 사람들. 그들이 맞닥뜨려야 했던 노동의 현실은 얼마나 고달팠을까. 그녀의 아버지 임천택 선생은 쿠바 속 한국인의 역사 그 자체다. 그 삶에서 임천택 선생은 선구자다.[109] 임천택 선생은 세 살 때 어머니 손에 끌려 멕시코에서 쿠바로 왔다. 그의 어머니는 설탕 때문에 경기가 좋은 멕시코에 돈 벌러 온 애니깽이었다. 1905년 사기꾼들에게 속아 제물포 항에서 배를 타고 멕시코를 거쳐 쿠바로 흘러들어간 300여 명의 조선인들 중 한 명이었던 것이다. 돈을 벌어 돌아오겠다는 희망이 물거품이 된 후, 쿠바로 넘어온 이들. 송일곤 감독의 92분짜리 장편 다큐멘터리 영화 〈시간의 춤〉에 한인 후손들의 애환이 잘 기록되어 있다.

임천택 선생은 그 고단함 속에서도 '초기 이민 30년사'를 써서 정리했다. Martha 임이 낡을대로 낡은 『쿠바이민사』를 꺼내왔다. 그 순간 가슴이 뜨거워졌다. 보여주는 자료들을 일일이 찍고 감상하는 동안 거

[109] 어쩌다가 이국만리 먼 땅에 와서 새로운 역사를 개척해내는 일이 얼마나 힘들었을까. 그럼에도 불구하고, 학교를 세워 우리말을 가르치고, 상해 임시정부에 독립자금을 보내는 등 고국을 잊지 않았다. 일제 강점기에 그렇게 쿠바에서 민족혼을 되새기던 인물이 바로 임천택 선생이다. 그속에서도 이주사를 기록으로 남기려는 노력은 이민사회에 대한 그의 소명의식을 보여준다. 이미 역사에 깨어있는 어른이었던 것이다. 그는 1997년 대한민국으로부터 훈장을 받기도 했다.

110 청년시절 마딴사스의 한 신문사에서 일했으며, 바티스타 군부 독재와 맞서 지하운동을 했고, 피델과 법대 동기생이었으며, 혁명 이후 체 게바라와 함께 기관장으로 임명되었던 한국인.

111 쿠바 한인 사회는 비교적 빨리 뿌리를 내리는 듯 했지만 1959년의 쿠바 혁명으로 다시 한번 요동친다. 카스트로 혁명정부는 사유재산을 동결하거나 몰수했다. 중산층으로 성장한 일부 한인들은 부르주아로 몰려 재산을 빼앗기거나 망명을 떠나야 했다. 한인사회도 흩어졌다. 카르데나스 에네껜 농장에서 한인 노동자를 규합해 혁명에 앞장섰던 사람이 있는가 하면, 피그스만 전투에서 반혁명군으로 참여한 한인도 있었다. 그러나 쿠바 혁명은 한편으로 어렵게 살고 있던 한인들에게는 새로운 기회였다. 한인 사회를 괴롭히던 외국인 배척주의와 차별 고용도 사라졌다. 무상교육과 무상배급 제도로 한인들은 쿠바인과 동등한 대우를 받으면서 급속히 쿠바 사회로 동화됐다.

대한 강을 따라가는 느낌이었다. 쿠바로 이주한 300여 명의 한인들은 사탕수수 산업에 종사하고 싶어했지만, 에네껜 농장에서 일해야 했다. 에네껜은 용설란과에 속하는 선인장으로, 단단한 섬유질로 이루어져 있다. 그 작물로 밧줄을 만들었다. 에네껜의 끝은 창끝처럼 날카로웠다. 빈곤을 탈출하고자 약속의 땅 쿠바로 이주했지만, 또 다시 에네껜 농장에서 더 고단한 노동을 감당해야 했던 것이다.

임천택 선생의 장남인 헤로니모 임[110] (임은조)은 쿠바 혁명에 참가한 공로로 체 게바라와 함께 혁명정부의 고위직을 역임한 혁명투사다.[111] 아시아인으로는 유일하게 쿠바 혁명사에 이름이 올라있다. 이곳에 적응해 쿠바인으로 살아온 그들의 역사는 땅을 딛은 인간의 강인한 생존을 그대로 보여준다. 그와 동시에 도착한 인간들에게 땅의 숨결을 불어넣으면서 그 땅의 사람들로 키워내는 쿠바라는 자연에 감동한다. 그 땅의 정기를 받고, 그곳의 문화를 익히고, 그 땅의 사람들로 살아온 한인. 열심히 살았다. 열심히 일하고 놀고 춤추었다. 가난과 차별에 굴하지 않고 자신들의 삶을 일궈냈고, 혁명에 동참하고 독재자를 타도하며 쿠바를 사랑해왔다. Martha 임도 아버지의 뜻을 이어 『쿠바의 한국인들』을 발간했다. 한국유민의 역사가 잘 정리되어 그대로 다가온다. 이 책은 한국어로 번역되기도 했다.

머나먼 타국에서 삶을 꾸려야 하는 숙명에도 불구하고 한인의 정체성을 끊임없이 되새겨온 그들, 쿠바의 문화를 받아들이고 '바로 지금이 가장 행복한 순간'이라고 믿으며 살아가는 그들. 그 후손들은 한인이라는 정체성을 잊지 않은 채 저명한 화가, 발레리나, 음악가, 대학교수 등으로 활약하며 쿠바인으로 살고 있다.[112] 평생 조국을 그리워하던 그들의 부모와 할머니 할아버지의 눈빛을 가슴에 품은 채 말이다.

몇 가지 책을 선물 받고 집을 나섰다. 바로 옆에 Seminario. 신학교가 있었다. Martha 임의 막내딸이 근무하는 곳이었다. 아바나 문윤미 씨가 소개한 김성기목사도 이곳 소속으로 살고 있다는데, 외출 중이었다. 김성기 씨는 쿠바 정부로부터 정식으로 허가받은 선교사다. 점심을 신학교 식당에서 해결했다. 그것도 특별한 경험이다. 식사 전에 함께 노래를 함으로써 기도를 대신하고 맛있는 스프와 볶음밥, 야채와 바나나 찐 것을 먹었다. 청교도적인 소박하고 즐거운 점심이었다. 신학교 뒤편 작은 농장이 있었고, 거기서 직접 가꾼 것으로 식탁을 마련한다고 했다.

마딴사스 시내 구경을 나섰다. 두 개의 강이 도심 전체를 가로질러 흐르고 있었고, 작은 도시인데도 불구하고 다리가 18개나 된다고 한다. 임선생님이 일러준 대로 골목을 돌아다니며 사진을 찍었다. 언덕으로 이루어진 거리를 오르내리며 거의 다섯 시간을 걸어다니다 신학교

[112] 이런 쿠바 한인들을 구원한 것은 높은 교육열이었다. 한인들은 1921년 6월 마딴사스에서 대한인국민회 '쿠바 지방회'를 설립했고, 마딴사스 주 정부의 인가를 받았다. 1967년 한인회는 공식적으로는 사라졌다. 등록회원 수대로 매년 내야 하는 세금을 감당하기 어려웠기 때문. 1922년 11월 4일 마딴사스 주 정부에 제출한 한인회 회계장부에는 교육에 대한 한인들의 집념이 담겨 있다. 1년간 지출한 회비 372페소 가운데 가장 많은 비용을 차지한 항목은 144페소에 이르는 '학교 지원비'. 반면에 사무실 임대료는 72페소, 전기료는 36페소, 기타 사업은 30페소였다. 그런 열망이 품은 시간의 열매로 2015년 8월 아바나에 한인후손회관이 태어났다.

로 돌아왔다. 신발과 양말까지 벗고 발을 좀 쉴 참인데 김성기목사가 돌아왔다. 신학교 안에 있는 손님방을 예약해 놓았단다. 신학교에서 머물다니 귀한 경험이다. 침대만 2개 달랑한, 뭔가 불편한, 그러면서 소박한 이 방을 오래 기억할 듯.

김성기 목사가 바쁘다길래 Martha 임과 단둘이 벨라스코 호텔에 가서 저녁을 먹었다. 25CUC. 그다지 훌륭하지 않았지만, 쿠바의 현실을 감안하면 행복한 식사였다. 다시 신학교로 돌아와 김성기 목사 방에서 차 한 잔 하면서 이 얘기 저 얘기 나눌 수 있었다. 그에게서 페르난도 오르티스의 『쿠바적 대위법, 담배와 설탕』을 선물받았다.

다음날 새벽 5시 30분에 일어나 출발 준비. 6시 30분에 봉고를 타고 아바나로 출발했다. 김성기 목사 가는 편에 동승하기로 한 것. 가는 동안 날이 밝아오고 김목사와 여러 이야기를 했다. 산테리아 종교와 가톨릭만 울울창창인 줄 알았는데 신학교가 있고 개신교 목사들이 지속적으로 배출되고 있다 하니 새로운 발견이다. 그러고보니 바야모의 숙소에서 일하던 여자가 자신을 '에반젤리코'라며 내게 전도하던 게 떠올랐다.

마딴사스주는 쿠바의 중부로 전형적인 농업지역이며 사탕수수 재배지가 분포되어 있다. 마딴사스 작은 시내가 마음에 들긴 하였지만 시골 쪽으로 나가면 더 아름다운 마딴사스를 볼 수 있지 않을까. 마딴사스의 농부와 아이들이 보고 싶다. 시내 한가운데에만 있다가 떠나와 이리저리 아쉬운 마음. 그러나 여행 속엔 늘 아쉬움이 있는 법. 마음을 내려놓기로 한다.

    2014년 8월 15일 광복절 행사로 아바나에 드디어 한인후손회관이 문을 열었다. 재외동포재단인 민평통이 나선 일이다. 주소는 Playa, Calle 7ma e/60 y 62이다. 한인후손회장인 안토니아 김이 대표로 있지만 찾아간 날은 다른 어른이 문을 열고 있었다.
    73세인 호세 아마도 김(위 사진)이라는 할아버지가 이것 저것 안내하며 설명해준다. 이제 공간이 확보되었으니 한인후손들도 발걸음하며 서로 교류하기가 좋으리라. 여기도 'Club Martiano Amistad Cuba Corea'라는 간판이 붙어 있다.

TIP 24   쿠바의 문을 여는 한국문화

2015년 2월 12일부터 시작된 〈쿠바도서축제〉에 한국도 공식적으로 참가했다. 오정희 소설가와 문정희 시인이 초대되었다. 한국과 쿠바정부의 문화교류채널이 구축된 것이다. 5월에는 한국작가가 〈쿠바 비엔날레〉에도 참여했다. 2015년 여름엔 쿠바문화예술축제(쿠바 재즈콘서트, 쿠바 현대영화제 등)가 열흘 동안 외교부 주최로 마련되었다. 2015년 9월에는 쿠바현대사진작가 5명의 사진전이 서울에서 열려 그들만의 문화적 특수성과 사진예술의 지형을 보여주었다. 일단 문화교류를 확보해내는 우리 외교부의 노력이 보인다.

물론 지난 두 해 동안 아바나에서 열린 〈뉴시네마 라틴아메리카 영화제〉에 참가, 한국영화를 상영, 임권택과 양익준, 강이관 감독을 소개한 한국쿠바교류협회의 숨은 활동도 있었다. 한쿠바교류협회는 문화교류를 통해 물밑에서 오래 민간외교를 가꾸어 왔다.

2014년에는 KOTRA 한국 사장이 한국–쿠바 간 경제협력과 문화교류에 기여한 공로로 한국인 최초로 호세마르티 특별상을 수상했다. KOTRA는 호세마르티 문화원과 함께 '시크릿 가든' 등 한류문화를 국영방송을 통해 방영하고 아바나 국제박람회에 몇년째 참여, 한국어 강좌 개설 등 양국 간의 문화교류에 노력했다. 지금까지 우고 차베스 베네주엘라 대통령이나 중국 시진핑 주석 등이 호세마르티 특별상을 받은 바 있다.

아바나는 한국 드라마에 잠식되어 있다. 가는 곳마다 한국 드라마 얘기를 꺼낸다. 한국의 배우들과 탈렌트와 가수를 나보다 더 잘 알고 있었다. 'Corea'라고 하면 그들은 현재 수교 중인 북한을 떠올리는 게 아니라, 대사관도 없는 남한을 떠올린다. 살아있는 지도자를 추앙하지 못하도록 법으로 정해놓은 쿠바는 북한 사람들이 제복에 김정은 인물 뱃지를 달고 있는 것을 결코 이해하지 못한다. 게다가 그들은 왜 항상 굳은 표정이냐며 고개를 갸웃거린다. 북한과 쿠바는 사회주의를 지향해도 완전 반대방향의 문화를 가지고 있었다.

거기엔 한국의 다양한 문화가 쿠바의 일상 속으로 밀려든 이유도 있다. 무엇보다 삼성이나 LG 등의 전자제품들을 비롯한 한국의 대기업이 본격적으로 진출한 것. 전자제품 매장엔 한국가전이 인기이고, 숙박업소마다 낡은 에어컨은 거의 삼성이나 LG 중고들이었다.

곧 우리와도 수교되리라 예상하지만, 우리와는 국교가 없어 여러 가지 여행에 불편한 것들이 많았다. KOTRA와 민간단체인 한국쿠바교류협회가 많은 일을 해왔고, 나도 불편하고 힘들 때마다 이 두 단체의 도움을 많이 받았다.

마딴사스 비아술 터미널

마딴사스와 한인후손들

비날레스Vinales의 흙냄새

펠리시아에게 부탁했더니 6시에 깨워준다. 준비하고 7시 20분에 까사를 나섰다. 아바나 대학 앞에 있는 콜리나 호텔에서 30분이나 넘어 버스를 기다렸다. 옆에서 동행할 듯한 멕시코 할머니와 아들이 함께 기다리고 있었다. 늙은 어머니를 모시고 여행하는 젊은이를 본다는 건 언제나 잔잔한 감동이다. 기다리면서 괜히 정겨움이 오간다. 그들과 함께 버스를 탔다. 호텔 아바나 리브레-나쇼날-파세오 아바나-멜리아 코히바 등을 다 들르니 대형버스가 꽉 찬다. 루마니아 단체팀, 캐나다, 네덜란드, 멕시코, 스페인, 프랑스 등 다양한 사람들이 다양한 말로 떠든다. 다 일행들이 있고, 나와 네덜란드 사람만 일행이 없는데 그는 스페인어를 한 마디도 못한다.

비날레스는 쿠바의 서부 피나르 델 리오Pinar del Rio의 계곡 지역이다. 아바나에서 189킬로미터 떨어져있는 이곳은 유기농 농사와 담배생산지로 유명하다. 유네스코 세계문화유산으로 지정된 생태지역으로 쿠바에서 가장 아름다운 비경을 간직하고 있다. 융기형 카르스트지역, 봉긋한 모고떼 언덕들[113], 환상적인 계곡들은 선사시대의 느낌을 그대로 전한다. 모고떼를 온전하게 볼 수 있는 곳은 비날레스뿐이라고 한다.

아바나에서 비날레스가는 길은 아름답다. 멀리 보이는 나지막한 구릉들과 야자수들, 아름드리 나무들. 쿠바는 시골이 아름답다더니 정말

[113] 모고떼는 산처럼 보이지만 사실은 주변이 아래로 가라앉으면서 생성된 언덕. 중생대에 형성된 석회암이 두껍게 분포하여, 바위가 빗물에 녹아 내려 형성된 지형이다. 수억 년 전 고지대였지만 오랜 침식작용 후의 끝에 남은 부분들이다.

그대로다. 관광지인데도 불구하고 예스러운 분위기와 순박한 느낌의 작은 동네가 정겹다. 남루하지만 소박한 집들은 그들의 삶이 지속가능한 세계임을 일깨워준다. 그런 담담한 풍경이 모고떼보다 더 신비로운 느낌.

비날레스의 인디오 동굴 앞에서 칠십이 넘어 보이는 음악가가 기타를 연주하며 노래를 부르고 있었다. 온 힘을 쏟아부어 부르는 노래와 바닥에 놓인 기타케이스 속에 든 다양한 국가의 지폐들과 동전이 그의 평생과 그리고 오늘 하루의 일상을 선명하게 그려준다. 인디오 동굴의 입구는 머리를 숙여야 들어갈 정도로 좁지만 이 동굴은 식민지 시절 노예들의 피신처로 사용될 정도로 깊고 넓었다. 안에는 호수와 코브라, 사자, 물고기, 용 등의 형상을 가진 다양한 종유석들이 있다. 보트로 물길을 따라 동굴을 빠져나오니 사탕수수를 그 자리에서 짜서 팔고 있다. 모두 한 잔씩 들이키는데 나는 망설이다 참았다.

동굴에서 약 30분 정도 버스를 타고 가면 선사시대 벽화가 나온다. 선사 시대에 그려진 것이 아니라, 선사 시대를 상상하여 그린 벽화이다. 레오비힐도 곤살레스 모리요Leovigildo Gonzalez Morillo가 다른 화가 15명과 함께 1959년부터 1962년에 카스트로의 명에 의해 그렸다고 한다. 가로 160미터 높이 120미터로 자연 암석에 그린 이 벽화는 세계 최대의 벽화다. 그림 중에는 공룡, 이구아나, 달팽이, 바다 생물, 아담과 이브, 그리고 아이들이 포함되어 있다. 아름답다기보다는 크기와 의도에 의의를 둘 수 있는 작품이다.

점심을 먹을 땐 가이드가 일행이 없는 네덜란드 남자와 나를 한 식탁에 짝지로 앉힌다. 나의 짧은 영어와 그의 짧은 스페인어가 총동원된 점심식사. 바로 앞에서 노래하는 악사들이 없었다면, 계속 박수를

비날레스Vinales의 흙냄새

보내야하는 그들이 없었다면 정말 긴 시간이 될 뻔했다.

　인구 약 2만 7천 명의 작은 도시 비날레스는 관광과 담배 농사에 의지하여 살아간다. 담배 농장이 주를 이룬다. 농장 견학을 통해 담배의 재배, 건조, 잎을 말아 시가를 제작하는 과정을 볼 수 있고, 질 좋은 시가를 구입할 수도 있다. 담배 농사로 늙은 노인이 거친 손으로 봄에 추수해서 잘 말린 담배잎을 잘 포개고 꼼꼼히 말아 양쪽 끝을 다듬어 시가를 완성하는 모습은 진지하다. 그 성실한 노동을 우린 아름다움으로 정의해야 하지 않을까. 괜히 가슴이 뜨듯해진다.

　전망대에 올라 바라본 전망대는 정말 고즈넉하고 아름다웠다. 마치 원시 속 같은 먼 풍경을 바라보노라면 고흐나 괴테가 된 느낌이다. 여행지에서 새로운 사유와 작업에 사로잡히는 예술가들 말이다. 뭔가 새롭고 슬프고 그립고, 그러면서 뭔가 아주 먼데서 천천히 돌아오는 느낌. 순수하면서 친화적인 느낌. 단체 속에 낀 홀로여서일까. 여수가 밀려오는 시간이었다.

　오고가며 버스 안이 너무 추운 게 힘들었다. 쿠바에서 도저히 이해 못할 것은 버스 안의 에어컨이다. 에너지도 귀한 나라에서 온종일 몸이 꽁꽁 얼어있어야 했다. 잠바를 벗지도 못했다. 혼자 돌아다닌 시간이 충분치 못해 눈길이 닿는 곳마다 아쉬운 마음. 비날레스는 작은 시골의 소박한 정경이 가슴을 데워주는 게 매력이라면 매력이다. 돌아오는 길에 아련한 흙냄새가 코 끝에 남아있음을 느꼈다.

TIP 25   지폐에 담긴 위인들

호세 마르티　　　　1MN 지폐
체 게바라　　　　　3MN 지폐
카밀로 시엔푸에고스　20MN 지폐
갈릭스토 갈리시아　　50MN 지폐
마누엘 세스페데스　　100MN 지폐

　20MN을 동전으로 바꾸었더니 한가득이다. 50번은 버스를 탈 수 있는 것이다. 한국돈 1,000원으로 50회의 버스를 탈 수 있음이 이곳의 복지를 그대로 느끼게 한다. 일반 국민을 위해서는 거의 모든 게 무료에 가깝다. 가장 많이 쓰이는 잔돈이 호세마르티고 그 다음 많이 쓰이는 잔돈이 체 게바라다. 두 혁명가의 지폐가 가장 손에 많이 쥐게 되는 잔돈인 게 인상깊다. CUC지폐는 문화유산이 담겨 있다.

거리악사들의 악기주머니.

비날레스Vinales의 흙냄새

불편의 편리를 배우다

쿠바에서 불편한 것들은 내가 문명을 얼마나 겹겹 껴입고 있는지를 알게 했다. 쿠바에 도착한 다음날부터 모든 것이 불편했다. 재미있는 건 돈이 있어도 물건을 살 수 없다는 것. 한 마디로 무언가를 구하려면 불편을 감수해야 했다. 식품을 구하는 것부터 교통수단까지 매순간이 간단하지가 않다. 나는 날이 갈수록 이 불편이 얼마나 중요한지 깨달았다. 일상이 된 기다림과 인내가 느림의 문화와 이웃문화를 만든 것이다. 내가 불편하니 남이 불편한 것도 이해한다.

쿠바여행은 불편함에 익숙해지는 훈련이었다. 소음에도 인터넷에도 물자부족에도 익숙해져야 한다. 언어에 거리에 타인의 눈빛에 익숙해지듯이. 소음이 힘들어 마리아에게 하소연하니 '습관이 들어야한다'며 한 마디로 잘라 말한다.

가장 큰 불편은 물자가 부족한 것이었다. 물질이 곳곳에 넘쳐나는, 필요한 것을 가까운 데서 척척 구입할 수 있는 우리 사회에서는 상상도 못할 지경이다. 물론 가게도 있고 시장도 있지만 적은 물량 때문에 가는 데마다 줄을 선다. 식량도 수시로 부족하다. 열흘 동안 계란을 못 구하다가 마침내 계란을 구했을 때 계란 하나하나가 기쁨이었고 소중했다. 지금은 냅킨이 시중에 없다. 불편하다. 그런데 이 불편함이 중요하다는 것을 배우게 된다.

불편은 인내와 기다림을 선물한다. 이 인내와 기다림이 삶을 더 소중하게 만든다. 낡은 비닐봉지 한 장도 기쁨이 된다. 편리주의로 그득한 우리 사회에서 '즐거운 불편'을 말하는 것은 가능할까. 소비사회는 결코 해방구가 아닌 것이다. '편리'에 빼앗겨버린 마음의 풍요가 새삼스럽다. 소비중심주의와 편리주의를 극복하는 방법은 불편을 즐겁게 선택하는 일에 있지 않을까.

왜 이 불편한 나라에서 살고 있느냐고 아바나에서 칠 년째 살고 있는 한국인에게 물었다. 대답은 간결하다. "여기선 뭐든 하고 싶은대로 하고 살지요." 한 마디로 그들에겐 허위가 없다. 그들은 잘 웃는다. 웃음소리도 크다. 아직도 쿠바에 대한 평가는 극단적이다. 유기농업과 의료, 교육의 이상향으로 언급되는 반면 인권탄압, 독재국가, 경제파탄, 부정부패, 끊임없는 망명자와 빈곤국가라는 평가이다. 그러나 평등, 연대, 인간의 존엄이라는 말이 우리보다 훨씬 잘 어울리는 사회이다.

겹겹 껴입은 문명 때문에 처음엔 불편했지만 더 많은 공부를 했다. 한 마디로 소유를 따라가면 이곳은 불편한 것 투성이다. 하지만 존재를 따라가면 이곳만큼 편하고 유쾌한 곳이 없다. 좋은 글을 써야겠다는 욕심이 오히려 느낌을 방해할까봐 하나씩 천천히 모든 것을 다시 응시하게 된다. 지루할 정도로.

그 불편함 끝에 화학비료와 화석 에너지가 사라진 흙 속으로 생태가 살아났다. 세계 유일의 지속가능한 국가 쿠바. 요시다 타로는 세계자연보호기금이 지구상에서 지속가능한 개발의 조건을 충족시키는 유일한 국가로 쿠바를 들었다.[114] 그에 의하면 지구환경을 훼손하지 않고 검소한 생활을 하면서 동시에 의료, 교육 등 인간개발지표를 충족시키는, 분명히 이율배반적으로 보이는 이 두 기준을 충족시키는 나라, 평

[114] 『몰락 선진국, 쿠바가 옳았다』, 요시다 타로, 서해문집, 2011, 327쪽.

균수명, 문자해독율과 교육수준 그리고 1인당 GDP를 토대로 산출한 인간개발지수 0.8이상을 충족시키는 나라는 단 한 나라밖에 없다. 미국의 생태발자국 9.5헥타르인데 반해 국민 1인당의 생태발자국 1.8글로벌 헥타르 이하로, 이는 환경적으로 지속가능한 나라임을 보여준다.

"불평등한 무역, 보호주의, 외채가 생태를 공격하고 환경의 파괴를 조장하고 있다. 우리가 인류를 이같은 자기파괴에서 구해내려 한다면 세계의 부와 기술을 더 많이 나누어야 한다. 일부 국가들은 덜 사치스럽고 덜 소비하는 것이 필요하다. 그러므로 세계의 대다수가 덜 빈곤하고 덜 굶주리게 될 것이다. 제3세계는 더 이상 환경을 파괴하는 생활양식과 소비관습을 이전받기를 원하지 않는다. 인간의 삶을 보다 합리적으로 만들자. 정의로운 국제경제질서를 만들자. 모든 과학지식을 환경오염이 아닌 지속가능한 발전을 위해 사용하자. 외채가 아니라 생태에 진 빚을 갚자. 인류가 아니라 굶주림을 사라지게 하자." 피델의 연설이다.[115] 인권탄압에도 불구하고 그는 자연과 인간과 그 본질을 정확하게 이해하고 있는 지도자임에 틀림없다.

이 모든 희망에는 자발적인 열정과 자발적인 가난, 즐거운 불편이 바탕이 된다. 중남미에서 가장 안전한 치안, 유엔에서도 방재국가로 인정한 재해 예방시스템, 78세라는 평균수명, 100세 이상 노인이 3천명은 된다는 현실이 모든 것을 말해주는 것 같기도 하다.

[115] 피델 카스트로, 1992년 브라질 리우데자네이루에서 열린 1차 지구환경회의에서.

TIP 26 쿠바의 심층적 생태주의

쿠바의 생태 환경은 스페인 식민지 이후 지속적으로 파괴되어 왔고, 독립이나 혁명 후에도 그다지 나아지지 않았다. 90년대 소련의 붕괴는 쿠바의 생태와 환경을 일대전환기로 만들었다. 수출과 수입이 모두 곤두박질치면서 몰락한 경제 탓에 농업개혁이 일어났다. 경제난과 식량난을 극복하기 위한 이 특별시기에 농업개혁은 필연적이었다.

대단위 국영농장을 협동농장(조합)으로 재편하는 것을 골자로 하는 이 개혁은 작물의 선택, 농장의 운영에 자율성을 보장받는 기초단위 생산자조합 UBPC로 재편되었다. '인민을 땅과 함께'라는 기치 아래 국유지를 개인농이나 개인농협동조합에 무기한 무료로 임대했다. 국유지 임대 자격은 거주지 주변의 유휴지가 있을 것과 농산물을 생산할 수 있음을 입증하는 것이었다.

이런 농업개혁은 도시농업 활성화로 이어져 오르가노포니코 사업으로 발전했다. 경제 위기 중 쿠바 정부가 최우선 순위는 '한 사람이라도 굶주리게 하지 않는 것', 즉 식량문제 개선이었다. 도시농업 개혁이었고, 농약과 화학비료, 기계류의 수입이 중단됨에 따라 유기농업으로 전환이 시작되었다. 1990년 경제위기일 때 라울은 '콩은 총보다 중요하다'며 도시 농업 추진의 선두에 서왔다. 라울의 도시농업운동은 큰 개혁의 성과를 이루었다. 5,000개의 쓰레기장이 10년 동안 오르가노포니코와 집약적 채소 텃밭으로 전환되었다고 한다. 종자 생산에 도전, 농민 참여형 품종개량이나 식량주권을 지키는 전략으로서의 지방농업개혁프로젝트가 2000년에 시작되었다. 이 프로그램은 농촌여성의 생활방식도 참여형으로 바뀌었다. 종자의 다양화와 생태농업으로 농업재생이 진척되고 있다.

90년대 식량난의 소산이기도 한 오르가노포니코는 주차장이나 공터 같은 도시의 유휴지에 채소 등의 식량작물을 재배하기 시작한 사업이다. 도시농업과 유기농업의 선진적, 성공적 사례이다. 도시 안, 근교의 공터, 작은 텃밭과 뒤뜰을 활용한 작은 농장이지만 자기 먹을 것은 자기가 가꾸는 자급원칙이다. 그 결과 화석에너지와 화학에 의존하지 않는 지속가능한 농업이 탄생했다. 동시에 생태와 환경에 대한 인식과 실천에도 변화가 생겼다.

1990년대에 쿠바는 석유 없이 사는 법을 배웠다. 쉬운 일은 아니었지만 인류의 문명사에서 가장 큰 실험이 아니었을까. 결과적으로 쿠바는 석유가 없다는 게 종말은 아니며, 얼마든지 자연과 공동체로 회귀할 수 있음을, 그것이 궁극적인 지혜임을 보여주었다. 포스트 석유시대라고나 할까. 보다 존재론적이고 근원적인 세계가 우리 안에 가능성으로 흐르고 있음을 쿠바의 공존에서 배운다.

그로 인해 대안 에너지 개발에 총력을 기울였다. 4천 3백만 톤의 사탕수수 바이오매스를 활용 70만톤의 원유 대체. 태양 전지판의 보급, 38만 5천 마리의 소가 4만 대의 트랙터를 대신하기도 했다. 콘크리트 아파트 대신 환경친화적인 흙벽돌집 보급, 에너지난에도 불구하고 1998년 인민회의에서 관타나모 주의 토아 도아바 수력발전소 계획을 생태를 교란한다는 이유로 중단시키기도 했다. 쿠바의 농업개혁은 '지속가능한 농업'의 전범을 창출했다. 현재는 세계가 쿠바의 유기농업을 주목하고 있다. 이러한 모든 노력은 쿠바를 심층적 생태주의를 실현하는 거의 유일한 국가로 손꼽게 한다.

헤밍웨이와 아바나 그리고 꼬히마르

누구보다도 쿠바를 사랑했던 헤밍웨이. 1928년부터 쿠바 혁명으로 추방된 1959년까지 그는 쿠바에서 『노인과 바다』, 『누구를 위하여 종은 울리나』 등을 집필했다. 쿠바를 얼마나 사랑했는지 곳곳에 그의 발자취가 많다. 특히 아바나에는 그가 묵었던 호텔이나 즐겨가던 식당 등이 잘 보존되어 있다. 현재 아바나에 있는 '헤밍웨이의 과거'는 중요한 관광자원이기도 하다. 노벨문학상을 받는 소감에서 "나의 노벨문학상은 내가 사랑하는 쿠바와 쿠바 국민의 것"이라고 피력할 정도로 그는 쿠바를 사랑했다.

오비스뽀 거리 입구에 있는 '엘 플로리디따El Floridita'가 유명한데, 헤밍웨이가 자주 찾던 곳이라 늘 관광객들로 북적인다. 분홍빛 단층의 아담한 건물인 플로리디따 바의 벽면엔 헤밍웨이의 글씨와 사진 액자가 벽에 걸려 있다. 외벽의 간판에는 헤밍웨이가 좋아했던 곳, 다이키리의 원조라는 글이 부착되어 있다. 한쪽 구석에 바에 앉아있는 헤밍웨이의 동상이 있고, 안쪽의 두 벽면에는 헤밍웨이 관련 사진 수십 장이 게시되어 있다. '라 보데기따 에 메디오La Bodequita del Medio'는 헤밍웨이가 즐긴 모히또로 또 유명하다. 『누구를 위하여 종은 울리나』를 썼다는 아바나 비에하 암보문도스 호텔 511호도 관광명소로 자리잡았다.

[116] 국교가 재개되면서 미국 보스턴의 '핑카 비히아 재단'은 헤밍웨이의 유품 보존 시설을 만들기 위해 볼트, 너트, 스크루드라이버, 망치, 지붕 등 86만 2천달러 상당의 건설물자를 쿠바로 보낼 예정이라고 한다. 헤밍웨이의 쿠바 저택 개·보수 사업을 미국과 쿠바 양국으로부터 승인받아 본격 추진하는 것. 미국의 건설물자를 쿠바로 수출하는 것은 1959년 혁명 이후 56년 만에 처음.

'핑카 비히아'에 방치된 그의 유품을 지키기 위한 최첨단 보존시설을 만드는 데 사용된다. 습한 날씨와 열악한 시설로 훼손 우려가 제기된 9천권의 서적, 헤밍웨이의 원고, 수천 장의 사진, 헤밍웨이가 주고받은 편지 등을 보존하겠다는 계획.

미국에선 물자를, 쿠바에선 건축가와 근로자들이 직접 사업을 진행키로 해 사실상 양국의 공동 작업이 될 것으로 보인다. 헤밍웨이는 이제 마음이 좀 놓일까.

아바나 외곽에 있는 헤밍웨이의 집인 '핑카 비히아 la pinka vigia'[116]는 '망루 농장'이라는 뜻 그대로 아바나의 전경이 한눈에 펼쳐지는 아름다운 곳이다. 그곳은 현재 헤밍웨이 박물관으로 만들어져 있다. 오후 2시 그곳에 가기 위해 La fratermidad 공원에 가서 P-7번을 기다리는데 장난이 아니다. 일단 줄선 사람만도 200명 정도. 한번 도전해보자 싶어 기다렸는데 도착한 차에 다 못 탄다. 나도 밀려 결국 다음차를 기다리는데 또 40분 가량 지났다. 도합 기다리는데만 1시간 넘은 셈. 생각보다 멀어 한참 걸린다. 도착하니 5시. 박물관은 막 문을 닫았다. 내일 다시 오란다.

며칠 뒤 요령이 생겨 P-1번을 타고 근처까지 가서 거기서 P-7를 타니 한결 쉽고 시간도 절약. 입장한들 저택을 한 바퀴 둘러보는 정도이다. 살던 모습대로 해놓은 건 좋은데 실내로 들어갈 수가 없다. 창으로 구경하는 데는 별 지장없으나 그래가지고야 헤밍웨이의 정신을 훔쳐나올 수야 있겠나 싶었다. 넓은 창을 통해서 본 집안 곳곳 가득한 대문호의 취향은 그가 쿠바에서 얼마나 행복했는가를 그대로 뿜어내고 있다. 너른 시내가 내려다보이는 서재와 거기에 빼곡하게 채워진 책과 타이프라이터. 눈에 띄는 건 사슴, 표범 가죽, 호랑이 머리 등 사냥이라는 그의 취미가 고스란히 드러나 있는데 동물애호가들이나 생태주의자들이 보면 도무지 수긍할 수 없는 실내였다. 어찌 되었건 수영장과 청새치를 낚던 어선 Pilar, 고양이 무덤들까지 아름다운 정원을 가진 대저택이다.

그러나 쿠바에서 헤밍웨이의 정취를 느끼는 것은 꼬히마르가 더 좋았다. 아바나의 동쪽 10km 정도에 있는 꼬히마르는 낚시광인 헤밍웨이가 즐겨 찾던 한적한 어촌이다. 사람들이 삼삼오오 모여 앉아 휴식 중이고 아이들은 경쾌하게 뛰어다닌다. 마을 중심에는 도리아 양식의 원기둥 한가운데 헤밍웨이의 흉상이 바다를 바라보고 있다.

그레고리오 푸엔테스Gregorio Fuentes라는 어부가 살고 있었다. 그는 낚시를 좋아하는 헤밍웨이와 사귀게 되었고 어느날 그가 바다에서 겪었던 경험을 이야기하게 된다. 그는 배를 타고 바다로 간 후 53일간 아무 것도 잡을 수 없었다. 그러다가 큼직한 물고기 여섯 마리를 잡았으나 상어떼에게 빼앗기고 만다. 헤밍웨이는 푸엔테스의 이야기를 소설로 썼다. 그의 상상력이 더해져 탄생한 것이 바로 노벨문학상을 받은 『노인과 바다』이다. 산티아고 할아버지의 실제 인물인 어부 그레고리오 푸엔테스. 2002년 104세로 세상을 떠났다. 헤밍웨이보다 훨씬 오래 산 이 노인은 꼬히마르에서 관광상품의 주인공이 되어 헤밍웨이보다 더 유명하다. 곳곳에 그의 초상화가 많이 남아있었다.

헤밍웨이가 낚시를 얼마나 좋아했는지 낚시대회를 직접 주최했고 카스트로는 그 낚시대회에서 우승한다.[117] 헤밍웨이가 피델에게 트로피를 안겨준 것이다. 그러나 혁명 후에 그는 추방되어야 했고, 그 다음해 미국에서 권총자살하고 만다. 미국으로 강제로 귀국했다 얼마 못가 자살한 것을 보면 쿠바로 다시 돌아갈 수 없으리라는 생각은 그에게 얼마나 큰 절망이었을까. 카리브해의 햇살 속이었다면 그는 더 행복했을까. 헤밍웨이가 늘 낚시하던 장소와 그가 산책하던 선창가를 걷다 보니 존재로 전해지는 그런 만남들이 푸른 파도로 다가온다.

[117] 2015년 워싱턴 주재 쿠바대사관이 문을 연 것은 헤밍웨이의 생일 하루 전날이었고, 아바나 주재 미대사관 성조기를 게양하는 날은 피델의 생일 다음날이었다. 이래저래 인연은 인연이었던 모양이다.

『노인과 바다』의 실제 모델인 어부 그레고리오 푸엔떼스

(위) 『헤밍웨이의 모히또로 유명한 라 보데기따오비스
(가운데) 뽀 입구의 엘 플로리디따.
여기서 헤밍웨이는 다이끼리를 마셨다.
(아래) 헤밍웨이의 박물관이 된 저택, 라 핑카 비히아.

꼬히마르 어촌 전경

꼬히마르에 사는 엑토르 프랑세스

 굳이 의도한 것도 아닌데 이래저래 꼬히마르엔 대여섯 번이나 다니게 되었다. 처음에 꼬히마르에 가기 위해 아바나 비에하 58번 버스 정류소를 물어물어 찾아야 했다. 손바닥으로 햇살을 가리며 30분 정도 기다리는 동안 키큰 흑인 남자가 영어로 이 말 저 말 걸어왔다. 이내 내가 스페인어를 하는 줄 알자 희색이 만연하여 더 친근하게 굴었다. 그렇게 엑토르 프랑세스라는 남자는 꼬히마르 안내를 자청했다. 그가 하는 말을 모두 믿어도 될까 싶을 만큼 수다스러운 친구였다. 하지만 지나는 이방인에게 휘파람 불며 너도나도 한 마디씩 던지는 그들의 친근한 문화를 생각할 때 이해할 수 있기도 했다.
 엑토르 프랑세스는 54살로 꼬히마르에 살고 있다. 자신의 말로 헤밍웨이를 좋아해서 꼬히마르를 선택했다는 것이다. 길에서 만나는 사람을 조심하라는 충고도 많았는데, 그 사람이 하도 열심히 설명하는 바람에 할 수 없이 함께 다닐 수밖에 없었다. 모퉁이 모퉁이 설명도 친절히 늘어놓는다. 게다가 그는 체 게바라 얼굴이 들어있는 3MN 짜리 지폐를 선물로 건넸다. 덕분에 모히또 한 잔 대접할 수밖에 없었는데 한 잔에 4CUC, 두 잔에 8CUC(192MN) 들어갔다. 주인이 자신의 사진과 헤밍웨이를 조합해 만든 그림엽서들을 파는 공예점도 소개해준다. 할 수 없이 기념으로 한 장 샀다. 헤밍웨이의 이혼한 전부인이 99

세로 아직까지 살고 있는 헤밍웨이가 손수 지었다는 집도 일러주는데, 글쎄 다 믿어야할지 싶었다.

그는 Siego de Avila의 작은 섬 트리괄로라는 섬에서 태어났다. 10살에 그곳을 떠나지만 이미 6살 때부터 방학 때마다 아바나에 다녔다. 엄마는 선생님이었고, 아버지는 프랑스인이었다. 엄마는 아바나 사람이었다. 투지가 있는 여인이었고 사업을 하면서 세계각국을 다녔다. 1959년에 태어난 엑토르는 혁명의 순간을 직접 체험하지는 못했지만 90년대 초의 '특별시기'는 선명하게 기억하고 있다.

1992년 처음 외국으로 여행을 갔다. 30일 일정으로 독일, 스위스를 비롯한 북구 유럽을 도는 문화공연단을 돕는 일이었다. 너무 좋아서 유럽에 남아서 3개월을 머물렀다. 가장 행복했을 때는 나만의 지붕과 집을 가졌을 때지만, 정말 환희를 느낀 순간은 처음으로 유럽에 갔을 때였다. 자유가 무엇인지 그때 확실히 알았다. 아무데도 군인들이 없었고 감시가 없었다. 지금 쿠바는 많이 바뀌었지만 또 앞으로 많이 바뀔 것이지만 그땐 사정이 또 달랐다.

인간다운 삶을 사는 데 가장 중요한 것은 정치라고 그는 말한다. 결국은 시스템이 많은 것을 결정한다는 것이다. 사람이 살려면 건강해야 하듯이 정치적인 것도 결국 건강시스템과 같은 것임을 강조한다.

그의 아내 아이메. 순박한 문득 나타난 이방인을 반겨준다. 그들은 1998년에 결혼을 했고, 결혼을 하면서 꼬히마르에 왔다. 사피네는 아이메가 29살에 낳은 딸이다. 그녀 또한 '특별시기' 당시는 도무지 이해할 수 없었다고 한다. 어떤 안내도 예고도 없이 발생한 사건이었던 것이다. 아이메는 꼬히마르의 일상에 별로 불만이 없다. 하지만 물가가 높은 것이 힘들다. 그녀는 손가락을 꼽아주며 말한다. "우리가 할 것이라곤 입는 것과 먹는 것, 손톱 칠하는 것이 전부지요." 글쎄다. 그 심심함을 부러워해야 할까. 애처로워해야 할까.

딸 사피네는 11살. 사피네는 유난히 큰 눈을 가진 아름다운 5학년 여학생. 너무 예뻤다. 한 달 전부터 영어공부를 시작한 사피네는 공부가 많아졌다고 불평하면서도 재미있어 한다. 사피네가 1시간 정도 나를 바닷가 쪽으로 동네 안쪽으로 안내했다. 10살 짜리 학생이 나를 애기처럼 돌보는 느낌. 웃음이 나왔다. 자꾸 조심하라고 당부하는 게 재미있다. 맛있는 것을 사주겠다는 사피네와의 약속을 지키기 위해 다음 주 다시 꼬히마르에 갔다. 58번 버스를 기다려갔는데 조카 실비아와 호스웨가 놀러와 같이 식당에 갔다. 30CUC 예산을 작정했는데 60CUC(1,440MN)이 넘었다. 마끼나 택시도 못 타고 0.5MN도 안드는 버스를 타느라 고생한 게 무색했다. 미안한지 표지가 낡은 헤밍웨이 책을 선물하면서 엑토르는 다음주 토요일 자기집에 초대를 한다. 자신이 헤밍웨이 부인으로부터 직접 받았다는 책, 『Hemingway, Un campeon en la Habana』와 『El diario del Che en Bolivia』 두 권을 생일 선물로 건넨다.

좀 경계가 되긴 했지만 그의 가족들 때문에 꼬히마르가 가까워졌다. 그의 사촌집도 따라다니면서 좋은 동양인 친구로 지냈다. 어쨌거나 엑토르의 집에 들를 때마다 그의 딸 사피네와 부인 아이메를 만나고 그의 집 낡은 옥상에서 대서양을 바라보다 내려오곤 했다. 그 시간들이 모두 반짝인다.

시간의 기적을 사랑하는 마리아 테레사

마리아 테레사. 그녀는 아직 소녀 같았다. 아름다운 백발을 가진 그녀는 1925년 10월 24일 아바나 비보라에서 출생했다. 어렸을 때 베다도 지역으로 이사해 성장했다. 자전거 타기를 좋아했던 소녀는 이제 93세의 노인이 되었다. 그녀는 지금 세 명의 아들과 7명의 손자, 2명의 증손자를 가진 할머니가 되었다.

1930년대에 지어졌다는 그녀의 하얀 집은 아름답다. 대문 앞 베란다 흔들의자에 앉아 이웃들에게 자주 말을 건네는 것이 그녀에겐 즐거운 일상이다. 여기서 그녀는 남편과 아들과 손주 내외와 함께 살고 있었다. 미국과 가까웠던 시절, 혁명 전부터 미국에서 살고 있던 둘째와 셋째를 비롯한 다른 가족들은 혁명과 동시에 자연스레 돌아오지 않음으로 망명이 된 셈이다.

그녀는 1946년, 21살에 결혼을 했다. 결혼한지 72년째이다. 그녀의 결혼 사진은 그 시절에 그녀가 얼마나 아름다웠는지를, 동시에 그녀가 얼마나 부유한 집안이었는지를 말해주고 있었다. 그녀의 남편을 13~14살 무렵에 만났다. 그는 부모님끼리 친한 집안의 아들이었고 꼬히마르의 한 식당에서 서로 마주친 다음, 사귀기 시작했다. 15살 되던 해 그녀는 뉴욕에 있는 수도원 학교에서 2~3년 공부한 적이 있는데 그때 서로 편지를 주고받았다. 그는 종종 할머니집에 가서 그녀에게 전화를 하곤 했다. 그렇게 7~8년을 연애한 끝에 결혼한 것이다. 그녀의 남편은 지금 96세로 함께 살고 있다.

72년 전 마리아의 신부 사진

사랑을 기적으로 만드는 것은 시간의 힘이 작용한다. 한 사람을 사랑하고 한 사람과 가족을 이루고 여생을 함께 하고 있다는 것은 얼마나 신비로운 것일까. 72년 전 결혼사진 속의 그녀는 영화배우보다 아름다워 보였지만 지금 은발을 한 그녀의 모습이 더 아름답다.

노년을 누리는 그녀는 매우 다정다감하고 유쾌하다. 가장 행복했던 적은 언제였을까. 물었더니 그녀의 대답은 명쾌하다. '모든 날이 다 행복했다'는 것이다. 가장 슬펐던 적은 아버지 돌아가셨을 때 가슴이 아팠다고 한다. 그 외는 그녀는 자신과 자신의 삶을 충실히 사랑해온 사람이었다. 모든 쿠바인과 마찬가지로 그녀는 노래와 춤을 좋아한다.

"인생에서 가장 중요한 것은 무엇이라 생각하나요?"

"No dar le importantes." 중요한 것을 너무 고려하지 말라는 말이다. 그녀의 대답은 철학적이다. 중요하지 않는 것은 없다는 말과도 같다. 물론 우리가 일상적으로 중요한 시점들이 있긴 하지만, 그녀의 나이쯤 되면 중요한 것과 중요하지 않은 것들이 구별되지 않는 것이리라.

그녀는 덧붙였다. "중요한 것들은 또한 우리를 괴롭히기도 하지요."

남편은 너무 중요한 사람이지만 동시에 괴롭게도 하는 존재라는 말이다. 너무 아끼는 물건은 우리를 고통 속에 빠뜨리기도 한다. 불교를 따로 공부하지 않아도 그녀는 삶을 통해 진정한 무상을 이미 감지하고 있는 것일까.

1959년 혁명 당시 그녀는 결혼하여 첫아들이 있었고, 둘째를 가진 상태였다. 그때 베다도에 있는 집을 지키고자 했지만 그 옛집은 집안의 모든 기물이 다 도난된 상태였고, 다시 수리하기에는 너무 돈이 들어 현재의 집을 선택할 수밖에 없었고, 여기서 그녀는 여생을 보내는 중이다. 혁명 후 노예를 모두 내보내야 했지만 사람을 고용할 수 있었던 덕에 스스로 요리하지 않고도 먹을 수 있었다. 하지만 혁명 후 삶은 많이 바뀌었다. 일단 일을 해야 한다고 해서 정부기관에서 운영하는 약국에 출근을 한 적도 있었다. 물론 오래 하지는 않았지만 말이다.

우선 그녀의 家系가 대단하다. 외할아버지 파블로는 스페인과의 독립전쟁에 참여한 장군이다. 그 형 마리오 가르시오 메노걸은 대통령을 지냈으며, '노예 해방의 아버지'라고 불렸다고도 한다. 그녀의 할아버지는 부자였다. 영국과 관련하면서 Textile 사업으로 큰 돈을 번 할아버지 덕택에 그녀는 혁명과 경제위기 시대에도 그다지 큰 고통을 받지 않고 삶을 누릴 수 있었던 것 같다. 아버지는 국립은행장이었다고 한다. 첫아들은 외교관이 되었다. 그 귀족적인 집안에서 성장한 그녀는 따뜻한 사랑을 받았고 노년에 들어서도 매사 따뜻한 미소로 응답하는 사람이 되었다.

위기였던 '특별시기'에 그녀는 어떻게 지냈을까. 귀족이었으니 그다지 가난하지는 않았을 거라고 예상된다. 실제로 그녀는 그 당시의 극단적인 빈곤을 이해하려고 하지 않는 것 같았다. 그것을 어떤 편견으로 이해하는 것도 하나의 잘못이다. 누구에게든 자기 상황이 있으니까 말이다. 오히려 그녀에게서 삶을 긍정하는 순수한 방식을 배우게 된다. 그녀의 어머니는 매우 섬세하고 명랑한 성품이었다. 기타를 좋아해 즐겨 쳤다고 한다. 그 성품을 닮은 그녀가 나름 순수한, 자기가 사랑해온 삶을 어떻게 부정할 수 있을 것인가.

젊은 세대들에게 당부하고 싶은 것은 무엇이냐고 물었더니 '정직'이라고 답한다. 거짓말 하지않는 것이 중요하다는 것이다. 자신의 인생을 만들어가며 일할 때 정직하게 일하는 것을 강조한다. 아무리 세대 차이가 나더라도, 노인의 충고를 귀에 담지 않는 시대일지라도 정직은 모든 지혜의 출발임에는 틀림없다.

부르조아였지만 그의 웃음과 마주하는 내내 유쾌한 기운이 번졌다. 너그러운 노년을 보는 것도 내게 행복임을 알게 된다. 귀족으로 성장하고 귀족으로 살아온 그녀는 한국인 손주며느리를 두었고, 얼마 전 돌을 지난 증손녀가 있다.

시간의 기적을 사랑하는 마리아 테레사

TIP 27　체 게바라가 쿠바를 떠나며 피델에게 보낸 편지

피델

지금 이 시간 이런저런 상념들이 떠오른다네. 자네를 마리아 안토니아 집에서 처음 만났던 때와 자네가 나에게 자네 그룹에 합류하기를 청했을 때, 그리고 우리의 여정을 준비하는 동안 느꼈던 팽팽한 긴장감에 대해, 우리가 자기의 죽음을 대비해 누구에게 그 소식을 전해야 할지를 미리 말했을 때. 이 가능성은 갑자기 우리 모두에게 현실로 나타났지. 그리고 우리는 그것이 진실로 현실임을 알게 되지 않았는가. 혁명을 할 때-그것이 진정한 혁명이라면-우리가 승리할 수도, 죽을 수도 있다는 현실 말일세. 실제로 수많은 동지들이 혁명에 목숨을 바치지 않았는가.

오늘에는 이 모든 것들이 덜 극적으로 보이네. 우리가 더욱 성숙했기 때문일테지만, 그러나 또한 역사는 반복하기 때문이겠지. 나는 쿠바 땅에 국한된 쿠바 혁명에서 내 몫을 다했다는 느낌이네. 이제 나는 자네와, 동지들과, 그리고 이제는 나의 것이기도 한 자네의 인민들과 작별하려 하네. 나는 내가 점하고 있는 당의 직책과 장관직과 사령관의 직위, 그리고 쿠바 시민의 모든 권리를 포기하네. 이제 나와 쿠바를 잇는 어떤 법적 관계도 존재하지 않네. 오직 공문서 따위로는 파괴될 수 없는 전혀 다른 성격의 관계만이 나에게 남을 것이네.

내가 지나온 길을 뒤돌아보건대, 나는 지금까지 정직하게 또 한결같이 혁명을 공고히 하기 위해 노력했다고 말할 수 있을 것 같네. 다만 하나 내 잘못이라면 시에라 마에스트라 시절 처음부터 자네를 온전히 신뢰하지 않고, 자네의 지도자적 자질과 혁명가적 기질을 좀더 빨리 이해하지 못한 것이겠지. 나는 경이로운 세월을 살았고, 미사일 위기가 계속되는 최근에까지 자네 곁에서 우리 인민과 함께한다는 사실에 큰 자부심을 느꼈네. 이런 경우에는 어떤 국가원수도 자네만큼 영민하게 대처할 수 없었을 터, 보고, 사고하고, 위험과 원칙을 형량하는 자네 뒤를 주저 없이 따른 것이 자랑스럽네. 지구상의 다른 땅들이 나의 미천한 힘을 요구하는군. 쿠바의 영도자로 남을 자네의 책임이 자네로 하여금 포기하게 할 수밖에 없게 하는 그것을 나는 하려 하네. 이제 우리가 작별할 시간이 온 게지.

내가 기쁨과 고통이 교차하는 가운데 떠난다는 걸 이해해 주게. 나는 여기에 건설자로서 내가 가질 수 있는 가장 순수한 희망을, 내가 사랑하는 자들의 가장 사랑하는 부분을 남겨두고 가네. 나를 아들로 받아준 인민의 곁을 떠나네. 내 정신의 한쪽을 남겨두겠네. 새로운 전장에서 자네가 나에게 심어준 믿음을 간직하겠네. 우리 인민의 혁명의식과 내 의무의 가장 고결한 부분을 완수한다는 가슴 떨리는 기쁨을 간직하겠네. 제국주의와 투쟁하는 그곳에 이들이 모두 함께할 것이네. 내 아픔을 쉽게 치유하고 위로하는 바는 이것뿐일세.

다시 말하거니와 나는 쿠바에 대한 모든 책임을 벗고, 오직 이상형의 쿠바만을 기억하겠네. 그래서 다른 하늘 아래 내 최후의 시간이 도래한다면, 내 마지막 생각은 쿠바 인민들에게, 특히 자네에게 향할걸세. 자네의 가르침과 자네의 모범에 감사하네. 내 행동의 마지막 순간까지 그것을 충실하게 간직하려 노력하겠네. 나는 늘 우리 혁명의 대외관계에 집착하곤 했지. 그리고 지금도 그러하네. 내가 어디에 있든 나는 언제나 쿠바 혁명가의 책임을 완수할 것이며 또 그렇게 행동할 것이네. 나는 나의 아이들과 아내에게 어떤 물질도 남겨주지 않을 터. 이것이 나를 슬프게 하지는 않네. 왜냐하면 그들이 먹고, 교육받는 데 필요한 모든 것을 국가가 줄 것이기 때문일세.

　자네에게, 인민에게 할말이 많았는데, 그것도 의미가 없다는 느낌이 드는군. 내가 이야기하고자 하는 바를 어찌 말로써 다하겠는가. 종이만 더럽힐 뿐이겠지.

　영원한 승리의 그날까지!
　뜨거운 혁명의 열기로 얼싸안으며

시간의 기적을 사랑하는 마리아 테레사

쿠바의 탈것들. 주로 구도심을 중심으로 움직이는 자전거 택시와 병아리를 연상시키는 노란색 꼬꼬 택시, 50~60년대 골동품차들로 된 합승택시 마끼나, 중국에서 들여온 두 대가 연결된 긴 버스, 지방으로 가는 트럭버스 등 많다. 우리나라에서 팔려간 고물 시내버스들이 한글을 지우지도 않은 채 운행되고 있다. 지방으로 가면 트럭을 개조한 버스들이 많고, 말과 마차 등 무동력 탈것들이 거리를 메우고 있다.

일반 택시는 CUC으로 타야 하지만 마끼나 택시는 MN로 탈 수 있다. 보통 10MN, 조금 먼 데는 20MN을 받기도 한다. 각 도시를 연결하는 비아술 고속버스Viazul Bus는 CUC으로만 탈 수 있어, 외국인이나 부유층이 아니고는 쉽게 타기 어렵다. 그 외 쿠바인들이 더 많이 타는 고속버스로 아스뜨로 버스Astro Bus가 있다.

말레콘 도로를 달리는 차들. 골동품차들과 꼬꼬택시가 보인다.

도난에 관한 두 개의 경험

여행을 나서고보니 잃지 않으려 조심해야 할 것들이 너무 많다. 여권을 잃어선 안 된다. 현금도 신용카드도 잃어선 안 된다. 노트북을 잃어선 안 된다. 카메라를 잃어선 안 된다. 스마트폰을 잃어버리면 큰일 난다. 외장하드도 잃어선 안 된다. 이것들을 움직이게 하는 밧데리도 잃으면 모든 게 다 소용없어지니 조심해야 한다. e북을 담아온 크레마도 잘 챙겨야 한다. 그러고보니 이건 삶이 아니다. 여행도 아니다.

그러다가 크레마가 갑자기 잘 작동이 안 된다. 또 갑자기 핸드폰의 로밍이 끊겨 문자수신이 안될 때도 있다. 갑작스런 고립감. 불편함이 주는 소외. 정말 기계에 잘 길들여지지 않으면 안된다는 건 비극이었다. 함부로 기계를 대하면 안 되고 기계의 비위를 잘 맞추어야 한다. 조심스레, 존중하면서 눈치껏 다루지 않으면 이들은 언제 삐질지 모른다. 와아, 정말 내가 불편한 문명을 가지고 있었구나.

그런 고민을 시작한지 일주일만에 스마트폰을 잃어버렸다. 베다도에서 탄 p-5번 버스 안에서 소매치기를 당한 것. 1시간 넘어 기다린 버스이다 보니 사람들이 엄청 몰렸고, 멍청하게도 나는 시간을 보느라 계속 정류소에서 폰을 만지작거렸던 거다. 버스가 도착했을 때 그야말로 사람들이 몰렸고, 70년대 콩나물시루 버스를 옹골차게 경험한 나는 죽을 힘으로 밀고 올라탔다. 버스 안은 그야말로 옴짝할 수 없을 지경이었는데, 버스 타기 직전 바보처럼 폰을 매고다니는 가방주머니에 넣은 것. 겨우 아바나 비에하에 도착해 확인해 보니 사라지고 없었다. 관광객이 민중들 버스를 타는 경우는 잘 없다고 말렸는데… 나는 줄창 버스를 고집했던 것이다.

당황. 울상이 되어 물어물어 경찰서를 찾아갔다. 경찰서 입구에서 말하고 안에 들어가 등록하고 이쪽 사무실(이민국)에 가서 소소하게 설명하고 저쪽 사무실(형사계인 듯) 다시 소소하게 따져 말하고 조서를 꾸몄다. 검찰관도 오고 변호사도 오고 다시 설명하고, 한국인이란 걸 알고는 삼성 갤럭시냐고 자기들이 먼저 관심을 가져준다. 3센티는 되는, 길고 예쁘게 다듬은 손톱을 가진 여자경찰이 느리디 느린 컴퓨터를 또닥거려 조서 한 장 꾸미는 데 한 시간이 훌쩍 넘는다. 2시간 이상이 걸려 나오니 바깥이 캄캄하다.

지쳐서 당황스러운 것도 가라앉았다. 그러면서 나 자신을 관찰하게 된다. 우리는 아차, 하는 순간에 죽음도 맞이하는데. 이런 것에 당황하면 내가 죽을 때는 얼마나 당황하겠는가. 늘 여여한 자세로 죽음의 순간을 넘어가고 싶다면서 삶의 한 사건에 당황하는 게 부끄럽다. 그러면서 동시에 이렇게 먼 나라에 와서 가끔씩 당황도 해야지. 마음을 달래었다. 위로인지 경찰차로 베다도 지역까지 데려다주었다.[118] 어쨌든 고마웠다. 대신 코펠리아 앞에 내려 길거리에서 드디어 5MN짜리(200원) 치즈피자를 사 먹었다. 따듯해서인지 꿀맛. 싸고 맛있는 피자 때문에 왠지 다시 여행이 흥겨워졌다. 좋은 공부라고 믿기로 했다. 15년 전 중국에서 도착한 다음날 새 카메라를 잃어버린 것이 생각났다. '세상엔 내 것이 없다' 그때 깨달은 것을 다시 연습하는 것이리라. 무엇이든 손에서 놓을 수 있는 연습.

[118] 다음날 경찰서에 다시 오라고 해서 나갈 참이었는데 스마트폰 분실 경험자들이 하나같이 말린다. 가지 말라고. 오락가락 고생만 할 뿐. 이미 해체되었을 거라고. 시간낭비라고. 한껏 쿠바의 좋은 점을 찾아가는 중이었는데 뒷통수를 맞은 셈이어서 쓸쓸했다. 어쩔 수 없겠지. 쿠바도 쿠바의 문화도 현실이란 게 너무 분명해졌다.

또 하나는 함께 여행했던 일행 한 사람의 이야기이다. 산티아고 데 쿠바에서 일어난 헤프닝. 아침산책하던 중 일행 하나가 카메라를 강탈당했다. 한 번 찍고 가방에 넣고, 다시 한 번 찍고 가방에 넣을 정도로 조심하는데 누군가 찍는 순간 채어간 것이다. 도둑은 달려 저만치 기다리던 오토바이를 타고 달아났다.

경찰에 신고하고 진술서 작성하느라 종일 경찰서에서 지내야 했다. 만나는 경찰마다 동양인이다 보니 호기심이 많아 다시 묻는다. 한참 설명하고 났더니 이민국 경찰이 다시 왔다. 다시 설명하고 마치 우리가 죄를 지은 듯 조서 작성에 한참이나 걸렸다. 하지만 그것을 되찾을 거라고 어떤 여행자가 생각할 것인가. 포기하고 서로 위로하며 다시 14시간의 비아술 버스를 타고 아바나로 돌아왔다.

그런데 사흘 후 도둑이 잡혔다는 것이다. 여행자들이라 연락처도 없이 돌아왔는데 숙소를 통해 찾고 찾아 카메라 주인에게 겨우 연락이 닿은 것이다. 신기했다. 카메라 도둑을 잡은 것도 신기하고, 길 위의 여행자를 860km 떨어진 다른 도시 숙소를 찾아내 연락한 것도 신기했다. 이번에도 또 위로인지 지친 우리를 경찰차로 숙소까지 데려다 주었는데, 그것을 고리로 우리를 찾아낸 것이다. 혼자 탐문 수사를 하러 다니던 디오스벨리라는 이민국 경찰이 내 기억에 남을 수밖에 없다. 관광이 생존의 타협점이 될 수밖에 없는 쿠바에선 외국인을 상대로 한 범죄는 가중처벌된다. 그래서 우리는 그 도둑이 받게 될 벌에 대해서 오히려 더 마음이 쓰이기도 했다. 하여튼 그 카메라 주인은 버스로 왕복 30여 시간의 여행을 다시 해야 했다. 공증과정이 많아 본인이 직접 와야 찾을 수 있다기에.

TIP 28　망명과 쿠바조정법

혁명 이후 1961년까지 수십만 명의 쿠바 국민들이 망명하였다. 이후 1965년 10월 10일부터 11월 15일까지 카마리오카 항구를 통해 2,979명이 미국으로 떠났다. 대부분이 백인.

쿠바 정부는 망명에 관대하다. 피델은 조국이 싫은 사람은 떠나라고 여러 번 항구를 열었다. 그것은 체제관리 수단이기도 했다. 1980년 4월 15일에서 10월 31일까지 정해준 통로 마리엘 항을 통해서 1,700척의 배를 타고 12만 5천여 명이 미국으로 이주했다. 1990년 구소련이 붕괴되고 경제 위기가 시작되자 뗏목사태가 생겼다. 작은 보트나 허술한 뗏목을 타고 바다를 건너 마이애미를 향했다. 코히마르 해변에서는 뗏목을 팔기도 했다. 1959년부터 1993년까지 약 120만 명(인구의 10%)의 쿠바인이 쿠바를 벗어났다는 통계도 있다.

하지만 그들 또한 애국자이다. 쿠바에 남은 가족을 위해 송금하는 돈은 국가의 주요한 수입원이다. 관광수입이 제1국가수입원이지만, 기실은 망명한 국민들이 내국인에게 부쳐주는 더 큰 수입원이라는 사실이 공공연한 현실이다. 제대로 수리가 안된 집들 속에 가끔 말끔히 단장된 집들이 종종 있는데, 쿠바인 친구들은 '그 집은 미국에 있는 가족이 돈을 자주 보내주는 집'이라고 자신 있게 설명하곤 했다.

쿠바 내국인 중에는 '미국에 친인척 한 명 없는 사람이 없을 정도'라는 말이 있다. 남북 분단의 아픈 역사로 생긴 한국의 이산가족만큼이나 흩어진 가족이 많은 나라가 쿠바다. 쿠바인 200만명이상이 주로 미국에서 생활하고 있고 내국인은 1,120만명이다. 쿠바인의 15%가 해외로 떠난 셈이다. 아메리칸 드림을 찾아간 아들, 딸, 형제와 현지에 남아있는 가족들에게 미국과의 국교 정상화는 이제 서로 자주 볼 수 있게 될 것이라는 희망을 안겨주는 값진 선물로 다가간다.

쿠바조정법은 불법으로 미국 땅을 밟은 쿠바인들에게 미국이 '자유의 전사'라는 이름을 붙여 영주권을 준 법. 이 법은 불법으로만 입국한 쿠바인들에게 적용되는 특별법이었다. 이 법은 쿠바인들의 미국으로의 탈출을 극적으로 조장했기 때문에 쿠바는 불만이었다. 1995년 케네디 정부는 다시 '젖은 발, 마른 발' 정책을 내놓았다. 이 정책은 해상에서 적발되지 않고 불법적으로라도 미국 땅을 밟은 쿠바인들에게는 시민권을 부여해 왔다. 이는 미국이 쿠바의 고급 의료인력과 우수 운동선수를 빼돌리는데 악용되어 쿠바정부는 계속 이 정책의 폐지를 요구해왔다.

쿠바는 인권 탄압 논란 속에 있다. 쿠바 정부는 강·온으로 대처한다. 쿠바와 그 혁명이 가지고 있는 쿠바 사회의 특수성은 종종 인권 문제를 당혹스럽게 한다. 정치적인 탄압으로 인해 단지 쿠바의 현재 지도체제를 비판한다는 이유나 정치적인 반대 세력을 규합하려 한다는 이유로 감옥에 갇혀진 양심수는 적어도 500여명에 이른다. 비록 이러한 상황은 한탄할 만한 것이지만 미국이 항상 쿠바를 불안정하게 만들려하는 상황에 대해서도 이해할 필요가 있지 않을까.인권의 보편성이란 혹독한 경제 봉쇄와 사회주의 정부를 무너뜨리려는 미국의 온갖 공작 앞에서 어떤 힘을 가지는 것일까.

TIP 29　쿠바의 의료

쿠바에서 의료는 교육 다음으로 중요한 위치를 차지한다. GDP의 7% 이상을 지출하고 있는 의료는 쿠바혁명의 자부심이기도 하다. 유아사망율, 1차 진료, 평균수명, 의료연구 등의 지표에서 모두 괄목할만한 수치를 보여주고 있다. 쿠바의료는 예방의학이다. 예방의학의 중추를 이루는 1차 진료기관은 10~20 가정을 담당하고 가정의의 역할을 수행한다. 가정의는 지속적으로 담당 가정의 병력을 관리하고, 대부분의 쿠바인들은 평생 같은 가정의와 함께 지내게 된다. 의료보장의 기본이념은 다음과 같다. ① 국민 건강은 전적으로 국가의 책임 아래 있다. ② 보편적인 포괄범위를 차별없이 모든 국민에게 보장한다. ③ 국민은 높은 수준의 건강을 유지하는데 적극적으로 참여해야 한다. ④ 의료보장의 일차적인 목표는 질병의 예방이다.

1959년 혁명 이후 쿠바는 모든 사람들에게 무상의료를 시행하였다. 일차의료기관(Primary Health Care)을 중시하는 의료 제도를 채택하여 독특한 사회 복지 정책과 함께 '쿠바 모델'로서 유명하다. 무엇보다 좋은 것은 보건의료 시스템 전면에 전문의와 일반의를 배치한다는 목표를 가지고 '가정의사'를 강조한다는 것이다. '가정의 제도'는 지역 주민의 건강 상태를 파악하는 등 예방진료를 담당한다. 가정 의사는 의사가 환자를 방문하여 돌보는 것을 기본으로 한다. 종합의료기관(폴리클리닉)은 1차 진료기관으로 모든 진료과목과 전문의를 보유하고 있다. 최종 진료기관으로는 종합병원이 있고 이는 종합수술 및 입원이 가능한 병실 등을 보유하고 있다.

또한 쿠바 라틴아메리카 의과대학에서는 미국인을 포함하여 유학생을 무료로 받는다. 의사들은 의료혜택을 받지 못하는 오지에서 수년간 의료 봉사활동을 한다. 쿠바는 재해가 발생한 해외에 의사를 파견하고 있다. 이것은 마이클 무어 감독의 영화 〈식코〉에서 소개되기도 하였다. 베네수엘라와 의사-석유 교환 협정으로 베네수엘라의 바리오 아덴트로 미션에 의료인력과 설비를 제공하고 석유를 받고 있다.

쿠바의료는 보건의료를 중시한다. WTO의 정의대로 "건강이란 단순히 질병이 없는 상태가 아니라, 육체적, 정신적, 사회적으로 온전한 상태를 말한다."에 충실하다. 치료의 종류와 무관하고 모든 민중들에게 무상으로 의료서비스를 제공, 평등하게 접근한다. 경제 위기 때부터 전통적 자연의료가 다시 부활, 시행되고 있다.

또한 성이 자유로운 만큼 쿠바에선 국가단위의 성교육 프로그램이 충실하다. 광고방송이 거의 없는 텔레비전에서도 콘돔사용을 권장하는 공익광고는 방송된다. 자연적인 욕망을 억압하기보다는 올바른 규칙과 책임을 가르친다. 이는 자유로운 사회를 만드는데 중요한 요소가 아닐까. 성병치료나 에이즈 예방을 위한 정보 제공과 계발을 실시 중이다. 15세에서 50세까지의 80% 정도 국민들이 콘돔을 사용할 정도이다 보니 무계획적인 임산율은 1% 미만. 라틴아메리카의 무계획 임산율에 비하면 엄청 낮다. 평균수명도 혁명 전 55세에서 78세로 늘어났다. 쿠바의 유아사망율은 미국보다도 낮다. 예방을 가장 좋은 방법으로 삼고 있다. 100개국 이상의 가난한 개발도상국을 지원하는데 선진국들도 이 지원프로젝트에는 미치지 못한다. 쿠바의 의료는 세계에서 가장 주목을 받고 있다. 국민 220명 당 의사가 1명이다. 현재 쿠바에는 100살 이상의 고령자가 3천 명 이상이라고 한다.

우리는, 살아있는 우리는
남겨진 삶을 누구에게 빚지고 있는가?
누가 나 대신 노예의 감옥에서 죽었는가?
나를 향한 총알을
가슴으로 받아낸 그는 누구인가?
　　　　　　－ 레타마르, 「타인」 중에서

제5부

공존이라는 자유

– 골목을 따라서

흔들의자의 철학

'우리에게 별이 있는가?' 라는 이상과 신념에 관한 질문은 '우리에게 흔들의자가 있는가?'하는 질문에 맞닿는다. 이곳에선 집집마다 흔들의자 2개 정도씩 혹은 그 이상씩 길가를 향해 놓여 있다. 현관 입구 좁아보이는 장소에도 흔들의자가 있어 틈나면 거기서 흔들거린다. 처음에는 잘 몰랐는데 그 의자에 앉아있는 사람들을 자꾸 보다 보니, 내 삶에 흔들의자 하나 없었다는 생각을 한다.

흔들흔들, 지나는 이를 지켜보기도 하고, 흔들흔들 노래를 부르기도 하고, 흔들흔들 키스도 한다. 아무리 복잡해도 거기 잠시 앉는 순간 모든 것을 내려놓고 단순히 흔들리는 것, 평안의 습관으로 다가온다. 틈틈이 흔들의자에 앉아 흔들렸더라면 지금쯤 삶이 달라졌을지도 모른다. 흔들릴 틈이라고는 조금도 없는 우리의 빠른 속도를 떠올린다. 아이도 앉고 할아버지도 앉는, 식구가 돌아가며 앉는 낡은 흔들의자, 생각만 해도 넉넉하다. 그건 진정한 삶의 은유이기도 하다, 그동안 살아온 동안의 모든 염려와 배려가 다 흔들의자가 아니었을까. 흔들의자에 앉으면 한참 단순해질 수 있을 것 같다.

그 흔들의자 앞에서 무엇을 정의한다는 것, 무엇을 판단하는 것 자체가 늘 오류였다. 기다림, 불편함, 유쾌함, 모순, 웃음, 혁명, 생명성, 평등, 공존, 느림, 감수성, 친절함 등 12개의 단어는 어떤 인식이 아니라 그저 느낌이다. 함께 느껴주기를 바라는 감성일 뿐이다. 그 어느 것도 형태지어지지 않는다. 그저 그렇게 존재하면서 흘러가는 것, 쿠바에서 배운 것은 모든 것을 있는 그대로 그렇게 인정해주는 관용이었다.

쿠바에서 깨달은 것은 내게도 흔들의자가 필요하다는 것이었다. 앞뒤로 흔들리는 흔들의자는 몸과 마음을 내려놓기 위한 것이었다. 피델은 모든 국민에게 흔들의자를 선물하기 위해서 혁명을 한 모양이라고 말한 걸 어느 글에서 읽은 적이 있다.

공간에 대한 체험은 그대로 사람에 대한 체험으로 다가온다. 90여 일 지나는 동안 새로 생긴 습관은 하얀 창틀이 때가 묻어가는 무료한 시간들을 지켜보는 것이다. 사람들이 대문 앞이나 흔들의자에 앉아 무언가를 응시하고 있는 모습을 자주 본다. 가난한 민중들의 무료한 응시는 오히려 존재로 다가온다. 무료해 보이기도 하고 심심하게 보이기도 하고.

그런데 나도 종종 한 군데를 응시하게 되는 것을 자주 느낀다. 따라하게 된 것. 하늘과 나무를 오래 바라보기도 하고 딱히 뭐라 할 것 없는 풍경도 지켜보고 있다. 아니 지켜봐진다. 이건 또 무엇일까. 물론 그들에게 제조업이 없으므로 할 일이 없는 탓도 있으리라. 하지만 그것이 전부가 아니다. 여유로 다가오는 넉넉한 느낌. 그렇게 나무를, 다른 사람을, 낡은 건물을 응시하다보면 당연 사물의 음성을 듣기 마련이다. 마음 속의 음성 말이다.

때문인지 비록 건축자재의 부족으로 슬럼화된 거리는 결코 비루하게 보이지 않는다. 어디까지가 신화이며 어디까지가 진실이며 어디까지가 픽션이며 어디까지가 실제일까. 어쩌면 쿠바에서 그런 경계를 짓는 것 자체가 욕심일지 모른다. 그들이 만들어낸 여백은 이미 흔들리는 파문으로 어디까지 번져가는 중이니까 말이다.

흔들의자의 철학

자긍심을 배우는 아이들

　아이들은 어떤 세계에서나 희망이다. 쿠바는 조금 달랐다. 뭔가 다른 것이 묻어났다. 그건 자긍심이었다. 길에서 만나는 아이들의 순박한 표정에는 자긍심이 깃들어 있었다. 현실에 어떤 모순이 있더라도 아이들은 당당하게 유쾌하게 뛰는 모습에서 쿠바를 수긍할 수밖에 없었다.

　가난한 아이들의 구걸은 빈민국에 가면 쉽게 만나는 풍경이다. 쿠바에는 걸인 자체가 드물지만 아이들의 구걸은 전혀 없다. 아이들이 충분히 사랑받는 느낌. 하기야 가장 고난이었다는 '특별시기', 모든 것이 지저분했을 때에도 아이들 옷만은 깨끗하게 빨아 입혔다고 한다. 어떠한 경우라도 아이들에게 품위와 자긍심을 잃지 않게 하려는 어른들의 노력이었을 것이다. 그것이 쿠바의 복지를 말해준다고 할 수 있지 않을까. 다른 남미, 특히 인구 이천 만이라는 극단의 자본주의 도시 멕시코 시티에서 가난한 아이들이 물건을 팔러다니거나 구걸하는 모습이 많은데 비하면 말이다.

　구김살 없는 아이들을 본다는 건 행복이다. 하기야 가난이 가난인 줄 모르던 시절이 내게도 있었다. 지금 경쟁과 비교로 지친 요즘 아이들과 비교가 된다. 가난하면서도 서로를 알뜰히 챙기던 6~70년대 현실이 지금보다 훨씬 더 견딜만한 세상인 건 사실이다. 쿠바에 어떤 자본이 들어오더라도 아이들의 춤과 노래, 그리고 어깨동무가 지켜지길 바라는

자긍심을 배우는 아이들

TIP 30   쿠바의 교육

무상교육은 피델의 최우선 정책이었다. 피델은 쿠바가 미국의 반식민지가 되었던 것은 미국의 선전을 국민들이 간파하지 못했기 때문이라고 생각하고, 국력을 교육에 집중하였다. 14세까지는 의무교육이었고, 그 이후는 의무는 아니나 무상교육. 혁명수호위원회, 이웃공동체 위원 등의 사회적 자본이 아이들을 보호. 또 학생들의 지역공동체 참여와 지역공동체의 지원체계 등이 잘 연대해 친밀과 신뢰를 확보하고 있다.

교육에 대한 유엔의 밀레니엄 목표도 쿠바만이 라틴아메리카에서 유일하게 달성하고 있다. 문맹을 일소하고 지금은 누구나 최저 9년간의 의무교육을 받게 되어 있다. 18~25세의 젊은이들 절반이 고등교육기관에 진학하지만 교육비는 대학원까지 무료이다.

1959년 쿠바혁명 이후 카스트로 정권은 교육 사회 복지 부문에 대한 투자 비율을 강화하고 관련 예산이 국가 예산의 16%를 차지하게 되었다. 이에 따라 농촌의 문맹률이 크게 하락하였고 대학을 포함한 모든 교육은 무료로 제공한다. 유치원을 거쳐 예비학교 1년, 초등학교 6년, 중학교 3년은 의무교육(obligatorio)이며 이후 고등학교, 대학교로 이어진다. 초등학교에서는 학급을 20명으로 하거나, 서브티쳐(sub-teacher)를 도입하고 있다. 고등학교 과정은 크게 직업교육을 목적으로 한 실업계고등학교, 대학교 진학을 목적으로 한 인문계고등학교, 예술고, 체육고로 나뉜다. 초등학교에서 고등학교까지 모두 교복을 입으며, 학년에 따라, 기숙사 여부에 따라, 전공에 따라 교복의 색과 무늬가 달라진다. 특히 농촌에서 높았던 문맹률 일소 운동을 전개하여 문맹률이 낮아졌다.

의무교육 9년을 마친 중학생들은 예비학교(인문계)와 기술직업학교(실업계) 중 하나를 선택해 진학한다. 경제적으로 쿠바는 개발도상국 수준이지만 교육만큼은 선진국 수준이다. 라틴 아메리카 지역에서 가장 높은 수준의 교육을 실현하고 있다. 교육에 대해서 GDP의 10% 이상의 지속적이고 높은 투자를 계속해온 결과이다. 쿠바교육의 특징은 다음과 같다.

① 무상교육
② 교육에 관한 모든 것을 지원하는 일관된 정책 환경과 정치적 의지
③ 아동에 대한 폭넓은 조기교육과 기초교육의 일환으로 매김된 학생 보건 프로그램
④ 학교 밖에서의 보완교육프로그램 – 문명해소교육, 성인과 비정규 교육
⑤ 개인이 아니라 시스템을 향상시킬 수 있는 신중한 구조적 경쟁
⑥ 농촌의 학생과 특수학생을 위한 트인 전략
⑦ 학교와 일터를 묶는 전략
⑧ 사회적 연대를 강조하는 교육
⑨ 학교의 운영에 있어서 지역사회의 참여를 촉진하는 매커니즘

학교 가는 길. 유치원 아이들은 파란 스카프, 초등학교 아이들은 붉은 스카프를 매고 같은 색의 하의를 입는다. 중학생들은 스카프를 매지 않지만 노란색 하의를 입는다. 상의는 모두 하얀색. 쿠바엔 초등학교에선 교사 한 명당 학생 12명, 중학교에선 교사 한 명당 10명. 우리 한국은 32명, 22명이라고 한다. 쿠바에선 학생수가 10명 이하인 학교가 2천 개가 넘는다. 가르칠 학생이 있는 한 산꼭대기라도 학교를 짓고 교사를 보낸다.

쿠바에서는 아이들에게 획일적인 기준을 강요하지 않는다. 몇몇 분야의 성적으로 서열을 매기면서 불필요한 경쟁을 시키지 않는다. 가치와 재능의 다양성을 인정하고 건설적인 협력을 가르친다. 타인을 다스리기보다는 자신을 다스리는 법을 가르치면서 공존을 선택하게 한다. 도구적인 '쓸모의 인간'보다 열정적인 '능동의 인간'을 양성하는 데 중점을 둔다.

아침마다 학교에서 아이들은 체 게바라처럼 되겠다고 맹세한다. 자신의 이익이 아닌 공공의 목적을 위해 헌신하는 것이 더 고귀한 삶임을 배운다. 쿠바에서 의사는 가난한 직업인데도 불구하고, 의사가 많은 이유는 체가 의사였기 때문은 아닐까. 자신을 희생하는 이들을 존경하는 사회에 속한다는 것은 행운이 아닐까. 타인의 희생으로 자신의 이익을 챙기는 사회에 속하는 것보다 말이다.

자긍심을 배우는 아이들

쿠바는 빨래 중

또 하나, 쿠바 사람들의 특징은 빨래라고 말할 수 있다. 깨끗한 빨래가 촘촘히 널려있는 풍경이 너무 많았다. 신기할 정도였다. 빨래만 하고 사나? 생각이 들 정도였는데 빨래뿐이 아니라 청소도 눈에 띄었다. 아침마다 모든 집들이 현관을 물로 청소한다. 물기가 고여있지 않도록 싹싹 쓸어낸다. 그들이 지닌 청결은 보이지 않는 품격으로 작용하고 있다고 믿어진다. 그러니 집안에 먼지 하나 묻어나지 않는 게 당연하다. 가난한 자든 조금 여유가 있는 자든 공통된 것이 이 말끔한 청결이다. 그들의 청소와 빨래, 옷차림에 그들의 자긍심이 그대로 묻어난다.

동네마다 골목마다 널린 빨래들은 장관이다. 정말 부지런하게도 빨아입는다. 한 번 입은 티는 절대 두 번 입지 않는다는 그들의 청결함. 열대기후이니만큼 땀이 많아서이기도 할 것이다. '야, 많이도 빨아 넌 시간들이네.' 거의 매일 보는 빨래 풍경에 매일 하는 생각이다. 동시에 내가 빨아널어야 하는 시간과 공간들을 생각하게 된다. 삶이란 너무 정직하다. 매일 직면하지 않으면 삶은 남의 빨래가 되어버릴 것 같은 느낌. 빨래엔 너무 선명한 존재의 방식이 들어있다.

빨래가 널린 풍경은 언제나 생활이란 얼마나 강력한 실상인지 설명한다. 그러고 보니 여기저기 물자가 부족한데도 가는 데마다 빨래비누가 쌓여있던 가게들이 떠오른다.

TIP 31 사랑받는 지도자 피델

교육(문맹퇴치), 의료, 주택 보급은 피델의 업적으로 평가받는다. 당뇨병·항암제 등 몇 가지 생명공학 부문은 세계적인 기술력을 과시한다. 의료는 수출 자원이다. 쿠바는 베네수엘라 석유를 헐값에 산다. 그 대가로 의사 1만 명을 베네수엘라에 파견했다. 그러나 경제위기는 계속됐다. 94년에는 혁명 이후 처음으로 반정부시위까지 일어났다. 아바나 말레콘에 모인 군중이 외친 구호는 역설적이게도 '리베르타드!'(자유)였다. 혁명이 약속한 '해방'에는 먹고살 '자유'가 보장돼 있었기 때문이다. 자전거와 사람들로 말레콘이 꽉 찼다. 불법집회를 중단시키기 위해 경찰들이 나섰지만 군중은 계속 늘어났다. 그때 피델이 나타나 가두연설을 시작했다.

"모든 책임은 내게 있다! 불만 있으면 내게 돌을 던져라!"

카스트로의 공산주의 통치 아래 교육과 의료는 무료였지만 경제가 무너지고 빈곤이 확산됐으며, 쿠바인은 해외여행을 거의 할 수 없었다. 2008년 정권을 이양받은 라울은 여러 가지 개혁을 실시했다. 쿠바인이 해외여행을 더 쉽게 더 오래 할 수 있도록 하고, 자동차와 주택 매매를 허용하고, 100여 가지 자영업을 합법화하고, 쿠바인의 국제호텔 숙박을 허용했다.

피델은 혁명 후 취임하자마자 즉시 국가 경제의 개혁에 착수하여 임대료와 전기요금을 내리고 500헥타르 이상의 토지 소유에 대해서는 국유화하였다. 미국 소유의 원유, 전화, 전기 회사와 설탕공장의 국유화에 따라 미국의 이익이 직접적으로 영향을 받으면서 미국과의 관계가 악화되었다. 쿠바의 중산층은 피델이 정권을 잡자마자 대부분 쿠바를 탈출하였다. 이들 망명자의 대부분은 미국의 마이애미에 정착하여 격렬한 반 카스트로 운동을 벌이며 미국의 대외정책에 큰 영향력을 행사하고 있다.

그래도 피델은 사랑받는 지도자다. 쿠바인들은 정부에 불만을 얘기하다가도 피델을 비판하면 이내 옹호하며 화를 낸다. 그들은 피델을 친구처럼 가족처럼 사랑한다. 부러운 일이었다. 2008년 정계에서 물러날 때까지 피델은 11명의 미국 대통령을 상대했다.

"아이디어를 죽일 수는 없지." 1953년 몬카다 병영을 습격할 때 한 흑인 중위가 피델을 구하면서 한 말이라고 한다. 이후로 피델은 '인생의 원동력은 권력도 명예도 돈도 아닌 아이디어'라고 주장하곤 했고, 특별시기 때도 '아이디어의 전투'를 강조했고 또 '도덕의 조끼'를 입을 것을 말하곤 했다. 그러나 그는 오랫동안 비판자들을 탄압했다. 쿠바 인권재단에 따르면 2013년 임의구금된 인권운동가가 6,000명을 넘었다.

또 하나, 재미있는 것은 살아있는 지도자는 추앙하지 못하도록 법률로 정해놓았다. 그래서 호세 마르티를 비롯한 독립영웅들, 체 게바라를 비롯한 혁명영웅들의 이미지는 곳곳에 넘쳐나도 피델의 이미지는 그다지 많지 않다. 이런 점이 북한과는 전혀 다르다.

"쿠바는 많은 자녀들의 피와 희생을 대가로 이룬 혁명을 흥정하지도 팔지도 않을 것이다."라고 강조한 피델은 은퇴하기 전에 한 인터뷰에서 이렇게 말했다. "세상이 골리앗과 맞선 다윗을 기억하듯이, 신념과 정의를 위해 거대한 제국과 싸운 작은 쿠바도 기억해줬으면 좋겠습니다."

이웃이라는 선물

쿠바의 일상은 쉽게 노출되어 있다. 문을 열어놓고 산다. 큰길 옆인데도 현관문을 열어놓고 사는 건 예사다. 옆집에서 뭘 먹는지, 어떤 프로그램을 보고 있는지 그야말로 서로 빤히 쳐다보고 사는 셈이다. 타인에 대한 경계가 전혀 없다. 역사가 가혹할수록 운명이 파란만장할수록 그들은 단결해 평등, 연대, 인간의 존엄을 꿈꾸어왔다. 함께 위기를 극복해내는 과정을 통해 그들은 이웃을 발견한다. 그들은 정부보다도 이웃을 믿는다.

빈부격차는 사회의 모든 위기를 만들어낸다. 빈부격차는 공존의 불가능성을 그대로 투영한다. 쿠바는 유엔이 선정한 방재의 모델 국가이다. 하리케인으로 사상자가 나오지 않는 나라, 다시 말해 재난에 대비하는 힘이 강하다. 완벽한 방재 계획을 위해 많은 교육을 시키고 있다. 유비무환을 그대로 실천한다고 할까. 의료도 마찬가지로 예방의학이다. 미리 예방하려는 의지가 낙후된 의료시설을 뛰어넘는다.

"쿠바의 사회적 안전망은 낡았고 겨우 지탱하고 있을 뿐이다. 하지만 그것을 유지하기 위해 자원이 전체적으로 부족하고 여러 서비스에 영향력이 있다고 해도, 쿠바 사람들이 좀처럼 나락으로 떨어지는 일은 없다. 왜냐하면 서비스가 보편적으로 제공되어 사회관계자본이 풍부한 제도 속에 사람들이 생활하고 있기 때문이다."[119]

119 『몰락 선진국, 쿠바가 옳았다』, 요시다 타로, 서해문집, 2011, 209-210쪽.

매사추세츠대학의 사회학자 미렌 우리아르테 교수의 분석이다. 그는 사회적 격차를 줄이는 것이 얼마나 중요한 지를 강조한다. 경제적 격차는 자연적이든 인위적이든 모든 재해에 대응할 때에 취약요소가 된다는 것이다. 사회관계자본이란 자발적 네트워킹을 통해 자원을 공유하고 신뢰와 호혜로 형성된 규범을 말한다. 학연, 지연, 혈연과 같은 동질성을 가진 결속형 사회관계자본에는 신뢰와 협력이 있다. 동호회, 커뮤니티와 같은 가교형 사회관계자본 안에는 타자가 상호성을 가진다고 생각, 호혜성에 기반한 관계가 형성 유지된다. 쿠바엔 이러한 관계망들이 아주 강렬한 공동체의식을 이루고 있다. '경제는 어렵지만 쿠바에는 안전이 있다'라는 민중의 목소리에 자긍심이 묻어날 수밖에 없다. 연대정신을 통한 공동체적 접근이 인류의 삶을 지속시키는 힘임을 이미 경험한 쿠바인들이다.

이웃이 과정을 사는 쿠바인들의 현재를 진술하게 살아내는 힘인 것이다. 그러다 보니 자연 성과가 부족하다. 하지만 그들이 포기할 수 없는 건 호세 마르티와 피델이 꿈꾸던, 체 게바라 꿈꾸던 평등을 중심으로 하는 이상과 열정이 아닐까. 차별이 없는 삶. 그들에게는 평등을 꿈꾸는 별이 있었다.

소련 붕괴 후 이웃공동체는 사회적 기능을 발휘하면서 위기극복의 토대가 되었다. 그들의 공동체를 보면서, 성과주의가 만들어낸 비교의식과 경쟁이 우리에게서 빼앗아간 게 무엇인지 절실하게 다가온다. 나라가 통제하는 여러 억압에도 불구하고 그들이 자유로워보이는 건 바로 성과에 사로잡히지 않은 까닭이다. 자본주의자는 이 모든 것을 사회주의의 한계로 여기지만, 아직도 쿠바는 공존에 대한 중요한 실험장이 아닐까.

TIP 32 배급

이전부터 실시되긴 했지만 1962년 3월부터 전국적 배급 시스템이 법제화되었다. 이 시스템은 제한된 품목과 물량에도 불구하고 식량자원의 분배에 있어 압도적인 역할을 한다. 배급되는 식량은 필요량의 2/3정도 충족된다. 1960년부터 최소한의 필수 식료품 배급,

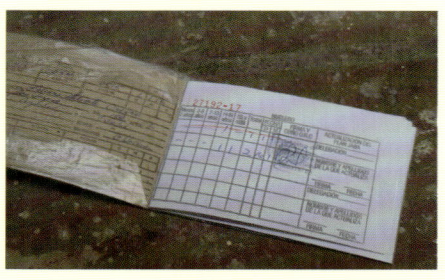

사람들이 배급 수첩을 가지고 배급소로 물품을 받으러 다닌다. 매년 모든 세대에 배급 수첩이 나누어진다. 콩, 쌀, 설탕, 소금, 파스타, 비스킷, 생선, 소시지, 어린이용 우유, 요구르트, 식용유, 식초, 커피, 계란, 닭고기, 비누 같은 기본적인 식료품과 생필품 등이 배급된다. 부족한 양은 정부에서 운영하는 상점에서 아주 싼 값에 살 수 있다. 그래도 옷을 사거나 여가를 즐기기 위해서 그들은 돈을 벌고자 애를 쓴다. 향수와 손톱가꾸기, 남자들은 육체미 운동에 여념이 없다. 그들이 얼마나 멋쟁이에 몰입하는지 거리를 돌아다니다 보면 그들의 건강한 몸에서 그 세련된 기운이 확연히 느껴진다.

이웃이라는 선물

쿠바의 숙제

쿠바는 얼마나 달라질 수 있을까. 이제 세계의 눈길은 쿠바의 변화에 집중되어 있다. 그만큼 코밑 싸움을 하던 두 나라 자체가 상징적인 국가이기 때문이다. 마지막 사회주의 국가 쿠바와 자본주의 초강국 미국. 그들이 협상 테이블에 앉았다.[120]

모두에게 매우 긍정적이긴 하지만 체제 속에서 변화의 물결을 느끼기엔 아직 멀다. 쿠바인들은 이 모든 과정이 간단하지도 않으리란 걸 알고 있다. 여기저기 미국-쿠바 간의 직항로가 열릴 것이고, 아메리칸 익스프레스, 마스터 등 미국 원산의 카드도 쿠바에서 사용가능하게 될 예정이다. 하지만 쿠바의 체제는 금방 변하지 않을 것이고, 더 우선적인 것은 쿠바가 선택하는 Key이다.

그래서 쿠바인들은 기다린다. 시간이 흐르면서 긍정적인 변화가 일어날 것이라 기대한다. 기다림과 불편함엔 익숙한 그들이다. 자기들이 만든 물건을 자유롭게 팔고, 다른 나라의 물건을 자유롭게 사올 수 있다는 희망은 자신감을 주지만 서두를 필요를 느끼지 않는다. 그들은 오늘도 살사를 추고 'Vivir mi vida 내 삶을 살 거예요'를 노래한다.

성조기가 아바나에 게양되는 것과 관계없이 쿠바는 이미 몇 해 전부터 물밑에서 보이지않는 소용돌이가 일고 있다. 느림과 엄청난 기다림 속에서도 눈뜨고 일어나면 새로운 것이 늘어난다. 그 새로운 것은

120 교황 바오로 2세는 1998년 쿠바를 방문했고, 당시 교황의 방문에 50만명이 넘는 군중이 모였다. 이 방문이 양국의 변화에 많은 영향을 미쳤다.
쿠바 외무장관 로드리게스는 경제제재 해제와 관타나모의 미해군기지 부지 반환 등을 요구했고 많은 갈등 요인이 걸림돌로 남아있다.

아메리칸적이고 패스트적이다. 라울이 권력을 이양받고 시장경제가 들어오고부터 쿠바는 이미 격차 사회에 접어들었다. 집을 사고 팔 수 있는 게 가능해지자 부동산 부자들이 생기기 시작했다. 쿠바에 서서히 일어나는 변화와 그들이 찾아가려는 경제라는 희망과 그리고 혁명의 뿌리를 이루고 있는 평등의식은 어떻게 공존하여 흐를 것인가. 그것이 그들의 숙제이다.

그들이 자신의 가난과 문제점을 모르는 게 아니다. 불만을 자주 토로한다. 노래하고 춤추는 유쾌한 문화 속에서 혁명과 환상이 만든 그들의 문화가 감지된다. 담벼락 그림에도 리얼과 초현실이 얽혀있다. 혁명과 환상이 어떻게 겹치고 있는지가 그들의 자유를 보여준다.[121]

그들은 아직도 많은 숙제를 하고 있다. 어쨌거나 그냥 믿어보고 싶다. 노예의 역사 속에 담긴 원시적인 생명성을 말이다. 아프리카성은 사실 그들의 영혼이 물질에 잠식당하지 않는 저력이다. 오래되고 쇠락한 건물과 자동차들을 고치고 또 고쳐쓰면서 생긴 그들의 인내를 믿고 싶다. 그들은 아무리 가난해도 자신을 포기하지 않는 법을 배운 것처럼. "모두 함께, 그리고 모두를 위해"[122] 사는 법 또한 그들은 포기하지 않으리라고.

[121] 그것이 분명 유쾌할 수 없는 조건인데도 거리 전체가 활기 찬 이유이다. 그들만의 리듬, 그들만의 춤은 도시농업, 공동체, 무료교육과 의료 등과 함께 이 지구상에서 쿠바를 가장 지속가능한 대안사회의 모델로 떠오르게 했다.

[122] 호세 마르티의 말이다. 1894년 망명지 뉴욕에서 쿠바혁명당을 결성한 마르티는 "모두와 함께, 그리고 모두의 선을 위해" 나아가 "인간의 완전한 존엄을" 이루기 위해 헌신할 것을 역설했다.

| TIP 33 | 관타나메라 |

〈관타나메라〉는 '쿠바의 아리랑'이라고 불릴 만큼 쿠바 국민의 사랑을 받고 있는 노래이다. 우리 귀에도 익은 '관타나메라'의 노랫말은 쿠바 독립의 아버지로 불리는 '호세 마르티'의 시에서 따온 것이다.

'관타나메라 과히라 관타나메라/ 관타나메라/ 관타나모의 농사짓는 아낙네여// 나는 종려나무 고장에서 자라난 순박하고/ 성실한 사람이랍니다/ 내가 죽기 전에 내 영혼의 시를 여기에/ 사랑하는 사람들에게 바치고 싶습니다// 관타나메라 과히라 관타나메라/ 관타나메라/ 관타나모의 농사짓는 아낙네여// 내 시 구절들은 연둣빛이지만, 늘 정열에 활활 타고 있는 진홍색이랍니다/ 나의 시는 상처를 입고 산에서 은신처를 찾는, 새끼 사슴과 같습니다.// 7월이면 난 1월처럼 흰 장미를 키우겠어요./ 내게 손을 내민 성실한 친구를 위해// 이 땅 위의 가난한 사람들과 운명을 나누고 싶습니다./ 산속의 냇물이 바다보다 더 큰 기쁨을 주는군요.// 관타나메라 과히라 관타나메라/ 관타나메라 콴타나모의 농사짓는 아낙네여.'

'관타나메라'는 쿠바 동부의 '관타나모의 시골 여인'이라는 뜻이다. 아리랑처럼 쿠바에서는 제2의 국가로 불린다. 쿠바 민중에 대한 애틋함이 배어 있다. 관타나모의 순박한 시골여인에게 고백하는 형식을 빌어 가난한 민중들에 대한 애정을 담은 노래이다. 1960년대 미 반전가수 피트 시거가 불러 서방에 알려졌다. 제국주의와의 투쟁 속에서 만들어온 소중한 혁명을 지켜나가는 쿠바 국민의 유전자 속에는 언제나 〈관타나메라〉가 살아있다.

| TIP 34 | CELAC(라틴 아메리카 카리브해 국가공동체) |

혁명 이후 사회주의 정권 전복을 위한 미국의 무수한 음모를 쿠바는 꿋꿋이 견뎌냈다. 이와 함께 중남미를 자주와 연대의 지역공동체로 묶어내는 데 앞장섰다. 2011년 베네수엘라 수도 카라카스에서 결성된 라틴아메리카카리브해국가공동체(CELAC)가 대표적이다. CELAC은 탈식민적 라티아메리카의 통합을 지향한다. 평화롭게 살 권리, 각 나라가 자신들의 생활방식을 선택할 권리를 바탕으로 협력과 연대와 통합의 아메리카를 건설하겠다는 것. 각 나라 간의 중대한 차이를 인정하면서 품위 있는 공존을 지향한다는 것이다. CELAC은 지난 해 1월 쿠바 아바나에서 열린 2차 정상회담에서 중남미 지역을 평화지역으로 선포했다. 각국의 다양성을 인정하면서 동시에 단결하겠다는 의지이다.

TIP 35 쿠바의 5인 영웅

2014년 12월 18일 발행된 쿠바 공산당 기관지 《그란마》의 1면 타이틀은 '돌아왔다(Volvieron)'였다. 5인의 영웅 중 미국 교도소에 투옥되어 있던 3명이 완전히 돌아온 것이다. 미국과 국교 정상화 조치가 발표되면서 쿠바가 감금하고 있던 미국인 앨런 그로스와 교환 석방 형식으로 풀려나 16년 만에 고국에 안겼다. 이들 '영웅'이 라울 카스트로와 나란히 서 있는 사진은 오바마 대통령의 사진보다 더 큰 지면을 차지했다.

특집으로 발행한 16면도 '영웅'들의 이야기와 그들이 가족과 상봉하는 사진들로 가득 찼다. 쿠바 국영텔레비전 방송인 '쿠바비시온'도 이날 종일 이들의 귀환 소식을 전하는데 시간을 할애했다. 쿠바 정부는 이들의 귀환에 '혁명의 승리'라는 의미를 부여했다. 수십 년간 지속해온 고립 정책의 패배를 인정하는 미국으로부터 얻은 실리도 중요하지만, 혁명의 정신이 이겼다는 명분이 더 중시되었다. 라울 카스트로는 이 정보요원 5명에게 최고 훈장을 수여했다. 이 훈장은 쿠바 사회주의 체제를 영속시키는 데 최고의 공을 세운 이들에게 수여하는 것이라고 그란마는 설명했다.

제라르도 에르난데스(Gerardo Hernandez), 안토니오 게레로(Antonio Guerrero), 라몬 라바니뇨(Ramone Labanino), 페르난도 곤잘레스(Fernando Gonzalez), 르네 곤잘레스(Rene Gonzalez) 1998년 쿠바에 대한 테러 예방을 위한 정보 수집을 목적으로 이 5인을 미국으로 보냈다. 90년대 초 반쿠바 테러로 인한 사망자가 수천 명에 달했기 때문이다. 이어 정부는 미국에 협조를 요청, 파견된 쿠바인 다섯 명의 자료를 미연방수사국에 보낸다. 그러나 FBI는 '간첩행위 모의', '국가안보위협'이라는 죄목으로 즉각 이들을 체포했다. 어떤 혐의도 발견되지 않았지만 그들은 각각 종신형, 징역 19년형, 15년형 등을 받았다. 부당한 인권유린의 세월이었다. 노엄 촘스키는 이 사건을 두고 "완전히 충격을 받았다"고 비난했다. '쿠바 5인'사건은 테러에 대한 미국의 이중적 태도를 그대로 드러내는 상징적 사건이다. 2011년 세계 109개국 미 대사관 앞에서는 이 '쿠바 5인'에 연대하고, 석방을 촉구하는 집회와 기자회견이 열렸다. 2008년 9월 11일, 공동행동의 날인 12일에 앞서 한국에서도 미 대사관 앞에서 쿠바 5인 석방을 요구하는 기자회견을 연 적이 있다. 국제인권단체인 엠네스티 인터내셔널이나 '자의적 구금에 관한 유엔 워킹그룹'이 계속 미국 정부를 지적, 수정조치를 요구하기도 했다. 다음은 쿠바 5인 중 안토니오 게레로의 최후진술이다.

"CIA가 반혁명적인 요원을 모집하고, 돈을 주고 훈련시키는 것, 피그스만 침략, 몽구스 작전, 군사개입을 위한 근거들, 국가 수장들에 대한 암살 기도, 무상 그룹의 침투, 사보타지, 공해 침공, 정찰 비행, 화약 약품 뿌리기, 해안선과 빌딩에 총을 쏘는 것, 호텔과 다른 사회적, 문화적, 역사적, 여행 중심지에 폭탄 터트리기, 모든 종류의 잔혹하고 사악한 도발 등이 (쿠바에 대한 공격으로) 이루어졌습니다.

그 결과는 이렇습니다. 3천 4백 명 이상이 사망했고, 2천명 이상이 완전히 또는 부분적으로 장애를 가지게 되었습니다. 생활의 원천인 경제에 실질적으로 해를 입었고, 수십만 쿠바인들이 가혹한 봉쇄조치와 적대적인 냉전 분위기 속에서 태어나고 자라고 있습니다. 테러와 어려움, 고통은 전체 쿠바인들이 겪고 있습니다. 미국은 이것을 막기 위해 무엇을 했습니까? 실제로 아무것도 하지 않았습니다. 그리고 공격은 멈춰지지 않았습니다. 오늘 이런 행동에 책임이 있는 사람들은 자유롭게 마이애미 거리를 활보하고 있습니다. 그리고 라디오 방송국과 다른 언론은 쿠바 민중에 대한 공격을 하고 있습니다.

왜 이렇게 쿠바민중을 증오합니까? 쿠바가 다른 길을 가고 있어서입니까? 우리가 사회주의를 원하고 있어서입니까? 문맹을 퇴치해서 입니까? 무상교육을 해서입니까, 아니면 무상의료를 해서입니까? 아니면 어린이들에게 새로운 여명을 열어주고 있기 때문입니까? 쿠바는 한번도 미국을 위험에 빠뜨리거나 테러행위를 한 적이 없습니다."[123]

[123] 출처: www.freethefive.org.

'Volveran 돌아올 것이다'라는 기원 아래 5인 영웅의 이름은 쿠바 전역 아무리 작은 마을의 담벼락에도 씌여졌다.

혁명 55주년 기념을 축하하는 메세지가 가난한 창가에 매달렸다.
큰 거리에 붙은 플랭카드보다 훨씬 인상적으로 다가온다.

'조국은 헌신을 필요로 합니다.'라는 호세 마르티의 문구이다.
그들의 공동체 정신은 학습되고 학습된 결과일까.

쿠바를 떠나기 전, 시인 모랄레스와 다비드, 그리고 마우리시오와 함께 저녁을 먹었다. 아바나에서 사귄 문인들, 특별하고 귀한 인연들이다.

마우리시오는 호세마르티 문화원에 나오는 잡지 ≪Honda≫의 편집위원으로 다방면에서 나를 많이 도왔다. 마르티 문화원에서 함께 쿠바문화의 특성에 대한 작은 설명회도 가졌고, 〈Casa de Poesia〉에서 하는 '시와 음악의 밤'에도 나를 안내했다. 시인 예니에르와 모랄레스와 다비드도 인사시켜 주었다. 덕분에 모랄레스씨의 시집도 선물받고 다비드의 시집도 받았다. 〈쿠바도서협회Instituto Cubano del Libro〉도 방문, 빅토르 롤랜드 회장과 만나 한국과 쿠바 문화 그리고 문학의 현황 및 도서와 작품교류에 대한 담소들이 오갔다.

〈La casa de Las Americas〉에 대해 몇 마디를 나누었고, 앞으로 호세 마르티를 공부할 때 필요한 거 있으면 도와달라고 요청해두었다. 흔쾌히 그러마고 한다. 그들은 모두 쿠바에 넘치고 있는 한류문화에 대해서 이야기한다. 쿠바 친구들을 만나면 어디서든 한국드라마 얘기부터 꺼낸다. TV를 잘 못 보는 나보다 그들이 한국 탤런트들을 더 잘 알고 있다.

금방 서두를 수 있는 문제는 아니지만 한국시인과 쿠바시인의 선문집을 만들면 어떨까 하는 희망도 번져났다. 경제적인 것, 정치적인 것, 시간적인 것 다 쉬운 문제가 아니다. 하지만 공감한다는 데서 소중한 느낌이 들었다. 하지만 그의 도움을 얼마나 받을 수 있을는지 모르겠지만 아바나에 좋은 친구가 필요한 건 사실이다. 의견을 물을 데가 있다는 건 행운이다.

쿠바의 숙제

소중한 전쟁들

쿠바에서 지내는 동안 부식구하기와 메일하기는 소중한 전쟁이었다. 결코 마음대로 생각대로 되는 법이 없었다. 나중엔 어떤 상황이라도 긍정할 수밖에 없다. 항상 뜻밖의 사태에 대한 준비는 불안이나 염려가 아니라 오히려 마음을 편하게 한다. 쿠바에서 지내는 동안 돌발 상황에 유연해졌다. 덕분에 기다림이라는 에너지가 생겼다. 한국에선 그런 훈련이 쉽지 않다. 왜 그럴까. 일기장의 내용들을 보면서 내가 먹는 것과 필수품 구입에 관한 집착이 정말 많다는 걸 나중에야 알았다.

물론 그 순간들엔 물자부족으로 구할 수 없다는 게 한심하고 속상하고 하다만 한번만 꺾어 생각해본다면 참 귀중한 경험이다. 우리나라처럼 가는 데마다 식량과 필수품이 산적한 곳에선 이해할 수 없는 것이고, 돈 가지고 나가서 살 수 없다는 것이 짜증스러울 것이다. 그러나 점점 나는 이것이 중요하다는 생각을 하게 된다. 필요한 것은 '함부로'가 아니라 '지극하게' 얻는 법을 배웠다고 할까. 다음은 쿠바에서 지내던 날의 일기들이다.

2013년 10월 30일
쌀 3kg, 밀가루 2kg, 계란 10개가 79MN(한국돈 3,000원)이다. 참 싸다. 오는 길에 토마토와 양파, 수프거리 야채를 조금 샀다. 이제 수제비를 끓여 먹을 수 있다. 행복하다.

2013년 11월 4일
호세 마르티 문화원. 이층 방 모퉁이에서 와이파이 접촉을 시작했다. 2시간 매달렸지만 실패. 온 메일도 제대로 못 읽었다. 하지만 내가 얼마나 많은 문명을 입고 있었는지 깨닫게 된다. 모두가 즐겁고 행복한데 나만 인터넷 연결을 못해 쩔쩔매고 있는 셈이다.

2013년 11월 5일
물과 고구마를 사가지고 왔는데 물은 1CUC(1,200원, 그제는 1,800원 주고 샀다)이고 고구마 1Kg에 2MN(100원)이다. 도무지 물가를 종잡을 수 없다.

2014년 1월 9일
1시 반쯤 가서 용감하게 아바나 리브레에 가서 인터넷을 했다. 보낼 편지를 미리 써간 건 좋았는데 괜히 사진을 첨부한다고 시간과 비용 낭비. 5CUC는 버린 것 같다.

2014년 1월 15일
지금은 시중에 소금이 없다고 한다. 소금가지고 양치질하는 중이었는데… 으악. 소금이 없으면… 소금이 귀하다면서 그들은 왜 그렇게 짜게 먹을까.

2014년 1월 16일
냅킨을 구하러 다녔으나 못 구했다. 오렌지도 구하기 어렵다. 이런 불편함이 오히려 반갑다. 언제든 무엇이든 돈만 있으면 구할 수 있는 물질 사회는 더 공포스러워해야 할까.

2014년 1월 30일
계란과 물과 밀가루와 야채를 사려면 각각 다른 쪽으로 찾아다녀야 한다. 제철에 나지 않는 것들은 구할 수 없다. 감자조차도 철이 지났다고 구경하지 못했고, 하루 전날 보이던 냉동소세지를 사러 갔는데 냉동고에서 텅텅 소리가 나고 있어 황당했다.

2014년 11월 20일
호텔 나시오날에 도착. 인터넷에 도전. 10CUC을 주고 5시간 만에 지쳐 포기했다. 틈틈이 e북을 읽으며 버텼지만, 바 안은 너무 추웠고 수백 번의 도전에도 메일 한 통 보낼 수가 없었다.

2014년 12월 10일
일년만에 호텔 나시오날을 찾아 와이파이를 빌리려 하니, 자기 투숙객도 감당이 안 되는지 내일 아침에 오라고 한다. 아바나 리브레 호텔을 찾아 인터넷을 시도했지만 한글자판이 없으니 먹히지를 않는다. 이내 내가 도움을 받고 싶은 것은 인터넷 접속이라고 요청해보았다. 와이파이 접속은 도와주었지만 아마 너무 느려 힘들 거라고 말한다.

2015년 1월 18일
일 년만에 돌아온 쿠바, 계란과 밀가루를 구하러 종일 돌아다녔다. 결국 못 구하고 돼지고기와 쌀만 더 구해왔고 상추와 야채 몇 가지를 구했다. 다시 부식과의 전쟁인가. 그러느라고 아무 것도 못했다.

2015년 1월 18일
보데가의 배급품들을 매우 싸다. 배급물량 이상은 그들도 사야 한다. 쌀이나 밀가루를 구할 때, 빵을 살 때 그들은 수첩을 갖고 다닌다. 난 물론 돈을 주고 사야 하고. 괜히, 정말, 부러웠다.

2015년 1월 20일
이틀에 한 번 Parque Central 호텔에 가서 메일을 열어본다. 속도가 느려 그것도 쉽지가 않다. 비싼 에떽사[124] 카드를 흔쾌히 샀는데 그게 시간만 잡아먹지 절대 안 열리는 거다. 30분이나 시간을 소비하다 안 되겠다 싶어 택시를 타고 잘 열리는 편이다 싶은 아바나 비에하로 갔다. 그랬더니 이미 다 소비된 카드라고 뜬다. 한번 열어보지도 못하고 카드를 날린 것. 그러느라 하루가 갔다.

[124] 쿠바전화국, Etcsa 카드가 있어야 전화도 인터넷도 가능하다.

2015년 1월 24일
아바나 리브레에서 23Y10까지 지그재그로 2시간을 걸으면서 보이는 시장마다 계란 노래를 불렀지만 못 구했다. 시내 전체에 계란이 떨어진 것 같진 않은데 어찌나 구하기 어려운지.

2015년 1월 25일

2015년부터 법이 바뀌어 비아술 버스표는 곧장 터미널에 가서 예약해야 한다고 한다. 비아술로 갔다. 27번 버스를 기다려 가는데 1시간, 표 예약하는 데서 기다리느라 2시간 반, 여권이 없어 기다림이 헛수고가 되고, 다시 돌아오는데 1시간. 다음날 아침 일찍 여권 들고 비아술로 직행. 그런데도 2시간 가까이 기다려야 했다. 왕복은 안 끊어주니 또 돌아올 길이 막막해진 셈.

일기장에 거의 매일 빠지지 않는 것은 부식구한다고 힘들었던 것과 메일하기, 그리고 버스타기 등이었다. 하지만 소중한 전쟁이었고 조금씩 불편에 적응되어 갔다. 깨달은 것은 내가 무엇이 필요하다고 언제든지 획득할 거라고 믿는 건 착각이라는 것이다. 특별한 공부였다. 그리고 인터넷에 매달리는 것, 무언가를 서두르는 것은 바보짓이라는 거다. 이제 인터넷으로부터 자유로워져야겠다는 생각을 한다. 인생은 뜻밖의 상황으로 구성되어 있는 것인지 모른다. 속상하고 서러운 마음이 들 때마다 내가 더 쿠바적이 될 수밖에 없다고 나를 달래곤 했다. 어찌 이뿐일까. 공중전화 걸기도 시내버스 타기도. 그런 불편들이 익숙해진다면 충분히 다른 사람을 기다려주는 일도 얼마든지 가능할 거라는 생각이 든다.

HORARIOS VIAZUL A PARTIR DEL 5 DE ENERO DEL 2015

VIAJE 1	HORA DE SALIDA	RUTAS	LCL 100	VNL 124	HAV 200	VRO 300	VRA 322	VRX 323	SNU 400	CFG 411	TND 412	USS 453	AVI 504	CMW 500	VTU 603	HOL 610	BYM 622	SCU 600	GAO 640	BCA 641
HAV-VRX (200-323)	06:00	9A201				08:25	09:00	09:25												
	08:00	9A203				10:15	10:50	11:15												
	13:00	9A205				15:00	15:35	16:00												
	17:30	9A207				19:45		21:45												
VRX/TND (323/412)	07:30	9A703						07:30	11:15	12:45	14:05									
HAV/TND (200/412)	07:00	9A301								12:15	13:50									
	10:45	9A303								15:15	16:50									
	14:15	9A305								17:40	19:15									
VNL/TND (124/412)	06:45	9A105		07:40						14:40	16:15									
VRX/SCU 323/600	21:45	9A701							01:25		03:00	04:25	06:25	08:25	09:50	11:15		13:25		
TND/S.LU	10:00	9A705								10:00	11:30	12:55	14:45							
TND/SCU (412/600)	08:00	9A801								08:00	09:30	10:55	13:20	15:25	16:45	18:20		20:30		
HAV/VNL (200/124)	08:40	9A101	12:00	12:45																
	14:00	9A103	16:25	17:10																
HAV/HOL (200/610)	09:30	9A401							14:05				18:40	20:45	21:55					
	19:45	9A403							23:45			02:30	04:30	06:30	07:40					
HAV/SCU (200/600)	06:30	9A503							10:25	11:55	13:20	15:20	17:25		19:00	21:10				
	15:00	9A505							19:35	21:05	22:30	00:30	02:35	3:55	5:20	7:30				
	00:30	9A501							04:30	06:00	07:30	09:30	11:35		13:45	15:55				
HAV/BCA 200/641	12:00	9A507										20:15					01:50	03:30	06:40	
SCU/BCA 600/641	8:00	9A509															8:00	9:30	13:00	

LCL: PINAR DEL RIO, VNL: VINALES, HAV: HABANA, VRO: MATANZAS, VRX: VARADERO, SNU: SANTA CLARA, CFG CIENFUEGOS, USS: SANTI SPIRITUS, TND: TRINIDAD, AVI: CIEGO DE AVILA, CMW: CAMAGUEY, VTU: TUNAS, HOG: HOLGUIN, BYM: BAYAMO, SCU: SANTIAGO DE CUBA, GAO: GUANTANAMO, BCA: BARACOA

비아술 전국노선 버스시간표.
다른 도시를 여행하기 위해 비아술 버스 티켓 구하는 일이 가장 힘들었다.
이 시간표가 매우 유용했다. 각 도시 이름이 약자로 되어 있다.
예를 들면 HAV는 아바나, TND는 뜨리니다드, SCU는 산티아고 데 꾸바 등이다.

아무 것도 아니면 아무 것도 아닌 대로

도심 유기농업 오르가노포니코, 생태도시, 생태농업, 생태건축, 공동체, 무상의료, 무상교육 등은 쿠바를 설명하는 용어들이다. 그들이 선택한 사회주의와 또한 그들이 당면할 수밖에 없었던 경제 위기와 가난이 그들에게 선물한 것들을 본다. 기다림과 배려이다. 밤새 비가 왔고, 전기도 끊겨 아무 것도 할 게 없었다. 그저 가만히 앉아 있어야 했다. 비로소 문명이라는 강박을 벗어나는 순간이기도 했다.

그러면서 이미 뼛속 깊이 물든 성과주의에서 벗어나지 못한 나의 현실을 깨닫는다. 정말 성과주의를 축소할 수 있을까. 그러기엔 우리 사회는 이미 거대한 경쟁의 고리에 갇힌 상태이다. 성과보다 과정을 산다는 건 얼마나 큰 용기와 선택을 필요로 하는 것일까. 탈성장, 반성장, 몰락, 하강 등 극단적인 물질에 대한 대응책인 사회학적 용어들을 선택할 수 있을까. 요시다 타로는 쿠바를 '몰락선진국'이라고 부른다.[125] 프랑스 정치경제학자 세르주라투슈는 '하강'이라는 개념을 사용, 검소한 생활을 통해서만 사람들은 행복해질 수 있다고 한다. 옥스퍼드 대학의 요르크 프리드리히스는 사람들은 부드럽게 몰락해야 함을 주장한다. 지역공동체에 기반을 둔 전통적 생활로 돌아가야 한다는 것이다. 몰락이야말로 진보의 선두주자라는 요지이다. 결국 성과주의를 어느 정도 포기하는 것이 인류에게 미래를 보장한다는 결론이다.

[125] 『몰락 선진국, 쿠바가 옳았다』, 요시다 타로, 서해문집, 2011.

그들도 한계가 많고 현실에 불만이 많다.[126] 그러나 그러한 불만이 자신을 잠식하도록 내버려두지 않는다. 아무리 많은 불만이나 욕망이 자신을 삼켜버리지 않게 하는 근원적인 생명감이 있다. 물질적인 것에 삶을 뺏기지 않는다고 할까. 그래서인지 왠지 그들은 강인해 보이고 당당해 보인다. 쿠바에서 지내다보면 인간적으로 산다는 것이 무엇인지 선명하게 다가오고 그 실천은 가능하다고 믿게 된다.

지금 우리의 정신문화가 위기라면 그 까닭은 성과중심의 가치에 있다. 먼저 '성과', '결과', '성장제일'이라는 지배적 관념과의 전투가 우선이다. 지배이념에 의심없이 동의하는 상황은 재앙이 된다. 성과중심은 감동을 바탕으로 하는 문화예술의 근원을 축소시킬 수밖에 없다. 사회 전반적으로 정신문화가 호기심과 흥미, 실용 중심으로 흘러가고 있다. 모두 지식적이고 소비적인 경향이다. 많은 불편을 감수하고 가치를 선택하게 하는 정신성을 만들어내는 데는 보다 좁고 어두운 틈새를 찾아가고 회복하는 노력이 절실하다. 현재를 진솔하게 살아내는 것, 이것이 삶의 전부가 아닐까.

[126] 중국식 모델을 도입하고 시장경제가 열리면서 빈부격차가 다시 시작되고 있다. 악화된 주택 부족, 식량 외 생활필수품의 부족, 국민의 정치참여 기회의 결여, 싼 임금과 이중통화체제 등이다.

도심 한가운데에 공존하는 수목들.
어느 도시가 이렇게 오래된 거목들을 안고 있을까. 부러웠다.

그리고, 그러나, 그러므로

 루디 모라 감독의 영화 〈그럼에도 불구하고Y, Sin embargo〉(2012)에서 소녀는 말한다.

 "우리는 왜 이럴까요. 새로운 사실을 믿으려 하지 않아요. 의문을 가지려 하지도 않아요. 왜 이렇게 살아가나요. 왜 이렇게 지루하게 살고 있나요. 나를 위해 꿈을 꾸어 주세요. 자유로 가득한 꿈을. 내가 내가 아니었던 날들의 꿈을."

 차츰 낯선 거리도 일상이 되면서, 버스 노선을 익히면서 마치 아바나에 십 년은 살아온 느낌. 호세 마르티의 동상은 참 생각이 많아보인다. 이상하게 다른 영웅들의 동상과 달리 야윈 얼굴의 마르티 두상은 늘 느낌이 저절로 다가온다. 내 선입관일까. 시는 위대한 사상을 품고 있다는 생각이 들게 한다. 또 위대한 사상이 없으면 존재에 대한 연민으로 너그럽기라도 해라고 말하는 것 같다.

 대다수 쿠바인들은 그들의 조국을 사랑하고 지금의 사회주의 체제에 만족하고 있지만, 50년 넘게 이어진 '가난한 평등'에 점점 지쳐가고 있다.[127] 경제 위기 극복을 위한 관광산업에 나섰지만 이는 양날을 가진 칼이기도 했다. 외국 관광객 속에서 쿠바의 젊은이들은 소비와 멋진 삶에 대한 욕구가 커지고 있다. 자랑스러운 조국보다는 외국에서 사는 것을 꿈꾸게 되기 때문이다. 부패의 폐해는 크게 고쳐지지 않는다. 사상

[127] 쿠바인의 월 평균 소득은 20~30달러 수준이다. 하지만 모든 쿠바인은 암시장에서 물건을 사고 팔아 돈을 번다. 월급 30달러가 유일한 소득이 아니다. 이제 미국에서 쿠바로 연간 8,000달러를 송금할 수 있게 됐다(지난해 12월 오바마 대통령의 관계 정상화 발표 전에는 2,000달러가 송금 상한선이었다). 그러면서 흑백 인종 사이의 격차가 더욱 벌어질 전망이다. 뉴욕타임스에 따르면 쿠바의 백인이 해외 친척의 재정지원을 받을 가능성은 흑인의 2.5배다. 그만큼 백인이 사업을 시작하기가 쉽다는 뜻이다.

의 승리는 어디 갔을까? ¹²⁸ 이중경제의 딜레마와 경제적 고통 때문에 쿠바의 반미전설은 위력을 잃을까?

바야모에서 만났던 고등학생들은 호세 마르티의 별과 평등을 향한 혁명을 얼마나 사랑하고 있을까. 쿠바의 모순은 새로운 변화에 대한 경제적 희망과 어떻게 만날 것인가. 쿠바는 열심히 숙제를 하면서 오히려 질문을 하고 있는 게 아닐까. 당신의 혁명과 환상은 무엇이냐고. 그들만의 유쾌한 모순이 자본에 잠식당하는 건 아닐까 염려하는 우리에게 말이다.

길을 걷다 보면 체의 열정이 가슴저리게 다가오는 날이 많다. 소금이 없다고 쌀이 없다고 투덜대는 아바나의 입술들 앞에서 체 게바라의 연민은 얼마로 환산할 수 있을까. '환한 대낮에 하늘의 별은 보이지 않지만 그래도 별은 있는 것이'라고 노래했던 그의 신념은 우리를 아프게 한다. 혁명 정신의 초석이 된 체가 방랑의 여행 중에 구축한 이념도 바로 평등이다. 소유에서 만족하는 문화를 획득해낸 그들은 이제 다시 차츰 빈부격차 속으로 들어가는 중이다. 욕망을 추구하고 소비의 수렁에 빠지는 일상, 그건 또 하나의 두려움이다. 이는 오늘 우리 현실에도 숙제가 될 수 있다. 우리가 극단적인 자본주의 문명에서 다시 나눔과 상생의 세계로 가는 데는 얼마나 많은 복병들이 있을까. 그 누구도 가난을 싫어한다는 것, 함께 '자발적 가난'을 선택한다는 것은 얼마나 어려운지를 시험하는 시점에 쿠바는 다시 개방되었다. 인간은 끝까지 가치를 수호할 것인가. 가치보다 욕망을 선택하게 될 것인가.

쿠바가 50여 년 만에 자본의 문을 열면서 희망과 투지, 돈이 공중에 떠다니기 시작한다. 무엇이든 먼저 잡는 사람이 임자가 될 수 있다. 자영업은 계속 확대된다. 지난해 자동차 매매도 허용했다. 잠들어 있던

---

128 성과를 올리지 않아도 큰 차이가 없다면 인간은 편한 쪽으로 변한다. 교육을 통해 아무리 이상과 가치를 주입하더라도 말이다. 게다가 노래와 춤을 좋아하는 라틴 기질 아닌가. 지나친 평등이 일할 의욕을 잃고 장기 결근과 위장 실업을 만들어 낸다. 또한 부정부패가 많아지고 암시장이 더 활발하다.

쿠바에 갑자기 잠재력이 넘치는 듯하다. 과도 정부가 억누르곤 있지만 쿠바인은 근면하며 희망에 차 있다. 아바나 곳곳에 있는 건설공사 현장의 기중기들. 거의 매주 생겨나는 새로운 팔라다르 식당과 작은 피자 가게와 카페와 클럽. 관광객으로 가득한 호텔. 과연 누가 수혜자가 될까. 그게 최상의 희망일까 최악의 희망일까?

 1,100만의 인구. 그중 다수는 미국-쿠바 관계의 해빙으로 혜택을 볼 듯하다. 해외 거주 친척의 송금을 받아 자영업을 시작할 수 있는 사람이 수혜자가 될 수 있다. 그들은 체 게바라를 사랑한다. 하지만 체 게바라가 꿈꾸던 '새로운 인간'은 얼마나 사랑하는 걸까. 그들은 더 이상 가난하고 싶어하지 않는다. 젊은이들은 나이키 운동화를 신고 아디다스를 입고 싶어한다. 컴퓨터와 좋은 자동차, 스마트폰을 사고 싶어한다. 분배가 아니라 능력만큼 돈을 벌어 모으고 싶어한다.

 어쩔 수 없다. 그들의 자긍심과 이웃정신, 물질에 병들지 않은 그들만의 유쾌한 기질을 믿을 수밖에 없다. 강인해 보이는 그들의 저력을 믿고 싶다. 가혹한 역사를 통해 익혀온 감성과, 자연의 리듬, '함께 사는' 법을 잃지 않으리라 믿고 싶다. 욕망을 다스리는 방식으로 문화예술을 선택한, 그 결과로 받은 자긍심이라는 유산이 있기에 말이다.

 올해로 혁명 56주년, 라울 카스트로가 피델에 이어 국가평의회 의장에 취임한 지도 7년.[129] 쿠바는 아직 자유를 향한 여정 속에 있다. 생태농업의 종주국으로서 지속가능한 사회의 모델로 각광을 받으면서도 사회주의 국가의 앞날과 경제 발전을 끊임없이 고민하는 중이다.

---

[129] 쿠바는 1993년까지 미국의 식량·의약품·금전 원조를 받기를 거부하였다. 그러나 경제가 극단적으로 몰리면서 1993년 쿠바인이 미국 달러를 가지거나 사용할 수 있으며 상업 분야에서 자영업을 허락하고 산지 시장을 여는 것을 허용했다. 미국 달러 수입이나 이익에 대한 세금이 1994년에 징수되었고 1996년 10월에는 외국 회사가 전적으로 사업을 소유하거나 운영할 수 있으며 부동산을 매입하는 것을 허용하였다.
 국가평의회 의장 라울 카스트로 체제는 쿠바를 바꾸려 한다. 해외여행의 규제를 점차 풀고, 자영업은 계속 확대된다. 주택 매매에 이어 자동차 매매도 허용했다. 하지만 부패와 관료주의 폐해는 여전하다.

아바나의 한가운데 자리잡은 거대한 빌딩은 한때 미대사관이었다가, 미국 이익대표부였다가, 다시 미대사관이 되었다. 1961년 1월, 쿠바가 미국 기업의 자산을 빼앗고 국유화하자 외교관계를 끊어지면서 남은 이 건물의 역사는 그야말로 20세기 이데올로기의 한 단면이다. 깃발의 벽은 2006년 2월 제국주의의 확산을 막고자 깃대 138개를 올려 미국의 정치선전을 막은 것. 이제 깃발의 벽은 무너질 것인가. 이 맞은 편에 '반제국주의 광장'이 있다.

미국 대사관 앞에 만들어 놓은 철제조명을 갖춘 시설이 호세 마르티 반제국주의 광장(Plaza Tribuna Anti-imperialista Jose Marti)이다. 길 건너편에 아바나의 랜드마크이며 멀리 영국 처칠 수상도 묵고갔다는 호텔 나쇼날이 보인다. 인터넷이 필요할 때마다 들르던 곳이다.

우산을 고치고 있는 할아버지.
일반 민중의 집 대문은 이렇게 길을 향해 그대로 열려 있고 이들은 늘 그 문턱에서 지나는 사람들에게 말을 건다.

낡은 화분에서 자라는 자유

쿠바에선 사물조차 존재감이 뛰어나다. 함부로 사용되고 함부로 버려지는 게 아니다. 물론 물자부족 현실 때문이다. 어디서든지 무엇을 어떻게 고쳐쓸가 궁리하고 있는 쿠바인들의 모습을 자주 볼 수 있다. 하나의 물건은 끝까지 계속 의미를 부여받아 가며 고치고 활용된다. 사람과 사람이, 사물과 사물이, 사람과 사물이 그리고 자연이 서로를 부축하고 있다는 느낌. 내가 쿠바에서 행복했던 건 바로 그 때문이었다. 쇠락한 건물과 털털거리는 자동차들은 경제위기 이후 쿠바인들의 인내를 잘 보여준다.

무언가를 고치고 있는 노인을 만나는 건 쿠바의 인문을 이해하게 한다. 결핍은 또 다른 충만을 만들어 주는 것. 그들의 빈한한 일상에서 오히려 생명을 꾸려내는 촘촘한 사이를 읽는 하루.

골목이 놀이터다.
그래서 골목은 늘 아이들의 유쾌한 함성으로
가득차 있다.

골목마다 사탕수수를 그 자리에서 즙을 내서 파는 가게들이 많다.

쿠바는 자타가 공인하는 스포츠 강국이다. 야구, 배구와 권투를 포함한 여러 분야에서 세계 정상급 선수들을 배출해낸다. 학교 교육에서 스포츠에 주력하고 있으며, 특히 야구는 초등학교에서 대학교까지 필수적으로 도입한 쿠바 최고의 인기 스포츠. 구시가지든 신시가지든 빈 공터만 있으면 아이들은 공을 던진다. 야구는 일상이다. 야구도 또 하나의 쿠바의 영혼이라고 할 정도이다.

TIP 36 2015년 4월 라울 카스트로의 연설 '우리의 아메리카'

2015년 4월 11일, 파나마 수도 파나마시티에서 열린 제7차 미주정상회의에서 라울 카스트로가 '우리의 아메리카'라는 주제로 49분간 연설한 것 중의 주요 내용이다.

"우리는 그동안 무수한 곤경을 감내해 왔습니다. 쿠바 국민의 77%가 미국의 경제봉쇄 이후 태어난 세대들입니다. 나는 오바마 대통령에게 상호 존중의 정신으로 대화에 임할 것을 약속했습니다. 또한 양국의 심대한 차이를 인정하고 존중하면서 품위 있는 공존을 위해 노력할 것을 다짐했습니다. 오바마 대통령의 용감한 결정에 찬사를 보냅니다. 우리는 쿠바식 사회주의의 개선을 위해 경제모델을 혁신하고, 모든 정의를 이루겠다는 다짐으로 시작된 혁명의 성과를 공고히 하며 더욱 발전시키기 위해 노력할 것입니다.

베네수엘라에 대한 경제제재는 해제돼야 합니다.(미국은 베네수엘라가 미국의 안보 및 대외정책에 중대한 위협이 된다며 3월 9일 오바마 대통령의 행정명령으로 경제제재를 단행했습니다) 베네수엘라는 미국 안보에 위협이 되지 않습니다. 행정명령의 해제를 오바마 대통령에게 요구합니다. 또한 포클랜드를 비롯해 영국에 빼앗긴 아르헨티나의 영토 회복을 촉구합니다.(☞Obama Should Rescind the Sanctions Against Venezuela)

2014년 1월 아바나에서 열린 CELAC 2차 정상회담에서는 중남미 및 카리브해 지역을 평화지역으로 선언했습니다. 우리는 다양성 속의 단합을 추구하는 것과 함께 "국가들간의 평화적 공존을 확보하기 위한 핵심적 조건으로 각 나라들이 자신의 정치, 경제, 사회, 문화 시스템을 선택할, 양도할 수 없는 권리"를 인정하며 "다른 나라의 내정에 직간접적으로 간섭하지 않을 의무, 국가 주권의 존중, 그리고 각 민족이 자신의 운명을 자유롭게 결정할 권리 및 이러한 권리의 동등함"을 추구할 것입니다.

이제 우리는 이 선언이 말하는 바, "선량한 이웃으로서 관용의 정신으로 평화 속의 공존"을 추구할 것입니다.

물론 많은 실질적 차이들이 있습니다. 그러나 평화와 인류의 생존을 위협하는 온갖 위험 속에 우리들이 함께 협력하게 하는 공통점도 있습니다.

서반구 차원에서 기후변화에 대한 공동 대응을 하지 못할 이유가 무엇입니까? 테러와 마약 거래, 그리고 조직폭력을 막기 위해 북미와 중남미가 정치적 편견 없이 함께 협력하지 못할 이유가 있습니까? 학교와 병원, 일자리와 빈곤 퇴치를 위해 필요한 자원들을 함께 찾아보지 않을 이유가 있습니까? 부의 양극화를 완화하고 유아 사망률을 줄이며 가난과 질병, 문맹을 제거할 수는 없는 것입니까?

지난 해 우리는 에볼라 퇴치와 예방을 위해 북미와 중남미 국가들이 서반구 차원의 협력을 한 바 있습니다. 이러한 협력은 더 큰 성취를 위해 계속돼야 합니다.

쿠바는 자연자원도 별로 없는 작은 나라입니다. 그동안 쿠바는 극도로 적대적인 환경 속에서 이 나라 국민들이 국가의 정치사회적 삶에 전면 참여하도록 애써 왔습니다. 보편 무상의 의료 및 교육 시스템, 국민 모두에게 도움을 주는 사회안전시스템, 동등한 기회의 제공과 모든 종류의 차별을 제거하기 위한 노력, 여성 및 어린이 권리의 전

면적 보장, 누구든 스포츠와 문화 생활을 즐길 수 있으며 생명과 공중의 안전을 위한 권리 등을 위해 노력해 왔습니다.

빈약한 자원과 엄청난 도전에 불구하고 우리는 나눔의 원칙을 지켜왔습니다. 현재, 6만5천명의 쿠바 자원봉사자들이 89개 나라, 주로 의료와 교육 분야에서 활동하고 있습니다. 157개국 6만8천명의 외국 시민이 쿠바에서 전문직 교육을 받았으며 이중 3만 명은 보건 분야에서 활동하고 있습니다.

자원이 거의 없는 쿠바가 이러한 성취를 이룰 수 있었다면, 서반구의 모든 국가들이 힘을 합칠 경우 가난한 이들을 위해 얼마나 많은 성과를 이룰 수 있겠습니까?

피델 카스트로와 영웅적 쿠바 시민들에게 감사의 뜻을 전합니다. 우리는 호세 마르티의 헌신에 경의를 표하기 위해 이번 정상회담에 참석했습니다. 그는 이렇게 말했습니다. "우리 손으로 자유를 쟁취한 뒤 우리의 아메리카에 긍지를 갖고, 그 능력은 사랑을 받고 그 희생은 존경을 받을 수 있도록 결의와 능력을 다해 아메리카를 지키고 가꿔 나갑시다."130

130 〈작은 나라, 쿠바의 위대한 승리〉, 2015년 4월 16일 ≪프레시안≫에서 퍼옴.

부축하는 삶들

　고단한 삶들은 서로를 믿어준다. 밀어준다. 기다려준다. 바라봐준다. 서로 길이 되어주며 서로 창문이 되어주며 서로의 아픔을 읽어주며 같이 걷는다. 쿠바는 세포막이 살아있는 느낌이었다. 삶이 건강하려면 세포막이 건강해야 한다. 60조 개의 세포로 되어 있는 인간의 몸은 산소투과가 잘 되는 건강한 세포막으로 전체의 항상성을 유지한다. 세포 내부와 외부의 장벽 역할과 동시에 통로 역할을 수행하는 세포막은 유동성이 중요하다. 쿠바 문화의 다양성은 이 세포막의 유동성을 잘 보여준다. 적어도 문화예술면에서나 정신적 가치면에서 쿠바는 사회주의의 경직성이 없다.

　그러한 느낌은 서로를 부축하고 있는 이웃정신에서 오는 것 같다. 생명의 기능은 세포막이 결정한다고 해도 과언이 아니다. 세포의 뇌는 세포막이다. 세포핵을 제거할 경우 세포는 몇 개월간 별 문제없이 반응하고 활동한다. 하지만 세포막을 파괴하면 세포는 즉사한다. 세포막이 세포를 살아있게 하는 근원이라는 말이다. 어찌 그들이 고단하지 않을까. 하지만 그들은 서로서로를 부축하면서 서로를 기다린다. 그것이 그들의 춤이고 노래인 것이다.

　인내심 강한 쿠바사람들을 보면 보이지 않는 데서 삶을 발효시키는 미생물의 역할이란 무엇일까를 생각하게 된다. 그들은 열심히 살고 열심히 노래하고 열심히 춤춘다. 다원화되었다고 하지만 우리 사회는 실제로 다양성을 잃어가고 있다. 인문학적이든 생태학적이든 다양성은 생존하려는 생명의 본성이다. 유전자의 다양성이 줄어든 동물은 면역이 떨어져 결국 멸종하게 된다. 거대화와 획일화는 그만큼 변화에 대한 적응력이 둔화시킨다. 쿠바는 다양성의 무한한 수용으로 아프로쿠바노라는 개성을 확보해낸 것이다.

개인이 스스로 하나의 다양성임을 자부하고, 그 개인이 '사이'를 유념하고 배려하면서, 동일화에 저항하는 의지만이 살아있는 인문정신을 창출한다. 자기만의 색깔이 있는 문화적 진화가 다양한 개성을 관용하는 힘이 되는 것이다.

경쟁에 매몰되어 있는 인간형은 건강한 '사이'를 꿈꿀 수도, 지속가능한 인문의식을 만들어낼 수도 없다. 극단적인 이기주의와 좌절감을 극복하지 않으면 생명은 성장할 수도 조화를 이룰 수도 없다. 우리 사회의 불균형은 그런 자연성을 잃어버린 데서 나온다. 공존의 방식을 위해서는 배려와 환대의 가치가 학습되고 훈련되어야 한다. 예를 들면 '가난한 휴머니즘'이나 '불편한 진실'을 초등학교에서부터 가르치고 토론해야 한다. 소비구조가 만들어낸 빈부격차의 문제를 옆으로 밀어놓고 진행되는 인문 또는 문화예술은 병든 환자의 화장발 밖에 되지 않는다.

부(富)가 개인적이 아니라 사회적이라는 것이라는 인식과 함께, 정부의 소득재분배 시스템이 인문학보다 더 튼튼하게 작동해야 한다. 빈익빈 부익부의 구조 속에 있는 상대적 박탈감을 어떻게 줄여갈 것인가는 '자기 것을 내어놓는' 소유한 자의 나눔과 실천이 절대적이다. 지식인들이 삶의 모든 영역에서 행동하는 양심을 보여주는 것이 중요하다.

부축하는 삶들

거리의 공중전화들, 이발소들, 구멍가게들. 이들은 서로 부축하는 법을 잘 알고 있었다. 공중전화는 시도할 때마다 실패했고, 난 주로 이 구멍가게에서 점심을 해결했다.

쿠바의 수레들. 세계 오지를 여행할 때마다 다양한 서민의 수레를 만난다. 그때마다 삶은 성실하고 숭엄하고 따뜻한 느낌이다. 작은 수레를 끌면서 하루를 영위하는 사람들, 늘 낡은 수레를 손질하는 사람들이 나에게 이 세상을 행복하게 견딜 마음을 선물한다.

쿠바를 상징하는 것은 다양하다. 위대한 혁명가 게바라와 혁명 지도자 카스트로. 담뱃잎을 굵게 만 시가와 끝없이 펼쳐진 사탕수수 밭과 사탕수수로 만든 럼주, 살사와 룸바. 그리고 〈부에나비스따 소시알 클럽〉과 50년대 올드 카, 헤밍웨이. 그러나 오히려 오래된 골목 속에 있던 작은 수레들이 그 모든 것을 끌고가는 느낌이다. 난 골목마다 덜컹거리며 다니던 성실한 수레들을 기억한다.

부축하는 삶들

에필로그

Mi amor, Mi corazon내 사랑이여, 내 심장이여

쿠바 사람들의 언어 사용에 감동받는다. 그들은 "Mi amor내 사랑이여", "Mi corazon나의 심장이여" "Mi vida내 인생이여" 등을 아주 자유롭게 사용한다. 잠시 지나는 여행객에게도 그런 인사를 하는 것을 보면 그들의 친근함, 내지는 열린 마음을 읽게 된다. 형식적인 인사치레라고 생각하면서도 그들의 흔쾌한 열정과 간섭에 감명받는다. 이틀이나 사흘 후에 떠날 사람에게 '나의 심장이여', '나의 삶이여'라니.

가만히 생각해보면 그만큼 존재감 있는 인사가 어디 있겠는가. 어느 누가, 한국에서 내가 사랑하는 어느 사람이 나를 그렇게 불러주겠는가. 얼마나 뜨거운 고백인가. 아무리 여럿 호칭이 나를 따라다녀도 기계적인 이름일 뿐이다. 그래서 쿠바에 머무는 동안 맘껏 그들의 심장이 되어주고 사랑이 되어주고 그들의 삶이 되어주기로 했다. 물론 행복해진 건 내 자신이다.

그들의 과장법[13]은 그 사회를 생기있게 만들고 있었다. 그건 끊임없이 무언가 의미를 부여하려는 몸짓 자체의 강인한 생명감이었다. 동시에 그건 존재에 대한 관심이었다. 쿠바의 거리가 유쾌한 활기로 출렁였던 건 바로 그 까닭이었다. 관심을 표현하면서 스스로도 존재하는 것. 그래서 그들은 가난한 가운데서도 늘 춤추고 노래할 수 있었던 것이다. 우리가 박자에 맞추느라 전전긍긍한다면 그들은 유연한 리듬을 타고 있다고나 할까. 그 힘이 공존의 비법이었던 것이다. 그 친밀감이 우리를 존재하게 하는 근원적인 힘일 수 있음을 비로소 깨닫는다.

하여 낯선 도시에서 지내는 동안 나는 낯설지 않았다. 아니, 쿠바는 나를 낯설도록, 방랑객으로 내버려두지 않았다. 예전에 스페인 카나리아섬에서 십 년 살았던 경험 때문이었을까. 쿠바는 카나리아섬과 기후나 조건 등 많은 것이 닮았다. 하지만 아니었다. 그것은 끊임없이 유쾌함과 친근함으로 밀려오는 사람들의 눈빛 때문이었다. 끊임없이 나를 출렁이게 하는 그 흔들림이 무언지 궁금했다.

그곳엔 다양한 모순들이 기다리고 있었다. 그들의 모순과 우리의 모순, 모두 실존이었다. 하지만 그들은 유쾌했고 우리들은 주눅이 들어 있다. 왜일까. 그것을 엿보기 위해 쿠바에 머무는 동안 여러 명의 작가를 만났고, 일반 시민들을 인터뷰했다. 몇몇 가정을 방문했고, 다큐 영화토론회와 시낭송회에 참석했다. 그리고 몇 번 강좌를 개설해 쿠바인의 살결과 목소리에 닿고자 노력했다. 쿠바를 피상적으로 만나고 싶진 않았다. 쿠바는 중남미 어떤 곳보다 고유한 특성을 갖고 있으면서 공존의 문화를 향유하고 있다. 그 공존에는 기다림과 불편함, 느림과 감수성, 그리고 이웃정신이 있었다. 모두 우리에겐 없는 것들이었다.

물질만능 사회 속에서 모순은 빈부격차와 무관심으로 작동한다. 늙은 폐어에게 물냄새는 공존에 대한 갈망이었다. 공존이란 안도 바깥도 아닌 무수한 '사이'에서 작용한다는 것을 차츰 깨달았다. 우리의 '사이'를 고민해야 했다. 우리가 당면한 현실의 모든 '사이'는 건강한가. 늙은 폐어는 얼마나 더 건기를 견딜 수 있을까. 공존이란 얼마나 흔쾌한 것이며, 모순이란 또한 얼마나 유쾌할 수 있는 것일까. 쿠바인들은 동전이 굴러가는 소리에도 춤을 춘다고 하지 않는가. 낙천적이며 낭만적이며 검은 피부와 백인이 섞인 경쾌한 리듬 속에 순수한 생명들이 빛난다.

혁명 후, 사회주의 체제로 전환하면서 자본주의의 탐욕을 비판하던 피델. 한때 목숨을 걸고 쟁취한 독립과 평등. 하지만 이제 쿠바는 자본과의 타협이 생존이라는 답을 내린 걸까. 오래 전에 시장경제를 선택했고, 이제 미국이 쿠바의 경제봉쇄를 풀고 화해한 이 시점에서 그들의 선택은 또 어떤 한계를 가져올까. 호세 마르티는 독립 후에 점점 야욕을 드러내는 미국의 신제국주의와 두려워하고 맞서야함을 설파하며 남아메리카 전체가 하나될 것을 외쳤다. 현재 남아메리카는 미국자본주의에 전부 잠식당한 상태다. 호세 마르티가 내세운 별의 이상은 피델과 체의 정신으로, 쿠바의 애국심으로 아직도 빛난다. 하지만 이제 어떤 변화가 올 것인가. 자발적 열정이었던 그 평등이 다시 누추해질 것인가.

92일간 쿠바의 일상을 접고 돌아온 순간, 숙제는 삐걱대는 서랍 속에 고스란히 놓인 낡은 공책 같았다. 그래서 이듬해 다시 한 달을 다녀왔다. 그러나 숙제는 더 많아졌다. 앞으로 한참은 해야할 큰 숙제. 이 책은 그 숙제의 아주 작은 조각에 불과하다.

호세 마르티의 고결함, 피델의 고집불통, 체 게바라의 고지식함은 모두 내게 큰 그늘이 되어줄 것 같다. 그들은 모두 별을 사랑하는 인간이었다. 그래서 그들의 이상과 신념은 외롭기도 했으리라. 하지만 진정한 진보는 감수성이 살아있는 문화에서 비롯되는 것임을 그들은 하나같이 강조했다.

쿠바에서 내가 선물받은 것이라면 호세 마르티, 흔들의자, 어떤 경우라도 기죽지 않는 존재감과 자긍심, 그리고 무료한 응시라고 말할 수 있을 것 같다. 그것은 비굴하지 않는 삶, 이상을 찾아 목숨을 거는 정의, 아무리 가혹한 시대라도 함께 출 수 있는 춤 등으로 연결된다. 또 삶이란 모순이 운동하는 실존이며, 모든 모순은 가장 적절한 공존의 방식을 향해 열릴 수도 있다는 확신이다. 그래서 그들은 음악만 있다면 어디서나 삶을 축제로 만들어내는 것이다. 그리고 또 하나, 인간의 조건에는 위대한 정신, 시인의 별이 있다는 믿음이 쿠바를 떠나며 손 안에 넣은 하나의 열쇠였다.

131 마주치는 사람마다 지나칠 정도로 관심과 친절을 표현해 번거롭기까지 했는데, 어느새 '함께 사는' 법에 조금 익숙해졌던 모양이다. 쿠바를 떠나 두 달 가량 중미여행을 하는 내내, 그리고 한국으로 돌아온 후에도 나는 무관심으로 버려진 듯한 느낌을 받아야 했다.

참고도서

『Versos de Jose Marti』, Centro de Estudios Martianos, 2013
『Diccionario del Pensamiento Martiano』, Ramiro Valdes, Galarraga, Ciencias Sociales, 2012
『Contrapunteo Cubano del tabaco y Azucar』, Frenando Ortiz, Pensamiento Cubano, 1983
『Jose Marti Aforismos』, Jorge Sergio Batlle, Centro de Estudios Martianos, 2011
『Nuestro Marti』, Hweminio Almendros, Centro de Estudios Martianos, 2012
『코르다의 쿠바, 그리고 체』, 크리스토프 로비니,알렉산드라 실베스트리 레비 엮음. 2005
『쿠바혁명사』, 아비바 촘스키, 정진상 역, 삼천리, 2014
『느린 희망』, 유재현, 그린비, 2006
『교육천국, 쿠바를 가다』, 요시다 타로, 파피에, 2012
『아프로 쿠바 음악』, 이봉재, 예솔, 2012
『괜찮아, 여긴 쿠바야』, 한수진·최재진, 책으로 여는 세상, 2011
『쿠바, 혁명보다 뜨겁고 천국보다 낯선』, 정승구, 아카넷, 2015
『체 게바라 평전』, 장 코르미에, 실천문학사, 2000
『체의 녹색 노트』, 체 게바라, 구광렬 엮고 옮김, 문학동네, 2011
『쿠바 미사일 위기』, 이근욱, 서강대학교 출판부, 2013
『작은 나라 큰 기적』, 요시다 사유리, 검둥소, 2011
『몰락 선진국 쿠바가 옳았다』, 요시다 타로, 서해문집, 2011
『CURIOUS 쿠바』, 마크 크레머, 휘슬러, 2005
『지구적 세계문학』 창간호, 2013년 봄
『지구적 세계문학』 2호, 2013년 가을
『지구적 세계문학』 3호, 2014년 봄
『지구적 세계문학』 4호, 2014년 가을
『지구적 세계문학』 5호, 2015년 봄
《현대문학》 603호, 2005년 3월호
《현대문학》 607호, 2005년 7월호

쿠바,
춤추는 악어

초판 1쇄 2015년 12월 5일

지은이 김수우
펴낸이 서정원
펴낸곳 도서출판 전망

주소 48931 부산광역시 중구 해관로 55 다촌빌딩 201호
전화 051. 466. 2006
팩스 051. 441. 4445
E-mail w441@chol.com
출판등록 제카1-166

값 22,000원

ISBN 978-89-7973-405-8

「이 도서의 국립중앙도서관 출판예정도서목록(CIP)은 서지정보유통지원
시스템 홈페이지(http://seoji.nl.go.kr)와 국가자료공동목록시스템
(http://www.nl.go.kr/kolisnet)에서 이용하실 수 있습니다.(CIP제어번호:
CIP2015032006)」

본 도서는 2015년 한국문화예술위원회, 부산광역시, 부산문화재단
지역문화예술특성화지원사업(올해의 문학)으로 지원을 받았습니다.